国外"一带一路"研究译丛

Springer

南亚制造业与就业：
经济可持续发展战略

［印］萨钦·查图尔维迪（Sachin Chaturvedi）
［印］萨比亚萨奇·萨哈（Sabyasachi Saha） ◎主编

邓颖玲　尹畅 ◎译

湖南人民出版社·长沙

《国外"一带一路"研究译丛》

主　编　蒋洪新　尹飞舟
副主编　邓颖玲　余承法

总　序

"'一带一路'源自中国，但属于世界。"习近平主席这句话启示我们，"一带一路"建设需要中国智慧，也需要世界智慧。"一带一路"与世界智慧的关系是什么？在《国外"一带一路"研究译丛》出版之际，这个问题引起我们的深思。

一、"一带一路"倡议吸纳了世界智慧

丝绸之路是中国开凿出来的古代商路，其形成汇聚了沿线各国人民的智慧，是历史留给人类的财富。西汉时期，张骞两次出使西域，开通了丝绸之路，《史记》称之为"凿空"之旅。东汉时期，班超出使西域，使丝绸之路复通，《后汉书》记载，班超派遣的"甘英使大秦，抵条支。临大海欲度……"。魏晋南北朝时期，北魏献文帝遣使通西域，《魏书》记载："朝廷遣使者韩羊皮使波斯，波斯王遣使献驯象及珍物。"唐宋时期，贸易繁荣，陆上丝绸之路的发展达到鼎盛，海上丝绸之路也十分繁华，据韩愈《送郑尚书序》描述，"蛮胡贾人，舶交海中……外国之货日至，珠香象犀玳瑁奇物溢于中国，不可胜用"。元朝时期，意大利旅行家马可·波罗根据他经行地中海、欧亚大陆和游历中

国的经历，写下了著名的《马可·波罗游记》，向欧洲展示了神秘的东方。明朝时期，著名航海家郑和 7 次远洋航行，到达亚洲、非洲的 30 多个国家和地区。"驼队和善意""宝船和友谊"架起了东西方交流的桥梁，打开了各国友好交往的大门。

丝绸之路是贸易之路，将中国的丝绸、铁器、瓷器等带到西方，将胡椒、亚麻、葡萄等带回中国。丝绸之路是文明交流之路，沿线的古埃及文明、古巴比伦文明、古印度文明和中华文明长期交流互鉴，佛教、基督教和伊斯兰教交流共融。中国古代的四大发明经阿拉伯人传到欧洲，佛教、伊斯兰教以及基督教的分支沿着丝绸之路进入中国，丰富了中国的文化。文明因开放而发展，民族因包容而共存，丝绸之路留下了丰富的文化遗产。

鸦片战争以后，联结东西方的丝绸之路日渐式微，几乎被历史尘封。1868 年至 1872 年，德国地理学家费迪南德·冯·李希霍芬（Ferdinand von Richthofen, 1833—1905）在中国先后进行了 7 次旅行，调查地质、矿藏等。在 1877 年出版的《中国：我的亲身旅行及其研究成果》第一卷中，他首次提出了"丝绸之路"的概念。1910 年，德国历史学家阿尔伯特·赫尔曼（Albert Herrmann, 1886—1945）在其著作《中国与叙利亚之间的古代丝绸之路》中引申了李希霍芬的观点。1913 年，法国汉学家埃玛纽埃尔-爱德华·沙畹（Émmanuel-Édouard Chavannes, 1865—1918）提出了"海上丝绸之路"的概念。1936 年，李希霍芬的学生斯文·赫定（Sven Hedin, 1865—1952）推出《丝绸之路》一书。从此，以中国为起点的海上丝绸之路和陆上丝绸之路，拂去了历史的尘烟，重新回到了人们的视线。

20世纪后期,国际社会开始出现一些复兴丝绸之路的提法。1988年,联合国教科文组织宣布启动为期10年的"综合研究丝绸之路——对话之路"项目,旨在加强东西方文化交流,密切欧亚大陆各国人民的关系。2008年,联合国开发计划署与中国和中亚四国政府联合发起"丝绸之路复兴计划",该计划涉及俄罗斯、伊朗、土耳其、中国等19个国家,于2008—2014年实施了230个项目,投入430亿美元,在公路、铁路、港口、通关等方面着力,构建运输走廊。2004年,日本提出将中亚五国及外高加索三国定为"丝绸之路地区",实施"丝绸之路外交"战略,抢占能源。2005年,美国约翰斯·霍普金斯大学中亚高加索研究院院长弗雷德里克·斯塔尔(Frederick Starr)提出"新丝绸之路"的想法,强调建设连接南亚、中亚、西亚的交通运输和经济发展网络。2011年,美国提出"新丝绸之路"计划,以阿富汗为中心,将中亚、南亚连起来,构建区域性地缘政治、经济体系,意在围堵和遏制中国、俄罗斯和伊朗。同年,伊朗启动"铁路丝绸之路"计划,旨在连通阿富汗、塔吉克斯坦、吉尔吉斯斯坦和中国的铁路线。2012年,哈萨克斯坦宣布实施"新丝绸之路"项目,计划充分利用区位优势,将该国打造为中亚地区最大的过境中心。多年来,俄罗斯将"中欧运输走廊"称为"新丝绸之路",强调俄罗斯应该在"新丝绸之路"上发挥决定性作用。这条走廊从中国经中亚、俄罗斯到德国,连通铁路网和港口。上述这些提法不同程度地体现了"丝绸之路"蕴藏的智慧,在国家与国家的关系中找到了符合自身利益的发展空间和路径,但是它们的价值观存在局限,囿于局部利益和短期效应,没有宽广的全球视野和历史纵深感,因而缺乏可接受性、可持续性和开创性。

2013年秋,习近平主席分别在哈萨克斯坦和印度尼西亚提出了共建"丝绸之路经济带"和"21世纪海上丝绸之路"的倡议,标志着古代丝绸之路的复兴进入了一个新的历史时期。习近平主席融历史眼光和全球视野于一体,深邃地思考丝绸之路的历史与未来。他对丝路精神进行了高度的概括:"古丝绸之路绵亘万里,延续千年,积淀了以和平合作、开放包容、互学互鉴、互利共赢为核心的丝路精神。这是人类文明的宝贵遗产。"他针对全球发展中存在的问题,从构建人类命运共同体的高度,提出了一个促进各国共同繁荣发展的方案。习近平主席提出的"一带一路"倡议是贡献给世界的中国智慧,之所以能够得到国际社会积极而广泛的响应,正是因为该倡议具有历史眼光和全球视野,吸纳了世界智慧。正如世界银行前行长金墉所说:"'一带一路'倡议植根于古代丝绸之路的历史土壤,点亮的是未来世界发展的星空。它将推动跨境乃至跨大洲的融通,惠及世界大多数人口。"

二、共建"一带一路"需要联通世界智慧

共建"一带一路"的核心是区域联通、世界联通,而世界联通的根本是世界的智慧相通。从时间维度来看,"一带一路"倡议贯通古今。丝绸之路从西汉时期开拓凿通到鸦片战争后日渐衰落,再到今天在国际社会共商共建中将重现昔日的辉煌,在

2000多年的漫长历史中虽然历经盛衰，却赓续绵延，其中有多少故事值得回味，有多少智慧值得汲取。2014年6月，中国、哈萨克斯坦、吉尔吉斯斯坦跨国联合申报的丝绸之路项目被列入《世界遗产名录》，这标志着中国与"一带一路"合作伙伴共同继承丝绸之路历史遗产的开始。从空间维度来看，"一带一路"倡议联通全球。丝绸之路以中国为起点，连接亚洲、欧洲和非洲，以开阔的胸襟、开放的态度接纳越来越多的国家和地区，以开放的态度容纳世界。根据"一带一路"倡议和国际合作的需要，结合古代陆海丝绸之路的走向，丝绸之路经济带有三大走向：一是从中国西北、东北经中亚、俄罗斯至欧洲、波罗的海；二是从中国西北经中亚、西亚至波斯湾、地中海；三是从中国西南经中南半岛至印度洋。21世纪海上丝绸之路有两大走向：一是从中国沿海港口过南海，经马六甲海峡到印度洋，延伸至欧洲；二是从中国沿海港口过南海，向南太平洋延伸。在如此广阔的地域空间建设人类利益共享的联合体，在历史上还未曾有过。联通古今，历史和文化聚同；联通全球，视野和利益求同。"一带一路"的共建就是古今中外的智慧联通。

"共建'一带一路'以政策沟通、设施联通、贸易畅通、资金融通、民心相通为主要内容。""五通"是"一带一路"建设的基本路径，也是中国智慧和世界智慧联通的具体路径。"一带一路"与俄罗斯提出的欧亚经济联盟、东盟提出的互联互通总体规划、哈萨克斯坦提出的"光明之路"、土耳其提出的"中间走廊"、蒙古国提出的"发展之路"、波兰提出的"琥珀之路"等协同共进，是政策沟通的结果，也是智慧碰撞的成效。中国与印尼、老挝合作的雅万高铁、中老铁路等项目，中国与巴基斯坦、希腊合作的瓜达尔港、比雷埃夫斯港顺利运营。这种设施联通的背后是双方智慧的对接和融合。贸易畅通需要理念的统一、规则的共通，每打通一个环节，都是双方智慧的提升。资金融通汇聚和流动的是货币，挑战的是融资瓶颈，无论是投资还是融资，都得依靠双方的沟通、交流。民心相通直面文化和精神领域，促进各国的人文交流，促进各国人民的相互了解，这是"五通"中最为重要的，因为民心相通使各国人民心意和智慧相通，直接铸就"一带一路"的民意基础和社会基础。

"共建'一带一路'为构建人类命运共同体提供了新的助力。""一带一路"的包容性和开放性，体现出构建人类命运共同体的理念。经济全球化给世界带来了美好，也带来了困惑。"面对经济全球化带来的机遇和挑战，正确的选择是，充分利用一切机遇，合作应对一切挑战，引导好经济全球化走向。"中国智慧倡导"和为贵""协和万邦"，强调"己欲立而立人，己欲达而达人"。"一带一路"倡议引领包容性全球化，为经济全球化的发展提供富有中国智慧的解决方案。包容性全球化强调共商共建共享，追求普惠和均衡，激发世界各国人民的智慧，让世界各国人民因为合作共赢过上更加美好的生活，让世界各国因为责任共同体、利益共同体而走向命运共同体。

三、为共建"一带一路"汇聚更多的世界智慧

要进一步吸纳世界智慧，进而联通世界智慧，最佳路径就是

从域外视角来观察和思考问题，域外视角是学习世界智慧的好方法。"一带一路"的核心是对接各国的发展战略，促进区域的基础设施建设和互联互通，实现共同繁荣。因此，参与共建的各国不能只考虑本国的利益，还要考虑他国利益和区域利益；不能固守本国的理念，还要理解和尊重他国的理念。对于中国来说，就要把中国的愿景与"一带一路"沿线国家共同的愿景相结合，把中国的利益与"一带一路"沿线国家共同的利益相结合。共建"一带一路"要求我们不能局限于从中国的视角来看问题，要学会从域外视角、从人类命运共同体的视角来看问题。其他国家的政府、商界、学界、民众关于"一带一路"的理解与认识，以及一些国际组织、区域性组织对"一带一路"的看法都是加深我们对"一带一路"认识的域外视角。通过这些域外视角了解国际社会复杂的观点和诉求，是深入研究"一带一路"必走的一步，深入理解其中蕴含的智慧更是共建"一带一路"不可或缺的。

2017年5月，在"一带一路"倡议提出将近4年之际，首届"一带一路"国际合作高峰论坛在北京举行，包括圆桌峰会和6个分论坛，29位外国元首和政府首脑出席，来自140多个国家和80多个国际组织的1600多名代表与会。与会领导人和代表充分交流，分享政策实践和合作体会，产生了270多项合作成果。2023年10月，第三届"一带一路"国际合作高峰论坛在北京召开，圆桌峰会以外，分论坛增加到12场，另外还举办了一场企业家大会。这届论坛包括23位外国领导人、联合国秘书长、3位领导人特别代表在内的151个国家和41个国际组织的代表与会，注册总人数超过1万人。会议进一步扩大了共识，形成了458项成果，包括一份多边合作成果文件清单和一份务实合作项目清单，是共建"一带一路"进程中又一个重要的里程碑。

"一带一路"国际合作高峰论坛提供了倾听各国政府声音的场所，要更深入地了解国际社会对"一带一路"的认识，还需要倾听来自民间的声音。这就需要了解各国智库的观点，需要了解各国学界、商界、民众的心声，需要了解一些区域组织和国际组织的看法，还需要了解相关区域和国家经济、文化、教育、科技等方面的现状及其对接"一带一路"的路径。

"一带一路"倡议提出以来，国内学术界从政治、经济、文化和历史等领域对"一带一路"展开了研究，推出了一大批关于"一带一路"的研究著作，掀起了国内研究"一带一路"的热情。但是，国内学术界对国外"一带一路"研究成果的了解不够，国外相关研究成果仅散见于论文、著作中，缺乏系统的反映。事实上，"一带一路"倡议一经提出便引起了各国智库的重视，相关成果已经比较丰富。美国的卡内基国际和平基金会、兰德公司、布鲁金斯学会、外交关系协会等智库机构对"一带一路"倡议极为关注，它们透过美国亚太再平衡战略的多棱镜，从不同视角对中国与"一带一路"相关国家的关系进行探讨。尽管美国至今仍置身于"一带一路"之外，而且对"一带一路"的评价常常不怀好意，但是美国对"一带一路"一直保持着很高的关注度。俄罗斯的智库战略和科技分析中心发表了一系列"一带一路"研究报告，态度比较平和务实。印度有多家智库机构如全球关系委员会、和平与冲突研究所、国家海事基金会、南亚分析集团等也都在密切关注"一带一路",尤其关注中印关系发展以及两国与南亚的关系发展问题。英国国际战略研究所、德国基尔世界经济研究所、荷兰国际关系研究所、瑞典安全和发展政策研究所、比利时布鲁盖尔研究所、土耳其国际战略研究机构、以色列国家安全研究院、巴基斯坦伊斯兰堡政策研究中心、加拿大地缘政治监控中心、澳大利亚洛伊国际政策研究所、新加坡李光耀公共政策学院、哈萨克斯坦战略研究所等数十家国外智库机构也都着眼于"一带一路"倡议背景下的世界战略、安全、经济前景研究。同时,各国大学中致力于中国研究的学者也活跃于"一带一路"研究领域,纷纷撰文著书,表达他们关于"一带一路"的观点。随着共建"一带一路"的推进,国外"一带一路"研究成果也越来越丰富。

基于"为国内研究'一带一路'提供域外视角,为建设'一带一路'提供域外智慧"的宗旨,我们编译出版《国外"一带一路"研究译丛》。该译丛选取国外研究"一带一路"的最新著作、论文和研究报告,内容包括国外对"一带一路"的认识和看法、国外对"一带一路"建设的研究、国外对"一带一路"沿线国家和地区的研究等。《国外"一带一路"研究译丛》的出版,将拓展国内"一带一路"研究的视野,为国内"一带一路"的研究提供"他山之石",为推讲"一带一路"建设提供智力支持,助力中国话语体系的构建和国际话语权的提升。

"一带一路"倡议自 2013 年提出以来,越来越被国际社会所接受。根据中国一带一路网(www.yidaiyilu.gov.cn)提供的数据,10 多年来,有 150 多个国家和 30 多个国际组织与中国签署了 200 多份共建"一带一路"合作文件；10 多年来，中国与"一带一路"沿线国家在港口、铁路、公路、航空、电力、通信等领域开展了大量合作，迅速提升了相关国家的基础设施水平，成果超出预期。中国与"一带一路"沿线国家的贸易和投资保持了强势增长，超出了中国对外贸易和投资的平均水平。截至 2024 年 7 月，亚投行成员已经达到 109 个，包括 96 个正式成员和 13 个意向成员。到 2023 年 10 月，中国与共建"一带一路"国家共建立了 1577 对友好城市。

"大道之行，天下为公。"共建"一带一路"，是当今国际社会构建人类命运共同体的伟大实践。"一带一路"建设之所以能够得到沿线各国的共同参与，并取得如此迅速的发展，是因为它是汇聚了世界智慧的中国方案。随着越来越多的国家和人民的热情参与，联结世界、和平兴盛的丝绸之路必将重现人间。

蒋洪新　尹飞舟
2024 年 10 月于长沙

译者前言

南亚位于亚洲的南部，印度洋和亚洲大陆之间，与我国的西南部接壤，自古以来便是陆上和海上交通的要冲，是多元文化和繁荣贸易的交汇之地。中国与南亚的联系可以追溯到古代文明的交流时期。早在西汉时期，随着陆上丝绸之路的开通并向南部延伸，中国与南亚的文化和商业交流逐渐兴起。随着历史的发展，特别是在唐宋时期，中国与南亚的佛教文化和艺术通过这些路线相互影响。在明代，郑和下西洋的航行进一步加强了中国与南亚各国之间的联系，带来了文化和商品的交流，其中包括中国的丝绸、瓷器和茶叶，以及南亚的宝石、香料和纺织品等。这些交流不仅促进了双方经济的繁荣，也加深了文化和知识的互相影响。

进入现代，自1949年中华人民共和国成立以来，中国与南亚各国的外交关系经历了从初步建立到逐步深化的发展历程。印度是新中国成立后最早与中国建立正式外交关系的资本主义国家。中印两国于1950年4月1日正式建交。随后，中国与巴基斯坦在1951年5月21日建立外交关系，这一关系随着时间的推移而日益加深。巴基斯坦成为中国在南亚最重要的战略伙伴之一。中巴友谊被称为

"铁杆友谊"。随着时间的推移，中国陆续与尼泊尔、斯里兰卡、马尔代夫等国建交。中国与南亚各国之间的关系已经从最初的外交接触发展成为涵盖政治、经济和文化等多个领域的全面合作伙伴关系。尤其是在冷战结束后，中国与南亚各国的关系得到了新的发展。中国积极参与南亚区域合作，于2006年正式取得南亚区域合作联盟观察员国地位。通过多边和双边渠道加强与南亚国家的交流与合作，特别是在"一带一路"倡议的引领下，中国与南亚国家在基础设施建设、贸易、投资等方面的合作显著增强。

南亚地区的区位优势非常明显，南亚处于"一带一路"海陆交会之处，"一带一路"先行先试项目中巴经济走廊实现了海上与陆上丝绸之路的有效连接。"一带一路"倡议自2013年启动以后的五年内，中国在南亚地区推动该倡议取得了较为顺畅的进展。虽然由于随后遭遇新冠疫情冲击、中印关系波动、俄乌冲突以及中美之间的竞争等多重因素的影响，中国企业在南亚启动的"一带一路"框架下的港口、道路、煤电站等诸多项目面临着严峻挑战。但是，总体而言，与其他区域相比，"一带一路"在南亚的发展具有巨大的潜力，同时也面临不小的挑战，不过这并没有影响中国与南亚双边关系的总体向前发展，双方政治和经济关系日益密切。在过去的几十年里，中国先后与部分南亚国家签署了双边自由贸易协定，如巴基斯坦、马尔代夫、尼泊尔等。其中，《中国-巴基斯坦自由贸易区服务贸易协定》（2009年）和中巴经济走廊项目（2013年）不仅加强了中国与巴基斯坦之间的贸易联系，也为区域经济一体化提供了新的机遇和范例。此外，中国与孟加拉国、尼泊尔和斯里兰卡等国的经济技术合作协议如中孟经济技术合作协定，以及与多个南亚国家进行的多轮自由贸易协议谈判等，都有助于促进双方贸易和投资的发展。虽然目前我国尚未与印度签署自由贸易协定，但双方已经建立了一些贸易合作机制。自"一带一路"倡议提出以来，中国与南亚各国建立起基于共商、共建、共享原则的全面合作框架，中国与南亚国家经贸合作取得了丰硕的成果。

"好茶要跟好朋友分享。"这句来自茶马古道的老话，在今天依然有着深刻的意义。随着"一带一路"倡议的稳步推进，这条古老的商道重新焕发活力，中国与南亚国家的合作加速推进，可供分享的"好茶"越来越丰富，香气愈加浓郁。正是源于中国与南亚各国历史文化的紧密联系，基于中国和南亚各国建设发展的合作需要，更是为了给"一带一路"倡议的强力推进和成功实施提供竭诚服务，我们特别遴选了《南亚制造业与就业：经济可持续发展战略》一书翻译出版。

这是一本深植于全球化时代背景，探讨南亚地区面临的经济发展挑战的高质量论文集，汇聚了来自孟加拉国、尼泊尔、印度、巴基斯坦等国的学者、专家的共同智慧。它提供了关于南亚制造业发展的独到而深入的分析，也为南亚国家在技术创新、劳动力市场调整、教育和培训等方面提出了具体建议。由于南亚独特的经济发展模式、人口结构和地缘政治地位，以及其制造业的崛起对全球经济格局产生的重要影响，该地区的制造业与就业问题吸引了全球学者的广泛关注。本书详细探讨了南亚各国在制造业发展中所面临的机遇与挑战，为南亚当地决策者制定更有效的产业政策和发展战略提供了重要参考。书中提出的相关建议有助于南亚各国提高劳动生产率，创造更多高质量的就业机会，从而促进社会经济的整体发展。

此外，书中还关注了全球化对南亚制造业的影响，为南亚国家在全球经济中寻找适合自己的定位提出了建议，有助于南亚国家更好地融入国际市场，提升国际竞争力。

在过去几十年中，这些南亚国家经历了制造业领域经济的快速增长，然而这种增长并不总是伴随着就业机会的增加或质量的提升，从而引发了学术界、经济界、企业界对于经济发展模式的深入思考和研究。本书从经济转型、就业和政策、技术创新等方面深入探讨了南亚各国如何在能源短缺、政策不稳定、工业基础有限等不利环境中努力取得发展成就，论述了通过政策支持、技术升级、市场多样化、劳动生产率提升等方面来提升制造业竞争力的可能性。本书提供了各国制造业对促进就业带来影响的详细分析，以及对经济增长、就业和政策含义的更广泛讨论，为理解南亚地区的工业发展、促进就业和经济转型提供了宝贵的视角，强调了制造业在促进就业和经济增长中起到的关键作用。

本书由印度学者萨钦·查图尔维迪和萨比亚萨奇·萨哈编辑成册，两位学者在国际关系和经济政策研究领域具有重大影响力。第一编者萨钦·查图尔维迪是印度经济领域极有影响的学者、杰出的经济学家和政策分析师，担任位于新德里的智库——印度发展中国家研究与信息系统研究中心总干事、印度储备银行独立董事。第二编者萨比亚萨奇·萨哈自 2021 年起任印度发展中国家研究与信息系统研究中心副教授，研究领域包括创新经济学、技术转让、工业发展和贸易研究负责了多个与科技创新相关的项目研究。他对于如何利用科技和创新促进社会经济发展有深入的见解。

本书分为八章，涵盖了南亚地区的制造业发展、就业情况及其对经济增长的影响等多个方面。引言部分介绍了研究的背景，阐明了南亚地区制造业发展和就业问题的重要性；设定了研究的目标，旨在分析制造业对经济增长和促进就业作出的贡献，以及在此过程中遇到的挑战和机遇。第一章至第六章为国家案例研究，分别探讨了孟加拉国、尼泊尔、印度、巴基斯坦和斯里兰卡的制造业和就业情况。这一部分通过比较不同国家的经验，揭示了南亚地区在促进制造业增长和促进就业方面的共同问题和差异性，强调了通过发展制造业驱动经济增长的必要性，并讨论了技能培养、竞争力和工业发展之间的联系。同时，评估了政策选择和实施策略对经济增长和促进就业的影响。第七章和第八章聚焦南亚地区整体的制造业产业表现及其对就业的影响。作者通过分析多个南亚国家的制造业数据，评估了该地区制造业的整体业绩，包括产值增长、促进就业以及出口表现。此外，还探讨了制造业在促进就业质量和工资水平提升方面的作用，以及政策如何影响制造业发展和就业增长。这部分通过综合分析，指出了南亚制造业和就业面临的挑战，并对如何通过政策干预改善就业状况提出了见解。结语部分汇总了研究发现，讨论了制造业对就业的贡献以及提升竞争力的重要性，同时指出了南亚各国在促进制造业发展和就业增长方面所面临的挑战与机遇，包括技术进步、市场准入、教育和技能培训的需求等。同时，也提出了应对这些挑战的政策建议。通过这些综合性分析，本书结语部分为南亚地区的政策制定者和研究者提供了宝贵的建议和研究方向。

随着"一带一路"倡议的不断推进，中国与南亚地区的经济合作日益加深。深入了解南亚制造业，不仅有助于我们了解区域经济发展动态及其重要意义，还有助于促进中国与南亚国家的经济合作、区域一体化，为中国企业在南亚的投资、建设和发展提供文献支撑和智力支持。本书不仅有助于中国的政策制定者、学者和企业界人士观察、了解和把握南亚制造业与就业的最新发展动态和各种挑战，还将有助于促进中国与南亚国家之间的文化交流和理解，为双边乃至多边合作奠定坚实的基础。对于"一带一路"倡议下的中国企业来说，这些研究成果不仅为其提供了南亚市场的"观察实录""调查报告""行动指南"，还有助于它们深化或优化在该地区的市场定位、战略布局、建设方略、营销策略，进而寻找合作机会，探索共建路径，实现互利共赢。

本书在翻译过程中以直译为主，意译为辅，尊重原作的学术写作风格，确保原文的观点、论据和结论得到准确无误的表达。在保证翻译准确性和流畅性的同时，译者还保留了原文的学术严谨性。为确保对南亚地区的历史、地理、文化和政治等方面介绍得精准无误，译者深入研读了孟加拉国、尼泊尔、印度、巴基斯坦和斯里兰卡等国家的相关资料，并查找了国内外有关南亚社会经济情况的报道。书中对人名、地名的翻译，译者基于广泛的文献检索，对于已有公认译名的专有名词直接采用，而对于尚无固定译名的，则采取音译法。对书中大量出现的经济术语的准确理解与转换是翻译的另一个难点。对此，本书遵循理据性、专用性和系统性三大原则进行翻译，力求找到与原术语一一对应、语意明确、简短清晰、适于传播的汉译术语。有些经济术语的翻译尚无权威参照，在经过反复推敲后，译者保留能够高度概括术语的科学内涵、符合英汉两种语言特点和使用习惯的术语，并力求全文统一。对于原文中个别地方因历史事实不清导致表述有误之处，我们进行了修正。此外，部分数据因统计口径不同，有所差异，译文一律保留了原文数据。

本译著从选材、审读、立项、翻译到最后定稿，历时两年。这部译作的面世是汇集了众人智慧的成果，得到了许多老师和朋友的关爱与支持。感谢《国外"一带一路"研究译丛》（以下简称《译丛》）主编、湖南师范大学党委书记蒋洪新教授对项目的全程高度关注。感谢《译丛》联袂主编、湖南师范大学翻译传播研究所所长尹飞舟教授的整体策划与安排。感谢《译丛》副主编、湖南师范大学翻译传播研究所副所长余承法教授对《译丛》整体进展和每部译著的翻译出版工作进行的全面协调工作。感谢湖南人民出版社钟伦荣总编辑亲自落实项目启动和翻译出版工作，版权编辑李钰亭高效多能地完成翻译版权的洽谈，项目负责人吴韫丽始终参与、把控翻译出版的全过程以及对终稿的审校。还要感谢承担文献查证、翻译校对等工作的长沙理工大学唐瑛副教授、湘潭理工学院王瑞阳老师以及湖南师范大学硕士研究生肖佳莉、马艳焕、姜雨露、刘映辰。感谢大家的辛勤付出，译者在此一并致谢！

限于译者水平，书中谬误之处难免，恳请各位读者批评指正。

2024 年 10 月于长沙

主编简介

萨钦·查图尔维迪是印度发展中国家研究与信息系统研究中心总干事，也是耶鲁大学麦克米伦国际事务中心的全球正义研究员。他的著作涉及与发展合作政策和南南合作有关的问题。他还致力于贸易与创新关系，尤其是世界贸易组织的研究。查图尔维迪博士曾任新德里贾瓦哈拉尔·尼赫鲁大学客座教授，联合国粮食及农业组织、世界银行、联合国亚洲及太平洋经济社会委员会、联合国教科文组织、经济合作与发展组织、英联邦秘书处、世界自然保护联盟以及印度政府生物技术部和环境与森林部的顾问。

萨比亚萨奇·萨哈是印度发展中国家研究与信息系统研究中心的副教授，专门从事创新经济学、技术转让、工业发展和贸易研究。他在学术期刊和辑刊上发表了大量的研究论文，并在著名的国际会议上介绍过自己的研究成果。他曾担任印度国际经济关系研究理事会和贾瓦哈拉尔·尼赫鲁大学高级研究员，并获得过世界知识产权组织奖、德意志学术交流中心资助和印度政府资助。他还多次参加印度国内外的高级别政策/智囊团论坛。

（本书出版由亚洲基金会资助。书中所述观点和意见仅代表作者本人，与亚洲基金会无关。）

作者前言

在过去的三十年里，南亚国家的经济增长迅速，与其过去的经济发展表现以及其他发展中国家当前的表现相比，令人印象深刻。自20世纪80年代中期以来，南亚国家的国内生产总值（GDP）增长率与殖民地（17世纪—20世纪）时期的近乎停滞和20世纪前40年的微弱增长形成了鲜明对比，即使无法与东亚国家，尤其是中国相提并论，但也远高于世界其他地区的发展中国家，特别是非洲和拉丁美洲国家。

这使得绝对贫困显著减少，人民生活条件有所改善。然而，令人瞩目的经济增长并不总是转化为能够提升普通人福祉的有意义发展。其根本原因在于增长、贫困和不平等之间的三角关系。快速的经济增长确实有助于减少南亚地区的绝对贫困，但并没有达到预期效果，一部分原因是初始收入的分配不均，另一部分原因是不断加剧的收入不平等。同时，经济增长并没有带来相应的就业机会。实际上，就业增长明显慢于经济增长，并且随着时间的推移这一差距不断扩大。

2016年，全球有多达24%的人口居住在南亚地区，但按当时市场汇率计算,该地区对世界国内生产总值的贡献不足4%。不足为奇,南亚的贫困人口占世界贫困人口的35%—45%,该数据还取决于贫困线的划定。就整个南亚地区而言,按2011年购买力平价(美元)计算,2013年,16%的人口生活在每日购买力平价1.9美元的贫困线以下,而54%的人口则生活在每日购买力平价3.2美元的贫困线以下。前者是常年贫困人口,可能连营养方面的最低要求都无法达到;而后者可能在衣食和一些基本需求方面达到了最低标准,但无法获得适当的住所、充足的医疗保健和教育。在南亚,处于这两条贫困线之间的人口多达6.4亿,他们在面临灾荒、高通胀、失业或家庭疾病等冲击时非常脆弱。但这还不是全部,除撒哈拉沙漠以南的非洲地区外,南亚在健康和教育水平等社会发展指标上仍属于世界上最差的地区。显然,为了人民的福祉,南亚还有很长的路要走。

很明显,南亚在推进工业化、扩大就业、开发人力资源以及推动政府经济转型等方面,还有很多需要向亚洲其他国家学习的地方。过去50年来,亚洲的社会和经济转型令人瞩目。在亚洲出色的表现中,东亚各国一直处于领先地位,南亚处于落后地位,而东南亚国家则处于中间位置。南亚不仅经历了失业增长,而且还过早地经历了去工业化。即使创造了就业机会,就业质量也很差。更重要的是,现有制造业并未真正实现纵向多样化(仍然是横向扩散)或技术升级(几乎没有创新能力)。

在未来25年里,南亚在谋求发展的过程中仍然有许多事情要做。其中,制造业的重要性怎么强调都不为过。经济发展不仅关系到经济增长,还关系到经济体转变其生产活动的能力。没有工业化，这一切根本就不可能。发达的高收入国家的经济发展史已经证明了这一点。东亚最近在发展方面取得的成功经验也是最好的例证。事实上，自1950年以来，后进国家的发展经验表明，没有工业化，任何国家都不可能达到中等收入水平。在低收入国家，制造业也表现出更快的增长速度，从而更快地缩小了生产率的差距，表明制造业无条件地向前沿领域靠拢。当然，我们必须承认，世界经济已经发生了变化。工业化国家可能会重拾保护主义政策。由技术进步推动的下一次工业革命即将到来：机器人、人工智能、3D打印或物联网取代了生产过程中的劳动力，这可能会限制发展中国家的制成品出口。

即便如此，重新关注和重视南亚制造业仍然非常有必要。首先，这是创造就业机会的途径。大多数新加入劳动力大军的人是非技术工人或低技能工人，他们的就业可以调动南亚最丰富的资源，即人力资源，是促进经济发展的唯一手段。其次，制造业是经济增长的潜在来源，它不仅可以吸纳粗放型劳动力，还可以利用集约型劳动力，有可能使制造业工人从低生产率向高生产率转变。此外，鉴于制造业在国内生产总值和就业中所占比重较低，而大多数南亚国家的国内市场规模庞大，制造业的增长潜力相当可观。

这一观点为本研究提供了依据。本研究旨在关注南亚地区的制造业和就业问题，分析以往的发展经验，探究制约制造业发展的因素以及制造业没能创造出应有就业机会的原因。原因可能在于结构性制约因素，而这些因素几乎家喻户晓：基础设施薄弱，连通性差，劳动法僵化，经商困难，还有劳动力未接受过初等或中等教育，技能培训的机会有限等。此外，研究表明，国际贸易和国际投资领域的政策制度不但不利于工业化，而且在贸易政策、产业政策、技术政策或汇率政策方面，支持工业化的措施也很少。南亚似乎很少尝试学习东亚甚至东南亚的经验。尽管过去事实如此，本书仍探讨了未来的可能性，强调制造业是创造就业机会、提供体面工作和实现包容性增长的唯一出路。事实上，本研究的基本命题是，发展能够创造就业的制造业是实现南亚经济可持续发展和社会进步的战略。

编者在引言中概述了本研究的目标、结构和范围。本书正文分为两个部分。第一部分（第一章至第六章）是对孟加拉国、尼泊尔、印度、巴基斯坦和斯里兰卡的国别研究，主要聚焦于各个国家的制造业和创造就业。其中有两项关于印度的研究，分别探讨了制造业贸易与就业之间的联系，以及出口导向型制造业的就业情况。第二部分（第七章至第八章）包括两篇跨国专题论文。其中一篇分析了经济增长与创造就业之间的关系，研究了南亚面临的就业挑战的性质，并强调了以制造业为主导的经济增长的必要性。另一篇则研究了技能形成、竞争力和工业发展现状，提出要从传统工业向多样化的现代工业转型升级，就必须改革国家创新体系的观点。在结语部分，编者总结了本研究有关南亚制造业和就业方面的发现，针对每个国家和每个专题，强调了这些国家许多共同的挫折和愿景，同时反思了这些国家可以从过去的经验中吸取哪些教训，以开辟一条通往更加美好未来的道路。

本研究由南亚政策研究中心（SACFPS）委托进行，也是其工作计划的组成部分。南亚政策研究中心是一个网络组织，致力于解决南亚各国共同关心的问题。南亚各国的权威研究机构和智库作为合作伙伴和利益相关者，与南亚政策研究中心积极合作。事实上，国别研究是与合作伙伴机构共同开展的。对于那些可能还不了解的人来说，南亚政策研究中心是一个独立的非政府组织，致力于在研究与政策交叉领域开展工作。南亚政策研究中心的目标是创建一个会议空间，不仅促进公共知识分子、政策实践者、商界、民间社团和媒体人士之间的联系，还促进更广泛的人民群体、致力于南亚理念的公民之间的互动。这些国家在历史上有许多共同之处，如语言、文化、艺术、音乐和美食。然而，政治造成的分歧已经成为经济合作的障碍。

制造业和就业对南亚的未来至关重要，希望本研究能够引起各国政府、议员、决策者、媒体和民间社团的关注，同时也能引起学者、研究人员和公民的兴趣。希望这个人口众多的次大陆的人民可以互相学习，为自己创造一个更加美好的世界。

2024 年 10 月于长沙

Contents 目录

引言　南亚崛起面临的挑战——工业与就业
萨钦·查图尔维迪、萨比亚萨奇·萨哈　　**001**

第一章　孟加拉国经济可持续发展战略：制造业带动就业
孔达克尔·戈拉姆·穆阿扎姆、费扬·本·哈利姆　　**021**

第二章　尼泊尔制造业在创造就业中的作用：经验与对未来的启示
迪里·拉杰·卡纳尔、波沙·拉杰·潘迪　　**064**

第三章　印度制造业贸易与就业之间的联系
S. K. 莫汗提、萨比亚萨奇·萨哈　　**110**

第四章　全球化背景下印度制造业的出口-就业困境：寻求战略途径
K. J. 约瑟夫、基兰·库玛·卡卡拉普迪　　**147**

第五章　巴基斯坦的制造业与创造就业
赛义德·阿明·贾维德、阿比德·盖尤姆·苏勒里　　**202**

第六章　出口导向型制造业：斯里兰卡经济和就业增长的可行动力
维斯瓦纳坦·苏布拉马尼亚姆　　**227**

第七章　南亚的经济增长与就业
阿吉特·K. 戈斯　　**261**

第八章　竞争力、技能培养和工业化：南亚经验

拉赫温德·辛格　282

结语　南亚的制造业与就业

萨钦·查图尔维迪、萨比亚萨奇·萨哈　302

缩略语　316

译名对照表　322

引言 南亚崛起面临的挑战——工业与就业

萨钦·查图尔维迪、萨比亚萨奇·萨哈

一、背景

南亚在世界人口和世界贫困人口中所占的相对份额都很大。随着经济的稳步发展（人均国内生产总值的增长），南亚的贫困人口比例（按2011年购买力平价每天1.90美元计算）从1990年的44.4%降至2013年的15.1%。然而，我们可以看出，在世界所有地区中，极端贫困正日益集中在撒哈拉以南的非洲地区和南亚。

南亚在历史上曾是一个充满活力的地区，但在第一次和第二次工业革命期间，由于去工业化，南亚创造的财富有所减少，这主要是由于南亚与19世纪和20世纪崛起为工业强国的西方国家之间存在的殖民关系。哈比卜（2006）解释了"去工业化"这个概念，这个术语在1940年首次出现，意为"一个国家工业能力的减少或破坏"。对印度而言，传统手工业的衰退没有被更新或更先进的工业生产形式所取代或充分补偿。这样，随着英国制成品的大量涌入，印度的传统工业衰落了，因为这些制成品是在有利于外国制造商的殖民条件下销售的。其后果是，印度的产业工人被迫从事农业和其他低收入职业。这一过程被称为"印度的去工业化"。很明显，到19世纪中叶，印度已失去了所有的出口市场和大部分的国内市场。有关18和19世纪印度整体经济活动水平的量化数据很少，更不用说农业、工业和服务业之间的细分数据了。

在西方工业化阶段，技术进步一直是创造财富的驱动力。东亚国家通过吸收新知识、学习和提升能力来实现技术赶超。加强物质资本和人力资本的积累、高储蓄率、谨慎的产业政策以及与世界经济的适度融合，都为东亚国家在20世纪七八十年代实现经济高速增长作出了贡献。

另一方面，由于经济长期封闭，南亚的物质资本积累速度非常缓慢，加上政策和制度薄弱，也未能推动人力资本的形成。储蓄率仍然很高，但其转化为投资的能力较弱。南亚国家一直在鼓励尖端技能的发展，这尽管增强了知识密集型产业的竞争力，但同时也加剧了不平等现象。虽然赶超并非易事，但在某些经济领域的商品和服务生产中，在南亚面积最大和人口最多的印度已经能够更大程度地利用其知识能力和技能发展生产，而不是简单依靠劳动力。

南亚持续存在的贫困和不平等是令人关注的主要问题。尽管南亚在过去三十年中通过实现收入高速增长，使数百万人摆脱了绝对贫困，但其仍是世界上绝对贫困人口最多的地区之一，并且其公民福祉不佳，反映在各项发展指标得分较低。绝对贫困的持续存在为收入不平等的危险敲响了最响亮的警钟，尽管收入差距的扩大和经济流动性的放缓已经成为事实。南亚大部分非农业就业都属于非正式性质。由于中部人口激增，这一挑战在目前阶段看来是难以克服的，但斯里兰卡除外，该国正经历着人口老龄化。由于在获得机会方面存在各种排斥现象，阻碍了人力资本的形成和利用，导致不平等现象加剧，这使得挑战也变得更加复杂。为了解决机会获取的不平等问题，南亚国家普遍采取了社会产业政策、平权行动、教育领域的性别平等以及对创业的支持等措施。

然而，南亚各国政府越来越确信，为了保持经济增长和遏制日益加剧的不平等现象，必须相应地扩大经济生产和生产力，并扩大体面就业的占比（保证最低工资和社会保障），以便更平等地分配经济增长的收益。可持续发展目标强调，高速经济增长与创造体面就业是实现可持续发展目标的重点。人们坚信，制造业将提高生产能力，提升价值增值，并创造体面就业。制造业的相对停滞一直被认为是由于政策环境不佳，未能将农村经济转变为工业经济所致，况且城市中心也是由服务业推动的。由于公共机构支持不力、投资少和能力建设缺乏，南亚各国经济体的第一产业发展长期以来一直处于困境。提高以农业为基础的制造业和农村工业化的更大价值增值，也是金字塔底层国家减少贫困的重要手段。

制造业是东亚、东南亚和中国经济增长的主要驱动力，对创造就业产生了巨大的积极影响。尽管亚洲的大规模制造活动是由低劳动力成本推动，但随着各国越来越向技能密集型领域发展，工资水平也在不断提高。认为南亚的发展轨迹与此类似也不无道理，尤其是其制造业已显示出活力，对国民收入的贡献越来越大。

南亚的技能分布极不均衡，这一点可从南亚各国工业生产的专业化程度看出来。印度越来越多地出口中、高技术密集型产品。孟加拉国在工业生产方面的成绩仍局限于低技术产品领域（主要是纺织品和服装）。尼泊尔在工业化方面落后。斯里兰卡拥有与高端服务业相匹配的更广泛的教育和技能。在印度和巴基斯坦，工业在创造财富和就业方面发挥了历史性的重要作用。巴基斯坦仍以低技术密集型工业生产为主，而印度的工业表现出强烈的双重性，中、高等技术生产的比重不断上升，小型企业和大型企业的表现也出现分化。据世界银行（2017）报告，2001年至2013年，南亚地区近80%的出口增长来自向同一目的地销售相同的商品，其余20%来自向新市场销售相同的产品。报告进一步指出，虽然印度产品出口的复杂程度有所提高，但南亚其他国家的出口复杂度仍然很低，产品质量（以产品在国际市场上的价格来衡量）普遍较低，有些国家的质量甚至有所下降。

随着经济的持续增长，南亚四个最不发达的国家中，孟加拉国和不丹有望摆脱最不发达国家的地位。根据联合国的标准，至少需要满足三项脱离最不发达国家行列标准中的两项，即人均国民总收入、人力资产指数和经济脆弱性指数，才能获得脱离最不发达国家的资格。孟加拉国已经能够满足所有这三项标准。这在一定程度上证明了持续的经济增长对加快类似孟加拉国这样资源贫乏国家经济发展的重要性。印度国内生产总值占南亚地区国内生产总值的五分之四，对该地区的经济增长前景产生重大影响。印度保持着强劲的经济增长前景，目前是全球增长最快的大型经济体。其他经济体包括尼泊尔、孟加拉国、巴基斯坦和斯里兰卡，尽管有周期性波动，但平均增长率仍保持在4%以上。

与世界经济更进一步的融合，意味着该地区外国直接投资流入量的增加。印度一直是亚洲五大外国直接投资接受国之一。不像世界上其他发展中地区，南亚近年来在吸引外国直接投资流入方面一直表现不俗。巴基斯坦在与中国等较大邻国建立新的经济合作关系后，外国直接投资流入量也出现大幅增长。孟加拉国和尼泊尔也有望在不久的将来吸引更多的外国直接投资。正如世界银行（2017）所指出的，从历史上看，与其他参照区域相比，南亚的商品贸易与国内生产总值的比率和外国直接投资与国内生产总值的比率仍未达到最佳状态。然而，联合国贸易和发展会议（2017）强调，印度和其他南亚国家正在与区域价值链和基础设施网络建立联系。印度的制造业已经开始大力融入东亚和东南亚强大而复杂的区域生产网络。贸易自由化极大地提高了南亚的经济增长率。2017年，印度的贸易在国内生产总值中的占比达到40.6%，表明该国经济的开放程度与澳大利亚（42%）、印度尼西亚（40%）、俄罗斯（47%）和中国（44%）等国家相似。

在后经济自由化时期，南亚经济政策中最主要的争议之一就是有无就业增长的证据。该地区的经济增长在很大程度上取决于服务业的表现。然而，在制造业和服务业正式部门中却没有创造出相应的就业机会。尽管非正式劳动力的增加没有导致贫困率上升，但劳动力的日益非正式化一直是主要的挑战。在南亚地区，印度的工业就业占比最高（尼泊尔和不丹的工业就业水平非常低）。农业继续支撑着南亚大部分劳动力。在印度，制造业仍然是除农业外最大的就业领域。考虑到服务业在国内生产总值中的占比，服务业在创造就业方面的贡献可能会增加，但该行业的就业主要由非贸易产品主导，其就业质量肯定不会理想。

因此，扩大制造业的正式部门就业是减少不平等和创造就业的可靠战略。这里遇到的挑战是工业部门本身的性质。有证据表明，就像印度一样，制造业和服务业中的小微企业数量众多，尽管绝对数量可能很大，但创造就业的空间仍然有限。因此，非正式就业非常普遍，且呈急剧上升之势。我们面临的挑战不仅在于扩大制造业规模，还在于创造更多体面劳动的机会。正是在这种情况下，必须重新审视决定南亚制造业增长的主要驱动因素和制约因素的宏观政策制度。对南亚经济自由化和深度一体化的经验进行的评估表明，南亚具有更强的韧性。这促使我们相信，南亚可能会进一步利用外部环境来促进其经济增长，并推动经济转型。经济改革始终与世界经济一体化密切相关，必须以转型、经济增长的可持续性和公平为核心理念，而不是仅仅以监管控制和公共部门扩大所导致的低效率为出发点。

充分就业这一概念早在 19 世纪就引起了经济学家们的注意，并成为迄今为止最持久的政策困境之一。在一些发达国家和发展中国家，充分就业也被奉为最重要的经济信条之一。近年来，包括印度在内的许多国家再次尝试实行充分就业政策，政府积极引导资源流向可能创造就业机会的部门。然而，随着与世界经济的深度融合，充分就业政策无法单独发挥作用，必须全面确保核心竞争力。就业政策无法有效执行的关键原因之一是缺乏有用、及时、定期和适当的劳动力市场数据。印度拥有强大的统计系统，应当使劳动力调查/普查更加全面和及时，特别是要收集大量非正规部门的就业机会和特点。

华盛顿共识的瓦解和随之而来的政策体制演变迫使各国政府寻

找替代方案。各国面临的问题是，价格均等化要如何与失业率的增长同步。解决方案可能各不相同。人们必须具备区分短期利益和长期优势的能力。发展范式必须有一个明确的战略来平衡生产要素，如土地、劳动力和资本，当然还有技术。这对于小国家来说很重要，对于人口众多的大国家来说更加重要。正是在这样的背景下，道格拉斯·诺斯谈到了制度的作用。制度不但在实现生产要素之间的平衡方面发挥重要作用，而且在引导市场和引入决策中发挥着至关重要的作用。如果1%的人口的财富呈现压倒性增长，那么这种制度所产生的不平等就将破坏实现生产要素平衡的各种措施。

二、大工业转型与发展中国家

当前正在展开的第四次工业革命（工业4.0）体现了以知识为基础的社会经济进步。重要的是，要了解这次工业革命带来的经济、社会和政治的变化，并将治理和发展置于核心地位。第四次工业革命展示了一个新的时代，它以全新的、意想不到的方式建立并扩大了数字化的影响。科学进步和技术突破正与发展和治理交织在一起，使得社会经济挑战变得更加复杂和明显。

21世纪的全球性挑战源于反全球化、脆弱性、不安全感、环境危机、缺乏就业机会、人口不平衡和排斥技术进步。当我们正迈向超数字化未来，实现通用连接、去中心化能源生产和数字商业模式以及更高的自动化程度时，显而易见的问题是：谁来控制这一过程？需要什么样的市场结构来推进？如果我们都致力于多边主义，国际贸易体制将会发生什么变化？如何解决技术性失业问题？我们所关注的工作性质是什么？在这些问题和其他许多问题上都出现了争论，这表明我们必须认真重新思考我们的发展战略，并把重点放在发展优先事项的本地化上。

货币主义者和结构主义者之间的长期争论也影响了在更大的发展范式中所设想的技术的作用。市场和激励的作用也与如何做出具体的政策选择有关。让我们看看发展叙事如何影响工业革命的模式。可以想象，"工业革命"一词本身并非没有争议。对其特征、重点和与之相关的演变过程存在着激烈的争论。第一次工业革命可以说是一种演化现象，它将工业组织从根植于规则、过剩的人力、等级制和权力与权威中心化的结构，转变为管理和大规模生产。第一次工业革命以英国为首，蒸汽机车成为动力驱动的典型象征，它与19世纪50年代以后以美国和德国为首的，电力逐步变为动力主流的第二次工业革命不同，接下来发展到20世纪90年代的第三次工业革命，它以工业化国家计算机和通信技术的快速发展为特征。我们必须明白，帝国主义是阻碍工业革命蔓延的一个主要因素。当英国正在进行"工业化"时，殖民国家却与之背道而驰，走上了"去工业化"的道路，其特征是奴隶制、对土著居民的征用、帝国扩张以及外国政府对人民和土地的主权宣示。冈纳·缪尔达尔在他的关于南亚的经济学经典著作中从这一角度阐述了南亚工业化的后殖民现象。

印度见证了欧洲的"棉花帝国主义"，其在制糖、烟草和采矿等行业也很明显，它通过大规模商业化种植生产推动了欧洲工业革命的发展。在科学和技术方面，西方发达国家为殖民地引进铁路和机械，并不是为了殖民地的技术进步，也不是为了增加殖民地的竞争优势。尽管殖民地在科学和技术领域有了显著进步，但这个时期的殖民地却承担了工业化带来的严重后果，如童工增加、产业系统的非人性化以及社会退化等。

第二次工业革命将力量的角逐从英国转移到了美国和德国。在第二次工业革命后期，印度站在了现代科学和传统知识的十字路口，身处民族运动和经济转型之中。从1947年到1970年，科学成为经济进步和社会发展的焦点，如科研机构的增加、工业化的推动、科学进步，等等。在印度和中国，当时人们的想法是通过科技领域的改革和符合国家利益的经济改革，以及制定和实施贸易政策和法规，来缩小与西方国家的差距。

正如库珀和卡普林斯基在他们的论文（1989）中所指出的，第三次工业革命的到来，将计算机和通信技术带到了另一个高度，使最不发达国家、发展中国家和发达国家之间的差距进一步扩大。而与此形成鲜明对比的是，正如桑杰·拉尔在他的论文（1992）中所言，工业革命是印度和中国等国家通过追赶、技术和能力升级来实现技术民族主义和融入全球竞争的强大动力。印度、中国、巴西和阿根廷等国的特点是本土科技能力高，但经济实力低。因此，必须建立强大的科学基础，以帮助发展中国家挑战发达国家的技术统治，因为发达国家往往通过国际法规和政策独断专行。

此外，第一次和第二次工业革命所表现出来的两大主题在第三次工业革命中也得到了延续——自然资源的密集开采在第三次工业革命中进一步加深，自然资源达到了严重枯竭的程度，正如弗里曼、卢萨（2001）记录的那样：

——在全球范围内，作为燃料主要来源的石油衍生物的燃烧进一步加剧。

——废弃物管理机制效率低下。

——气候变化。

——为扩大农业和住房等破坏栖息地，导致生物多样性减少。

——尽管第三次工业革命期间出现了计算机和生产系统，但系统的"重新编程"最终还是需要大量的人工干预。

经济史、创新研究和创新体系领域的一些顶尖学者提出了第四次工业革命的三个主要特征。第一，通过3D打印和原型制造等技术，发明者与市场之间信息流动与交流变得更加容易，从而降低了创新和商业化的成本。第二，人工智能和机器人技术的发展将改善解决问题的能力，实现现实世界各种场景下的目标，为经济增长和增加新的就业机会提供新的途径。第三，创新体系将为整合不同的科学和技术学科奠定基础，通过多样化的筹资渠道、能力提升和基础设施支持促进创新和知识生产。

第四次工业革命极具吸引力的一点是，各门科学和技术学科之间可以进行整合，即一个学科的成果可以融入另一学科。这对一些仍在等待第三次工业革命到来的行业和地区来说显得更加重要。3D打印消除了发明者与市场之间的障碍，降低了将人们的想法与具体产品连接起来的成本。经合组织在2016年和2017年向二十国集团提交的报告中描绘了一幅相当光明的图景，将其定义为"下一次生产革命"。根据他们的说法，这套技术很可能对多个全球价值链的生产至关重要，呈现出技术的组合性质。这在很大程度上体现了生物技术、纳米技术和信息与通信技术领域技术应用的融合发展。技术的这种组合性质将带来五种不同类型的应用。正如经合组织所述，这五种应用包括：（1）基于数据驱动的创新，对生产具有变革意义的数字技术；（2）基于生物的生产革命，带来了人工光合作用和生产生物燃料的微生物；（3）纳米技术；（4）3D 打印技术；（5）材料科学的进步。这些技术很可能提高生产力，加快部门转型，为经济增长提供更快的通道。为发展中国家在创业层面做好准备，与数字发达经济体的毁灭性做法竞争并生存下来，这将成为一个重大问题。

随着消费模式的演变，人们自然而然地倾向推动第四次工业革命。在前三次工业革命中，就业不可能在一代人手里发生变化。就业从农民转向工厂，再从工厂转向知识性的工作，但这一切都是逐步发生的。总就业人数不是减少了，而是成倍增加。在二十国集团进程中，西方国家对非正式化、就业和经济感到担忧。印度经济一直存在着非正式化，并且就业也充满了不确定性。

印度自独立前开始，就一直重视社会和经济的发展以及科技的应用，这一点在各种五年规划、政策和法规中都有体现。近些年，印度不断推出科技政策，如 1983 年的《技术政策声明》、2003 年的《科学技术政策》和 2013 年的《科学、技术和创新政策》，都重申了以科技为主导的创新是发展的关键所在，并进一步拓展和丰富了它。在 2017 年的印度科学大会上，印度总理提到了科学的社会责任，这为政策框架中的负责任创新拉开了序幕。

将负责任的研究与创新纳入印度的科技政策，是出于这样一种考虑：科学技术的应用应能更快地实现社会经济发展，社会各阶层应从科技进步中受益。因此，印度科技政策最先要考虑的是确保获取、公平和包容（AEI）。这三点意味着向社会各阶层提供基于科学和技术的负担得起、易于获得的创新解决方案。鉴于印度社会所面临的挑战，即大多数人的基本需求得不到满足，可以进一步认为，基于获取、公平和包容的框架更加务实，也更适合印度的国情。这种基于获取、公平和包容关键要素的运作框架制度化，不应被视为负责任的研究与创新的替代框架，而应该被看作一种更加实际、务实和操作性更强的方法，其灵感来源于负责任研究与创新的总体概念，以及随着工业革命的到来在当前和未来出现的复杂情况。

三、本书概览

本书采取综合全面的视角，从发展阶段、宏观政策制度、比较优势和竞争力、产业政策、贸易和投资、劳动力市场问题以及结构性制约因素等方面探讨了促进南亚制造业的发展以及创造就业机会的问题。本书分为两个部分。第一部分详细探讨了南亚部分国家的案例，重点关注制造业创造就业的机遇和挑战。这部分涉及的国家包括孟加拉国、印度、尼泊尔、巴基斯坦和斯里兰卡，主要介绍了制造业在国民经济大背景下的概貌，重点关注了过去三十多年来创造就业方面的情况；分析了过去制约制造业发展的因素，以及这些因素与创造就业的关系。从制成品出口和融入全球价值链的角度，详细探讨了外部因素的相对重要性。第二部分呈现了精心选择的主题章节，这些章节将有助于加深读者对南亚工业化和创造就业战略的理解。

第一章由穆阿扎姆和哈利姆撰写，分析了孟加拉国的案例，评估了近几十年来制造业各部门创造就业的程度，重点关注了制造业的部门构成以及不同分部门的就业趋势。文章探讨了与工业发展相关的国家政策，以及这些政策对制造业特定行业发展的影响。文章还指出了孟加拉国制造业长期增长和创造就业所面临的主要挑战。与其他南亚国家相反，孟加拉国制造业在国内生产总值中占比一直在上升，这主要是由本地私人投资推动的。孟加拉国的制造业构成与其他南亚国家相似，主要包括纺织、成衣、食品和非金属矿物制品，这些行业在 2012 年占企业总数的 73.5%（2000 年为 79.9%）。出口密集型产业包括成衣制造业（占总产量的 95%）、运输设备制造业（82%）、皮革和皮革制品制造业（74%）以及纺织业（57%）。20 世纪 90 年代初，成衣制造业逐渐取代了纺织业，成为制造业就业的主要领域。其他有助于创造就业机会的行业包括食品加工、非金属矿物、影音、制药和皮革。但是，孟加拉国缺乏多样化的工业基础，因此依靠制造业增加就业具有挑战性。本章还结合本书内容，深入地讨论了就业能力、技能、工资和就业条件等劳动力市场问题。

卡纳尔和潘迪撰写的第二章聚焦于尼泊尔的经济，详细评估了制造业在创造就业方面发挥的作用。本章深入探讨了有关结构性瓶颈、竞争力缺失、外国直接投资和与全球价值链融合度低、过境和贸易便利化问题以及协调和执行失败等政策问题。与其他南亚国家相比，作为内陆国家的尼泊尔在经济增长和就业领域面临着更多的挑战。在过去的四十年里，尼泊尔的平均经济增长率约为 4.0%。然而，在过去的十五年中，从 2001—2002 年度至 2015—2016 年度，经济增长放缓至 3.7%，制造业附加值的平均增长率仅为

1.4%，而在国内生产总值中占比最大的农业部门的增长几乎停滞。虽然失业率仅为2.2%，但它掩盖了结构性失业和就业不足的问题。本章提供的统计数据说明了尼泊尔严峻的就业形势。人口普查期间从事经济活动的人口数据显示，近年来总体就业增长急剧下降，从1991年至2001年间的2.7%降至2001年至2011年间的0.6%。在2001年至2011年间，电力、制造业和贸易等行业的就业人数出现负增长，分别为-16%、-3.7%和-1.3%。在从事经济活动的总人口中，制造业就业的占比从1981年的2%上升至1991年的8.8%。然而，这一比例在2011年降至5.5%。

通过对结构变化系数的估算，本章认为，尽管与制造业本身相比，增加值的结构性变化可能更快，但多年来整体经济可能并未发生重大结构变化。同样，不同时期的等级相关系数也表明，这两个时期（即1995—1996年度至2011—2012年度，2006—2007年度至2011—2012年度）之间的制造业份额高度相关，没有发生重大的结构性变化。这反映出尼泊尔的制造业中没有任何主导行业。即使在有利于制造业的产业政策框架下，纺织业的份额和数量也在萎缩，据称这是近代的自由主义经济政策造成的。然而，在1996—1997年度至2011—2012年度期间，除食品和饮料以及非金属矿物产品外，木制品、橡胶和塑料制品、化学品和化工产品、家具以及金属制品等行业都有所扩张。就尼泊尔而言，制造业的就业弹性范围从最低0.25到最高0.70不等，不同行业之间没有固定的趋势。除纺织、服装和轻工制造业等少数行业外，总体弹性仍然较低。

在第三章中，莫汗提和萨哈探讨了贸易在促进像印度这样的大型经济体的制造业就业方面所起到的作用，印度在南亚地区具有最多样化的产品和市场贸易体系。印度的制造业占其国内生产总值的15%左右，这一比例明显低于亚洲新兴工业化国家和许多工业化国家（与早期工业化阶段相比，它们现在的比例也较低）。人们普遍担心，如果制造业不稳步发展，印度将失去其人口红利，大量劳动力将在生产率较低的农业和非农业活动中挣扎。过去几年，印度一直在重点实施制造业复兴战略，这一点可从2011年制定的《国家制造业政策》和2014年启动的更大规模的"印度制造"计划中看出。在很多情况下，这些计划还辅之以部门政策，其目的是提高出口竞争力、增加附加值和利用价值链。然而，阻碍印度制造业出口的问题可能多种多样，且错综复杂。学术界对印度制造业的研究主要集中在以下两个方面：一方面是创造的就业机会不够理想，从而存在去工业化的可能性，另一方面是绩效指标反映的更深层次的二元对立性。印度对外实施经济自由化政策近三十年，国际贸易对印度制造业产生了深远影响，包括增加附加值和创造就业机会两个方面。随着印度产业显著的贸易一体化和出口导向，很明显，除国内市场外，国外市场在扩大印度制造业并使其多样化方面将发挥重要作用。然而，在国内经济中，不同行业的就业吸纳能力各不相同。就制造业而言，本章探讨的问题是，印度是否有理由在未来选择优惠贸易安排（双边和地区）的贸易伙伴和行业，以最大限度地创造直接和间接的就业机会。由于印度在不同国家的出口产品构成存在显著差异，因此在国内经济中创造就业的性质也会相应不同。本章通过考察印度出口伙伴国的地理分布，研究了165个目的地国家的出口就业强度。在每个国家的产品层面，对直接和间接创造的就业机会进行了估算。

在第四章中，约瑟夫、卡卡拉普迪聚焦印度，对行业层面的动态进行了深入研究。本章从数量和质量两个维度分析了出口和就业的新趋势，指出了在高质量就业方面具有显性就业优势的行业，以及在提升出口和就业方面具有比较优势的行业。通过对出口-就业龙头、出口龙头—就业落后、出口落后—就业龙头和出口-就业落后这四个大类下的行业进行案例分析，指出了政策干预的范围。1990年，出口-就业龙头占到了制造业出口总额的55%以上，但随着时间的推移，这一比例下降到了目前20%的水平。在就业方面，它们的就业份额虽有波动，但在2014年仍保持在19%以上。本章涵盖了就业质量的各个方面，其中一个关键指标是合同制就业的衡量标准。就整个制造业而言，合同工的比例从1990年的13%增加到2014年的35%，增长了近三倍。令人鼓舞的是，对于出口-就业龙头行业来说，合同工的比例只有21%。不过，值得注意的是，出口-就业落后行业的合同工用工比例最高。这些行业的合同工比例从1992—1993年度的9%增加到2000—2001年度的19%，并在2014—2015年度进一步增加到44%，这表明无论该行业是否以出口为导向，为节省劳动力成本而使用合同工似乎已成为一项重要的竞争力策略。

贾维德、苏勒里撰写的第五章重点关注巴基斯坦。除三大经济部门外，在制造业内的15个部门中，纺织业是最主要的部门。从20世纪90年代开始，巴基斯坦的经济结构发生了重大变化（与尼泊尔相比，尼泊尔的行业份额基本保持不变）。近年来，农业在国内生产总值中的比重已经从25%大幅下降至20%左右，而采矿业和采石业的比重从0.7%大幅上升至2.9%。制造业所占的比重已从

17%下降至13%左右。这与孟加拉国和印度等国家的趋势正好相反。然而,最重要的是,主要经济部门的就业贡献没有出现重大变化。在过去的十年里,制造业在国内生产总值中所占的比重一直在增长,但其在创造就业中的占比从2005年的13.6%下降到2010年的13%。事实上,在2000—2010年期间,相比制造业在就业中所占的份额,制造业在国内生产总值中所占的份额增长了一倍。在制造业附加值方面,纺织和服装业的表现优于其他分部门(机械和运输设备行业贡献最小)。根据最近一次制造业普查(距现在已经过去十年),巴基斯坦的纺织业占出口总额的60%以上,占制造业总附加值的46%。根据2006—2007年度的经济调查,制造业就业人员中有38%从事纺织行业。本章详细讨论了巴基斯坦纺织业的结构以及附加值和出口下降所面临的挑战。

在第六章,苏布拉马尼亚姆介绍了斯里兰卡经济增长和工业表现的趋势和构成。无论从哪个角度看,斯里兰卡都是南亚的一个特例。尽管斯里兰卡的经济发展水平高于其他国家,但它的增长速度要低于南亚平均水平。斯里兰卡与其他南亚国家也有所不同,因为斯里兰卡在人口条件上处于不利地位。可以说,斯里兰卡已经超过了其反向抚养比的峰值,并将在短期内面临减轻人口老龄化对经济不利影响的挑战。这使得斯里兰卡难以继续在劳动力成本差异方面进行竞争,因为老龄化的劳动人口对工资率施加了上升压力。斯里兰卡的劳动竞争力可以通过强调在提高劳动力成本之外提高生产力的战略来维持。本章介绍了斯里兰卡制造业的演变以及生产和出口的构成、方向和趋势。斯里兰卡制造业的增长并不稳定,在持续增长时期所获得的发展势头被一段时间的低迷表现所抵消。在过去十五年中,"食品、饮料和烟草"细分行业对制造业附加值的贡献最大,从 2002 年的制造业附加值占比 37%逐渐增加到 2014 年的 51%。然而,该行业的生产主要面向国内市场。与此同时,出口导向型细分市场的附加值增长乏力。例如,纺织和服装业是最大的出口导向型行业,但在过去十年中,其附加值占比在 20%至 25%之间停滞不前。尽管青年人的受教育水平较高,但持续的失业问题仍然令人担忧。因此,本章还分析了劳动力参与和技能方面的问题。

第七章由戈斯撰写。这一章不再关注工业领域,而是从历史和行业的角度重新审视经济增长范式,并将其与南亚地区就业创造相比较。因此,本章不仅关注创造就业,而且深入探讨了就业条件的问题。尽管南亚国家经历了经济增长,但就业质量仍然较差。本章探讨了为什么快速的经济增长未能迅速改善就业条件的问题。文章在随后的讨论中强调了经济增长模式的不适当性可能是一个原因。在仍处于早期发展阶段的南亚经济体中,服务业一直非常重要(在国内生产总值中所占份额异常之高)。此外,南亚国家(孟加拉国除外)的经济增长也以服务业为主导。然而,服务业的就业率一直非常低,与全球的经验相矛盾。南亚经济体的增长进程没有在就业方面实现结构性改变。从农业到非农业的劳动力流动很少,即使发生小规模的流动,通常也是进入非农业部门的低生产率非正式就业。本章强调了这样一个事实,即常规增长在可预见的未来不会解决南亚的巨大就业问题。经济增长的速度和模式都需要改变;增长速度需要大幅加快,非农业部门的就业密集程度需要大幅提高。因此,南亚国家应借鉴东亚的经验,努力实现以制造业为主导的快速增长。

最后，结语部分探讨了南亚竞争力、技能培训和工业化问题，在某种意义上，该部分构架了全面理解和概述本书主题的主线。技术竞争力是产业发展的基础，而技能则是引领技术发展的动力。作者在结语中指出，尽管南亚国家正在经历稳定的经济结构转型，但由于未能促进创新和工业化，南亚仍然是世界上贫困人口最多的地区。南亚国家高度依赖进口技术。作者认为，这些技术不适合南亚国家的实际情况或禀赋特点，导致技术转让的效益有限。部门间和经济主体之间的不恰当匹配导致了作者所说的低生产率陷阱。这种缺陷也助长了排斥现象的出现。大多数劳动力从事低生产率的经济活动，被称为变相失业。另一方面，劳动力缺乏足够的技能以满足相关行业的要求。低生产率带来低报酬，加剧了大规模贫困。为了克服工业停滞和技能培养的差距，南亚国家需要改革其国家创新体系，以利用新的工业革命。本章重申，南亚国家面临着人均收入低、企业平均规模小、生产率低和技能低下的挑战。在这些国家的转型过程中，工业部门未能发挥领导作用。尤其是农村劳动力的教育基础极为薄弱。农村地区的劳动力缺乏加入制造业或精准农业和农产品企业活动的技能。现有的技术教育在数量和质量上都不足够。同时，这些地区的科技人员队伍不足，很少创新，因而缺乏将低生产率、低工资的生产活动转变为高生产率、高工资生产活动的机会。本章主要关注结构性因素，阐述了工业化和技能培训替代战略的必要性，以缩小与其他国家在创新成果与技术技能方面的差距。

参考文献

Cooper C, Kaplinsky R(eds)(1989). Technology and development in the third industrial revolution. London, Frank Cass.

Freeman C, Louçã F(2001). As time goes by: from the industrial revolutions to the information revolution. Oxford University Press, Oxford.

Habib I(2006). A people's history of India: Indian economy 1858–1914, vol 28. Aligarh Historians Society and Tulika Books, New Delhi.

Lall S(1992). Technological capabilities and industrialization. World Dev 20(2):165–186. Institute of Economics and Statistics, Oxford.

UNCTAD(2017). World investment report 2017——Investment and the digital economy.

World Bank(2017). South Asia's turn——Policies to boost competitiveness and create the next export powerhouse. In: International bank for reconstruction and development, World Bank (Conference Edition).

第一章　孟加拉国经济可持续发展战略：制造业带动就业

孔达克尔·戈拉姆·穆阿扎姆、费扬·本·哈利姆

一、引言

作为一个新兴的南亚经济体，孟加拉国旨在通过长足的经济发展来大幅减少贫穷和收入不平等现象。过去几十年来，孟加拉国保持了稳定的经济增长水平，贫困率从1992年的56.7%下降至2016年的23.6%。但这项数据仍表明，还有一大部分人挣扎在贫困线以下，他们急需摆脱贫穷困境。在过去几十年里，孟加拉国经济经历了结构性转型，这不仅增加了非农业部门在国内生产总值中的份额，也增加了其在就业中的比重。鉴于贫困率居高不下，在非农业部门，特别是制造业领域创造就业机会仍被视为孟加拉国的一项主要发展战略。此外，为劳动人口创造体面劳动也是其经济可持续发展战略的另一个重要方面。

本研究旨在分析过去几十年来制造业在创造就业机会方面的情

况，以期了解政府战略和私营企业决策的利弊，汲取经验教训，确保未来经济的可持续发展。本研究分析了过去几十年制造业的增长及其在可持续创造就业方面发挥的作用，重点分析了制造业的部门构成、不同细分部门的就业趋势，以及在创造体面劳动方面的水平等。本文还研究了与工业发展有关的国家政策及其对制造业发展产生的影响和意义。最后，本研究指出了制造业面临的主要挑战，并进一步就国家制造业的长期可持续发展和创造就业两个方面提出了一系列建议。

二、文献综述

制造业在促进经济可持续发展中的作用："可持续发展"是一种组织实践，它在确保人类发展的同时，还能维持自然系统提供经济和社会所依赖的自然资源和生态系统服务的能力。随着这一概念的发展，它已更多地转向经济和社会发展，以及为下一代而开展的环境保护。新出现的"可持续发展"概念反映了全球思维的重大变化，它迫使企业重新思考它们业务运作的方式。以往的研究者认为，可持续的制造实践是在企业内部和企业间将环境、经济和社会因素纳入企业活动的做法，它将提高企业的绩效（Hami et al., 2015）。

在此期间，制造业被认为是许多国家经济的基石，是实现结构性变革、生产性就业和经济可持续增长的关键领域。根据国际金融集团的研究，制造业与其他经济部门的前后关联最紧密，是发展和贫困之间最重要的结构性纽带。文献表明，制造业创造了最大的就业乘数。在需求方面，它创造了人为的就业机会，而在供应方面，知识和溢出效应联系起来。经验表明，制造业是商业和研发支出中最重要的部门。制造业具有资本密集型特点，可利用规模经济，通过边干边学的方式提高生产力，从而增加人力资本储备——人力资本是一个国家向增值活动和服务转型的重要资源。

制造业通过创造就业机会直接减少贫困，在大多数情况下，这些岗位报酬更高，福利更稳定。此外，制造业拥有供应链和分销链，它在为不同服务领域创造就业机会方面发挥着重要作用。为了吸纳大量失业人员，制造业更需要提供稳定的工作和良好的福利。通过这一过程，制造业与大家共享繁荣，尤其是与低收入国家一起共享繁荣（Rodrik，2015）。

体面劳动是实现可持续经济发展的关键：国际劳工组织及其成员率先提出了"体面劳动"这一概念，以促进工作成为个人尊严、家庭稳定、社区和平、造福人民的主体以及扩大生产性就业和企业经济增长的源泉。创造就业机会可以提高生产力、生活水平和社会凝聚力。可持续创造就业可以定义为促进经济增长、社会包容和环境保护的过程（UNCTAD，2015）。因此，任何行业的工作要被视为"体面劳动"都需要符合四项标准，即就业能力、体面的工资、职业健康和安全，以及工人权利。

孟加拉国发展论述中的制造业视角：加速发展、减少贫困、减少收入不平等和缩小地区差距，它们是孟加拉国当前发展的远大目标，这一目标通过不同的国家规划反映出来，如第六个五年规划（2011—2015年）、第七个五年规划（2016—2020年）和十年远景规划（2011—2020年），以及产业政策和倡议，如2012年和2015

年的产业政策、2005 年的中小企业政策战略和 2010 年的《孟加拉国经济区法案》等。其主要战略是在制造业创造生产性就业机会（Bakht and Basher，2015）。中小企业的发展是关键问题。加强微型、小型和中型企业发展是减少贫困和消除区域差距的关键战略（GoB，2011）。要持续驱动经济的增长，必须高度重视制造业。与此同时，还必须支持贸易和产业政策，高度重视制造业的供应方制约因素，包括缺乏周转资金、高利率、技术工人短缺、缺乏管理技能、基础设施薄弱、港口效率低下、运输成本高、制度薄弱、治安状况差以及无形的经营成本（Raihan，2015）。

总之，有关孟加拉国制造业就业的部门分析、这些就业的体面程度以及可持续性水平的信息还十分缺乏，本文旨在聚焦于这些问题进行探讨。

三、孟加拉国经济的结构性变化与制造业的崛起

（一）制造业的结构和组成

在过去的几十年时间里，孟加拉国的经济持续增长。自 1980 年以来，国内生产总值每十年增长一个百分点，这主要归功于工业部门两位数的增长和服务业几乎保持不变的增长，农业部门的增长放缓。因此，在工业和服务业份额上升的同时，农业部门的份额在下降（图 1.1）。这种经济的结构性变化也导致了劳动力构成的变化。与国内生产总值构成的变化不同，不同行业的就业构成变化相当缓慢。农业仍然是就业率最高的行业（图 1.1）。这样的经济转型传递了两个信息：第一，结构性转型的进程仍然缓慢，无法在非

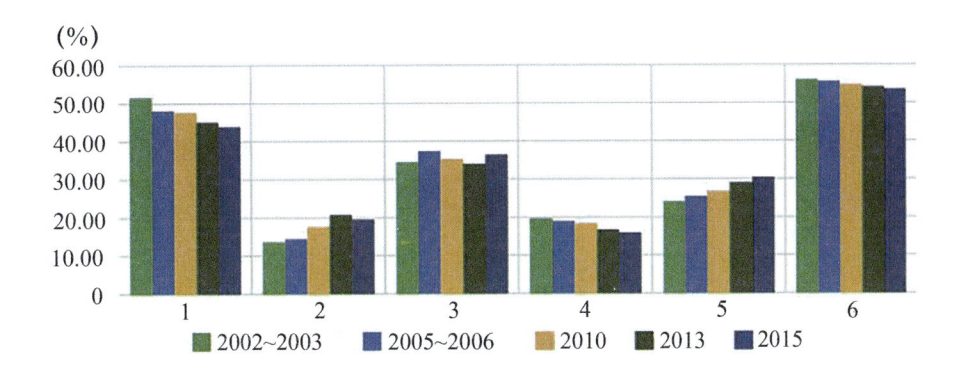

```
(%)
60.00
50.00
40.00
30.00
20.00
10.00
    0
         1          2          3          4          5          6
    ■ 2002~2003  ■ 2005~2006  ■ 2010  ■ 2013  ■ 2015
```

1、2、3 分别为农业、工业、服务业在就业中的占比，4、5、6 分别为农业、工业、服务业在 GDP 中的占比

图 1.1　农业、工业和服务业在就业和国内生产总值中的份额

来源：世界发展指标（WDI）数据库

农业部门充分创造生产性就业机会；第二，生产率较高的部门创造就业仍然有限。因此，探索制造业的内在弱点，以解决新增就业增长乏力的问题显得尤为重要。

在结构性转型过程中，制造业经历了一系列变化。随着时间的推移，制造业被少数几个行业所主导——无论是在国内生产总值和就业的行业份额方面，还是在大中型企业所占的压倒性份额方面都是如此（图 1.2）。这些行业的集中度越来越高。前五大制造业在国内生产总值中的份额已经从 2000 年的 16% 上升到 2012 年的 38%。此外，制造业的投资绝大部分由国内私人投资主导；外国直接投资主要集中在少数行业，包括纺织品、服装、农产品加工等，投资缺乏多样性是制造业增长过程中的一个主要挑战。

虽然中小企业对国内生产总值的贡献较小，但从企业数量和就业人数来看，它们所占的份额较高。这些企业规模很小，其中一部分是个体户，缺乏足够的竞争力。这些企业的一大特点是没有正式

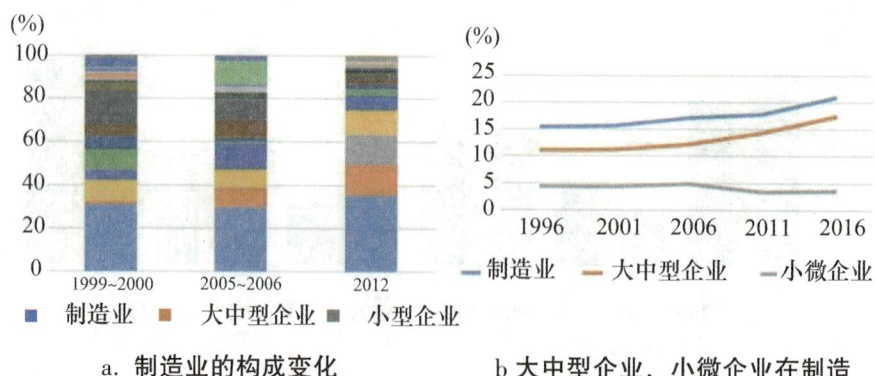

a. 制造业的构成变化

b 大中型企业、小微企业在制造业国内生产总值中所占比重

图 1.2

来源：a 孟加拉国政府制造业普查，b《孟加拉国经济评论》（2017）

的合同——孟加拉国 87% 以上制造业的相关活动是非正式的，主要是微型企业、小型企业、家庭作坊式企业和中型企业。没有合同契约，往往很难确保工作的体面性。根据穆阿扎姆（2009）的说法，这些企业中有很大一部分因为盈利水平低和可投资盈余水平低，导致增长潜力有限，无法实现进阶性发展，即无法从小型企业成长为中型企业，或从中型企业发展为大型企业。

随着时间的推移，大部分制造业企业经历了空间转移。由于区位优势，大部分企业早期选址都在达卡、吉大港、纳拉扬甘杰、诺辛迪、拉吉沙希、博格拉、库米拉、加济布尔等地区。过去几十年来，产业集群的兴起推动企业逐步向不同地区转移。因此，企业各部门都经历了空间上的重新分配，传统的本地市场型工业企业，如烘焙和食品加工业，已从发达地区迁往相对落后的地区，原因可能是这些企业的生产率水平低，盈利能力较差，或者是工资成本、租金和其他成本的上升（Moazzem，2014）。

虽然孟加拉国的贸易开放程度不断提高，但仍无法保证能大规模加入全球价值链；只有少数具有竞争力的行业能参与价值链。换句话说，大部分企业都集中在国内市场。一些主要产业的市场逐渐分化，导致制造行业竞争力水平出现参差。与其他竞争国家相比，孟加拉国在全球价值链中的参与率很低，中国的参与率最高（59%），其次是越南（48%）、巴基斯坦（40%）和印度（36%）。孟加拉国的参与水平与印度相同（36%）。也就是说，孟加拉国大多数行业还没有做好进入全球价值链的准备。

制造业的结构发生变化由一系列内外因素引起。第一，20世纪80年代，随着经济自由化政策的实施，大部分制造业都开放了私人投资。之后，在20世纪80年代末又实施了贸易自由化政策，使得国内制造业在随后的几十年里得到了发展。遗憾的是，在接下来的时间里，贸易自由化对就业的预期影响并没有那么大（CPD，2011）。第二，20世纪70年代末开始实行的优惠市场准入政策，特别是发达国家的优惠市场准入制，对出口导向型产业的增长作出了重大贡献，主要体现在成衣制造业。在接下来的几十年里，成衣制造业的壮大对就业作出了重大贡献。第三，丰富的低成本劳动力促使孟加拉国利用市场准入便利建立了大规模的劳动密集型制造业。第四，有利的政府政策（财政和预算）促进了接下来的产业增长。尽管有这样优惠的条件促进各行业发展，但只有少数行业在随后的一段时间内实现了增长。

随着经济的发展，进一步的结构转型将使更多的经济活动转向非农业部门。根据第七个五年规划（2016—2020年）的预测，未来5年中，制造业将在国内生产总值中占有更多份额（图1.3）。经济结构的这种变化，以及制造业构成的变化，也会影响到劳动力的构成。我们面临的挑战是，经济的变化是否能保证未来有足够的就业机会，更重要的是，这些就业结构的变化在多大程度上是可持续的。

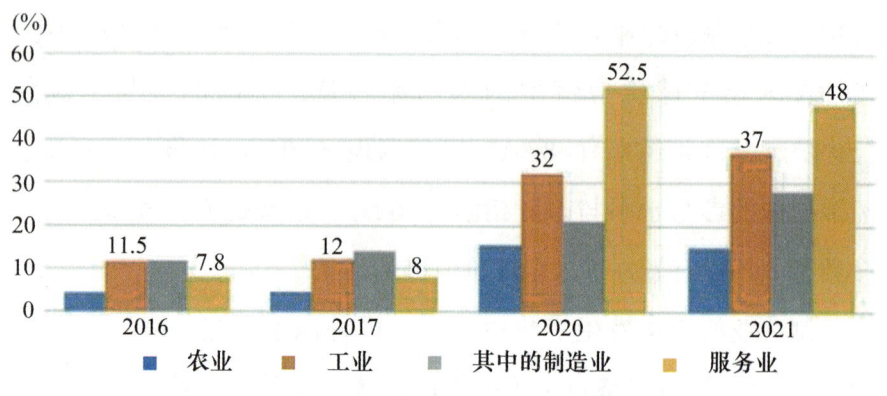

图 1.3　2021 年孟加拉国经济结构图

来源：第七个五年规划（2016—2020 年），孟加拉国政府

（二）南亚背景下的孟加拉国制造业

罗德里克（2015）认为，大多数南亚经济体都经历了一段被称为"过早去工业化"的时期，在这一时期，制造业在国内生产总值中所占份额不断下降（图 1.4）。在这方面，孟加拉国是一个例外。与其他南亚国家不同，孟加拉国的制造业在国内生产总值中的份额仍在上升。然而，孟加拉国制造业的构成与其他南亚国家几乎相似。地方私人投资是所有南亚国家主要的投资来源。

除马尔代夫外，大部分南亚国家流入的外国直接投资（按国内生产总值计算）几乎微不足道（不到国内生产总值的 2%）（图 1.4）。印度是南亚吸收外国直接投资最多的国家（约占南亚外国直接投资流入总额的 87.5%），而且这个份额还在增长。除印度外，其他南亚国家的资本市场还处于初级阶段，只占工业部门总投资的一小部分。一般来说，在制造企业的所有权方面，企业家们不希望过多公司化（最好是独资），并且对其实体公开上市缺乏兴趣。总的来说，孟加拉国制造业在所有权、管理和运营、工人相关问题等所有方面都严重缺乏公司化治理。因此，孟加拉国在公司化运营、加入资本市场和吸纳更多外国直接投资方面需要多向其他南亚国家取经，以确保制造业有更好的表现。

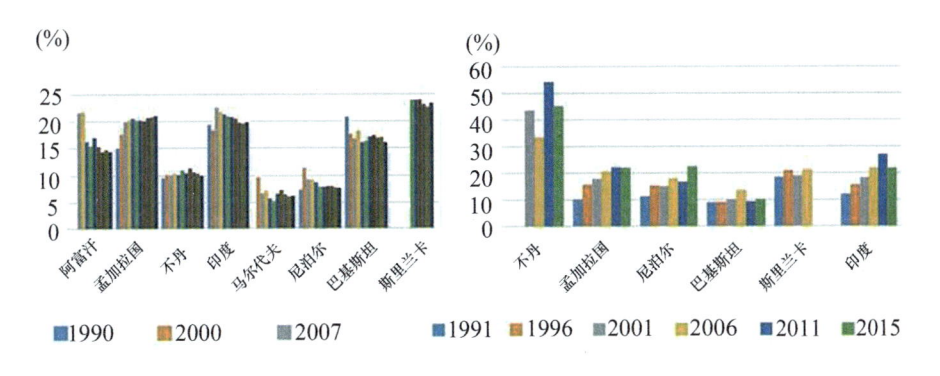

a. 制造业附加值（占国内生产总值的百分比）

b. 私营企业的固定资本总额（占国内生产总值的百分比）

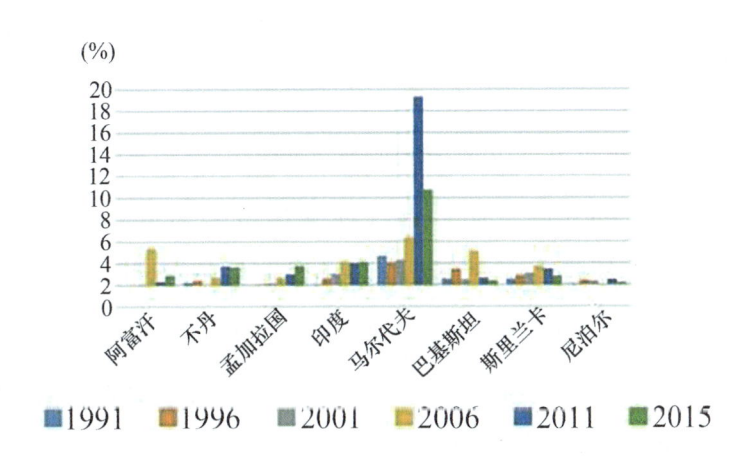

c. 南亚国家的外国直接投资净流入（占国内生产总值的百分比）

图 1.4

来源：世界银行（2017）世界发展指标（WDI）数据库

四、制造业的动态和变化及其对就业的影响

(一) 制造业的企业和就业

在过去十年里,制造业的企业数量以每年6%的速度增长。根据制造业企业统计调查(2012),2012年共有42,792家企业在运营,2000年为23,174家,2006年为31,638家。随着时间的推移,企业的构成发生了变化;大多数企业主要集中在少数几个行业,主要包括纺织、成衣、食品和非金属矿产品行业,2012年这些行业占到企业总数的73.5%(2000年为79.9%)。

几十年来,非传统制造业取得了长足的发展。这些非传统制造业主要包括化工产品、电气设备、皮革制品、纸制品、基本金属、橡胶和塑料制品。相比之下,纺织业和制药业等一些行业的企业数量已减少。企业构成方面的这些变化很可能对相关行业的就业情况产生影响。

制造业大致可分为外向型制造业(即出口占其总产出的50%以上)和国内市场导向型制造业(即本地市场销售占其总产出的50%以上)。即使是不同领域,大多数企业都是国内市场导向(图1.5)。完全以国内市场为导向的行业包括焦炭和成品油、机械设备、机动车辆、机械设备维修和安装以及回收等。更多面向出口市场的行业包括成衣制造业(占总产量的95%)、其他运输设备(82%)、皮革及皮革制品(74%)以及纺织品(57%)。部分行业的产品出口份额相对有限,比如计算机、电子和光学产品、电气设备等。自身缺乏竞争力、能力有限、与买家的网络不畅、产品质量

不高和人力资源薄弱等,是很大一部分国内市场导向型企业无法成为出口导向型企业的主要原因。尽管一些行业有很强的全球竞争能力,但由于缺乏足够的数量而无法成为出口导向型企业。

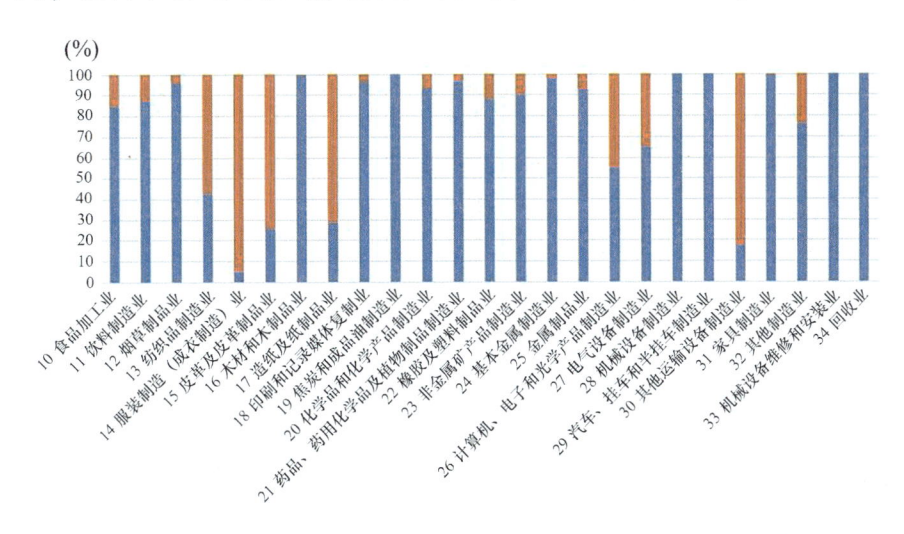

■ 本地市场销售额　　■ 国外市场销售额

图 1.5　不同制造业企业的市场敞口比率

来源:制造业普查及调查结果统计

研究发现,出口导向型产业在企业数量(2.3 倍)和就业人数(4.4 倍)方面都明显高于国内市场导向型产业(表 1.1)。2012年,出口导向型产业占制造业企业总数的 69%,占制造业就业总数的 81%。更重要的是,出口导向型产业的平均规模(按就业人数计算)大于国内市场导向型产业

表 1.1 按规模和主要行业分列的企业数量

细分行业	企业数量			占企业总数的比例（%）			年增长率（%）	
	1999~2000	2005~2006	2012	1999~2000	2005~2006	2012	2000~2006	2006~2012
饮料	42	27	367	0.2	0.1	0.9	-6	209.9
木头和软木	373	45	302	1.6	0.1	0.7	-14.7	95.2
化工产品	43	85	563	0.2	0.3	1.3	16.3	93.7
汽车、挂车和半挂车制造	41	30	137	0.2	0.1	0.3	-4.5	59.4
金属制品	874	333	1449	3.8	1.1	3.4	-10.3	55.9
电气设备制造	251	251	884	1.1	0.8	2.1	-	42.0
皮制品	188	283	930	0.8	0.9	2.2	8.4	38.1
纸制品	106	384	902	0.5	1.2	2.1	43.7	22.5
其他运输设备制造	197	125	276	0.9	0.4	0.7	-6.1	20.1
烟草制品	464	242	487	2.0	0.8	1.2	8.0	16.9
其他制造业	28	122	235	0.1	0.4	0.6	56.0	15.4
基本金属	196	633	1205	0.8	2.0	2.8	37.2	15.1
成衣制造	2639	4532	6984	11.4	14.3	16.5	12.0	9.0

续表

细分行业	企业数量			占企业总数的比例（%）			年增长率（%）	
	1999~2000	2005~2006	2012	1999~2000	2005~2006	2012	2000~2006	2006~2012
非金属矿产品	2050	3063	4654	8.8	9.7	11.0	8.2	8.7
食品	5453	6081	8441	23.5	19.2	20.0	1.9	6.5
橡胶和塑料制品	305	784	1036	1.3	2.5	2.4	26.2	5.4
石油制品	7	15	19	0.0	0.0	0.0	19.0	4.4
家具制造	462	963	1055	2.0	3.0	2.5	18.1	1.6
纺织	8383	11,778	10,983	36.2	37.2	26.0	6.7	-1.1
影音	764	1077	904	3.3	3.4	2.1	6.8	-2.7
制药、药用化学品和植物制品	308	785	494	1.3	2.5	1.2	25.8	-6.2
总计	23,174	31,638	42,307	100.0				

来源：制造业普查及调查结果统计，孟加拉国政府

根据每家企业雇用的员工人数，制造业可分为微型企业（9人以下）、小型企业（9—49人）、中型企业（50—99人）和大型企业（100人及以上）。根据2012年制造业指数数据，超过四分之三的企业是微型（40.6%）或小型（36.6%）类型的企业（表1.2）。包括木材、家具和机械维修在内的行业绝大多数都是微型企业。造纸、制药和电气设备等行业绝大多数都是小型企业。成衣制造业是唯一一个主要由大型企业组成的行业。在过去的十年中，小型企业

的数量和就业人数一直在增长，而大中型企业的增长速度有所放缓，尽管这些企业的就业增长情况还是很明朗，有时甚至相当高。

表 1.2 制造业的规模分布（按就业人数）

孟加拉国小型家庭工业公司	2012年份额（%）			
	微型	小型	中型	大型
平均	47.45	40.25	8.25	4.1
食品	67.9	28.6	3.1	1.2
饮料	43.9	51.0	3.8	1.4
烟草制品	51.3	27.9	10.9	9.9
纺织	49.4	37.0	10.4	3.3
成衣制造	10.9	15.3	34.4	39.4
皮制品	57.3	29.5	10.8	2.5
木头和软木	87.1	10.3	2.3	0.3
纸制品	23.7	71.6	4.7	0.0
影音	46.2	50.3	3.4	0.0
石油制品	47.4	47.4	0.0	5.3
化学产品	25.2	58.3	11.5	5.0
制药、药用化学品和植物制品	3.0	79.4	10.1	7.5
橡胶和塑料制品	51.0	44.4	3.4	1.3
非金属矿产品	3.5	59.8	33.0	3.7
基本金属	9.9	57.2	28.8	4.1
金属制品	54.7	44.0	1.3	0.0
计算机、电子和光学产品制造	52.3	44.3	1.3	2.0
电气设备制造	37.1	60.0	1.6	1.4
机械设备制造	68.2	23.6	6.2	2.1
汽车、挂车和半挂车制造	55.5	37.2	5.8	1.5

续表

孟加拉国小型家庭工业公司	2012年份额（%）			
	微型	小型	中型	大型
其他运输设备制造	45.7	44.6	6.9	2.9
家具制造	75.5	22.3	1.4	0.9
其他制造业	79.6	14.5	3.0	3.0
机械设备维修和安装	92.5	7.5	0.0	0.0

来源：制造业普查及调查结果统计，孟加拉国政府

多年来，不同类型企业的平均规模越来越大，这从另一个角度表明了企业的纵向扩张。这些规模扩大的企业主要包括除基本金属以外的成衣制造业、皮革、制药和橡胶等出口导向型行业。相比之下，大多数以国内市场为主的行业规模都在缩小。总体而言，人们对国内市场导向型企业十分关切，特别是它们的竞争力水平和创造就业的能力。地方私人投资占据制造业投资的主要份额（图1.6）。

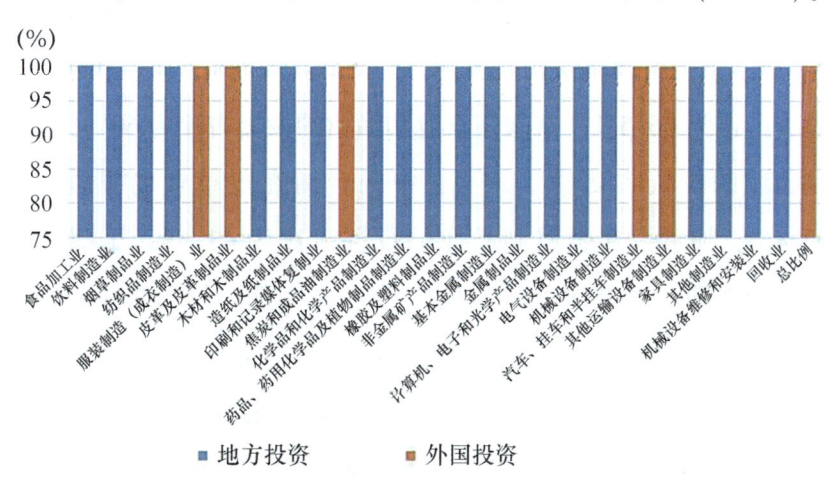

图1.6 不同行业的地方和外国直接投资的比例

来源：制造业普查及调查结果统计

总之，在孟加拉国，南亚国家的投资者尚未像非南亚国家的投资者那样参与主要价值链，这可能是因为能力有限，也可能是因为对外直接投资的限制。完全基于国内私人投资的行业包括木材、造纸、印刷、化工、基本金属、计算机、电子、家具等。少数引入部分外国直接投资的行业包括成衣制造业、皮革及皮革制品、成品油等。大多数小企业老板表示，地方私人投资扩大业务的能力有限。同时，制造业获得的外国投资有限，这表明国内营商环境不够好，难以吸引到大量的外国直接投资。

制造业的外国直接投资绝大多数集中在有限的几个行业中。在145亿美元外来直接投资总额中，只有26.8%投资于不同的制造业，比如纺织业（17.6%）、食品加工业（2.07%）、水泥业（1.91%）、农业和渔业（1.87%）、制药业（1.4%）、皮革业（1.17%）和金属制品业（0.79%）。这些投资大部分都来自非南亚地区，例如韩国和中国香港在纺织业的投资占比分别为29.9%和17.7%，英国在食品加工业的投资占比为58.6%，荷兰在水泥业的投资占比为66.5%，泰国在农业和渔业的投资占比为60%，英国在制药业的投资占比为52.5%，中国台湾在皮革业的投资占比为42.4%，加拿大在金属制品业的投资占比为47.6%。如表1.3所示，南亚国家的外国直接投资主要来自印度，投资集中在纺织业（2.7%）、食品加工业（5.6%）、农业和渔业（3.5%）和制药业（8.8%）；来自巴基斯坦的投资主要集中在纺织业（0.2%）和金属制品业（19%）；来自斯里兰卡的投资集中在纺织业（1.2%）、食品加工业（1.5%）和其他行业（1.5%）。

表1.3 主要南亚国家和其他亚洲国家或地区在制造业和非制造业部门的外来直接投资存量所占份额（占各部门外国直接投资总存量的百分比）

部门	南亚国家			其他亚洲国家或地区			
	印度	巴基斯坦	斯里兰卡	中国香港	中国	韩国	新加坡
制造业部门							
纺织品和服装	2.7	0.2	1.2	17.7	3.3	29.9	2.5
食品	5.6		1.5	0.0			10.4
水泥			0.1	9.3			
农业和渔业	3.5	0.0	0.4	0.4	0.9		8.5
药品和化学品	8.8		0.1	0.0	0.2		
皮革和皮革制品	0.0			2.4	12.7	1.8	
金属和机械产品	0.3	19.0	0.0	0.8	0.9	0.0	0.0
其他	4.0	0.1	1.5	7.7	6.5	13.1	14.9
非制造业部门							
天然气和石油		0.0					1.0
银行业	5.4	11.0	5.7	2.9		3.5	0.4
电信	0.0						22.9
电力	2.2		3.2	2.5	-0.2		35.1
贸易	5.0	0.2	0.6	2.4	3.5	10.6	34.0
保险	6.0						
计算机和软件	1.8		0.1	4.8		1.2	5.0
非银行金融机构	1.6		7.5	0.8			
外国直接投资总存量							
外国直接投资总存量	2.3	1.7	1.5	5.0	1.7	7.7	8.6

来源：孟加拉国银行（2017）

(二) 制造业企业的生产力

制造业的竞争力在很大程度上受到企业生产力水平低下的制约。制造业的整体劳动生产率（即每单位劳动力的总附加值）非常低（每单位劳动力每年30万塔卡）（表1.4）。汽车、基本金属、石油制品、电气设备、化学产品、饮料和计算机等行业的劳动生产率相对较高，这些大多是资本密集型、规模小、数量少的企业。相比之下，皮革、成衣制造、家具和回收等劳动密集型行业的生产率较低。劳动生产率的差异会导致劳动回报率的差异，劳动密集型行业的劳动回报率可能会更低。有趣的是，与国内市场导向型产业相比，出口导向型产业的生产率相对较低。总之，经济结构向更多的制造业转型在某种程度上导致了低生产力的劳动密集型产业的增长，最终也影响到体面劳动的实现。

表1.4 细分行业每单位劳动力的总附加值

百万塔卡/年

细分行业	2012年每单位劳动力的总附加值
机动车辆、挂车	1.9
基本金属	1.7
石油制品	0.9
电气设备	0.9
化学产品	0.7
饮料	0.6
计算机、电子和光学产品	0.6
食品	0.6
其他运输设备	0.5

续表

细分行业	2012年每单位劳动力的总附加值
金属制品	0.5
制药	0.4
烟草制品	0.4
橡胶和塑料制品	0.4
机械设备	0.4
纸制品	0.3
其他制造业	0.3
家具制造	0.3
机械设备维修和安装	0.3
皮制品	0.3
纺织业	0.3
木材和软木	0.3
非金属矿产品	0.2
成衣制造	0.2
影音	0.2
回收业	0.1
平均	0.5

来源：制造业普查及调查结果统计，孟加拉国政府

五、制造业的就业趋势

(一) 制造业的就业构成

制造业的就业人数在12年的时间里翻了一番，从2000年的250万人增加到2012年的500万人。出口导向型产业在制造业就业中占很大比例，而且随着时间的推移，这一比例将更为集中。就业

分布高度集中在少数几个行业——仅成衣制造业行业就占总就业人数的55%以上，前三个行业占制造业总就业人数的80%。其他促进就业的行业主要包括：纺织业（80.6万人，占制造业就业总数的16.06%）、非金属矿产品（47.2万人，占9.41%）、食品加工（28万人，占5.59%）和基本金属（12万人，占2.41%）。而大部分制造业吸纳就业的人数非常有限——大约有16个行业，单独贡献的就业人数不到制造业就业总量的1%。

在出口导向型产业和国内市场导向型产业中，出现两种截然不同的就业趋势（表1.5）。大多数出口导向型产业在份额和就业人数上都有所上升，如成衣制造业、皮制品、制药和橡胶产业。类似的国内市场导向型产业有纸制品、化学产品、基本金属、家具等。一些产业原本可以为创造就业作出贡献，却后劲不足。例如，一些国内市场导向型产业，如烟草、木材和软木、影音、金属制品、电气设备，以及少数出口导向型产业，如食品、饮料，在制造业就业中逐渐失去了份额。如果不提升竞争水平，这些产业就不会快速增长，更不会对创造就业作出太大贡献。总而言之，制造业的就业仍然高度集中在少数几个产业中。

表1.5　2012年制造业就业情况统计

孟加拉国小家庭手工业公司（BSCIC）及描述	2012年的总就业人数	占制造业劳动力总数的百分比
总计	5,015,937	100.00
成衣制造	2,762,335	55.07
纺织	805,508	16.06
非金属矿产品	471,850	9.41

续表

孟加拉国小家庭手工业公司（BSCIC）及描述	2012年的总就业人数	占制造业劳动力总数的百分比
食品	280,257	5.59
基本金属	120,965	2.41
皮制品	75,524	1.51
制药	71,380	1.42
化学产品	52,598	1.05
烟草制品	52,204	1.04
电气设备	44,556	0.89
金属制品	44,462	0.89
纸制品	42,376	0.84
橡胶及塑料制品	41,139	0.82
家具制造	33,143	0.66
影音	26,667	0.53
饮料	20,448	0.41
其他运输设备	17,921	0.36
计算机、电子和光学产品	16,390	0.33
机械设备	10,001	0.20
其他制造业	9,471	0.19
木材和软木	8,528	0.17
汽车、挂车、半挂车制造	4,906	0.10
机械和设备维修和安装	1,558	0.03
石油制品	1,417	0.03
回收业	333	0.01

来源：制造业普查及调查结果统计，孟加拉国政府

随着时间的推移，有些产业的就业构成逐步发生了变化。20世纪90年代初，成衣制造取代了纺织业，逐渐成为制造业就业的主要来源（图1.7）。此外，其他一些产业虽然规模有限，但也为创造就业作出了贡献，因为它们在制造业就业中的份额一直在增加，如食品加工、非金属矿产、影音、制药和皮制品。相比之下，在解决就业方面，一些行业的贡献却在下降，其中包括纺织、烟草、电气设备、金属制品等。上述这些产业的就业份额下降，可能一是因为相对于整个制造业的平均速度，一些产业增速较慢；二是因为制造业活动（至少部分）在转向资本强度较高的活动。

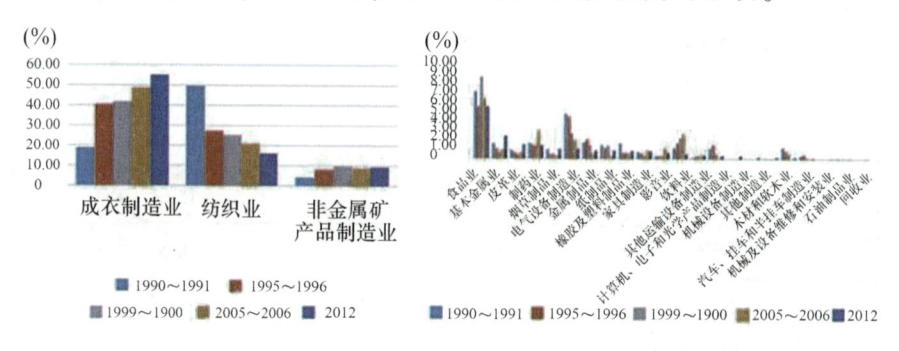

a. 前三大制造业产业的就业份额　　b. 其他制造业产业的就业份额

图1.7

来源：孟加拉国政府制造业普查及调查结果统计

与其他南亚国家相比，孟加拉国制造业在创造就业方面的表现并不令人满意（图1.8）。事实上，孟加拉国制造业的就业比例不仅落后于南亚主要经济体（印度和斯里兰卡），也落后于东南亚其他竞争经济体（例如泰国、越南和印度尼西亚）和东亚（例如中国）。不同的是，大多数孟加拉国的竞争国都拥有多元化的制造业基础，可以吸收更多的就业人员，并创造更多的就业机会。因此，要提高就业份额，孟加拉国需要扩大其制造业基础，不应该仅仅局

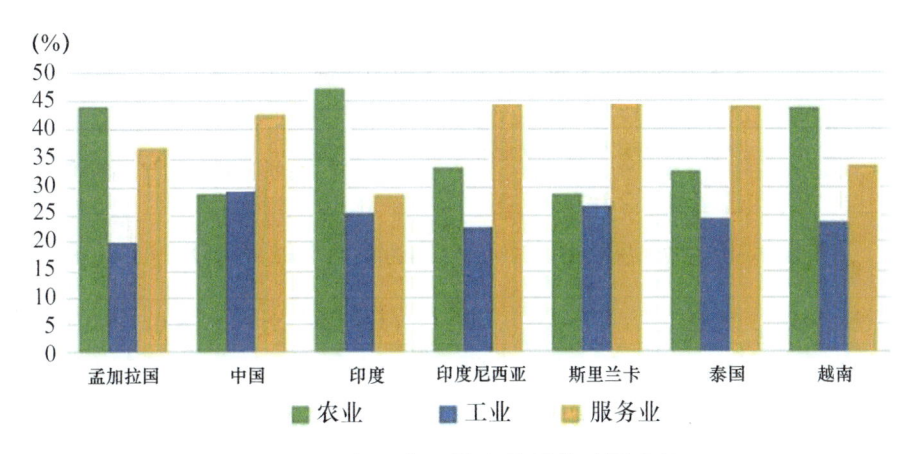

图1.8　主要产业就业份额的跨国比较

来源：世界发展指标数据库

(二) 制造业的工作性质

孟加拉国制造业的就业由不同类型的专业人员和工人组成，包括生产工人、临时工、业主、行政和管理人员、文职和销售人员以及在职业主。超过80%的就业人员从事与生产有关的工作，其次是临时工（8.6%）；另一方面，不同类别的专业人员所占比例有限，其中包括行政和管理人员（4.1%）以及文职和销售人员（4.7%）（表1.6）。然而，不同类别的工人和专业人员在各产业的分布不成比例。成衣制造业是主要的制造行业之一，在成衣制造业就业总人数中，雇用的生产工人占62.3%，行政和管理人员占42.1%，文职和销售人员占32.6%。纺织业是第二大就业部门，雇用了约16.9%的生产工人、14.2%的行政和管理人员，而食品加工、非金属和基本金属产业分别只雇用了约3.9%、6.2%和1.7%的生产工人。

表1.6 一些行业的制造业就业人数分布统计

(各类别就业人数占总就业人数的比例, 2012年)

	总就业人数	行政和管理人员	文职和销售人员	生产工人	在职业主	临时工	家庭佣工
制造业总量(人)	5,015,937	204,955	234,373	4,097,787	42,856	429,505	6461
份额(%)	99.9	4.1	4.7	81.6	0.9	8.6	0.1
成衣制造业	55.1	42.1	32.6	62.3	18.1	9.1	16.2
纺织业	16.1	14.2	17.2	16.9	22.7	6.4	52.9
食品业	5.6	7.5	10.9	3.9	20.2	16.8	5.9
非金属矿产品业	9.4	7.9	4.3	6.2	11.7	43.4	1.9
基本金属业	2.4	4.7	4.5	1.7	2.3	7.2	1.5
其他	11.4	23.6	30.5	9.0	25.0	17.1	21.6

来源：孟加拉国政府制造业调查（2012年）

除了前五大产业，制造业其他产业各种类型的就业人数相当有限（占总就业人数的11.4%），只有9.0%的生产工人、23.6%的行政和管理人员受雇于其他产业。有意思的是，少数行业的特定就业类型所占比例特别高。例如，纺织业拥有22.7%的业主和52.9%的家庭佣工。同样，食品加工业的业主占制造业业主总数的20.2%，而非金属矿产品行业雇用了43.4%的临时工。换句话说，不同产业的就业结构千差万别，这显示了特定行业的工作性质、公司化程度、投资水平以及与工人签订的合同类型。

制造业的总体性别平衡状况相当令人鼓舞。在510万名就业人员中，279万人是男性（54.7%），220万人是女性（43.1%）。这种性别平衡之所以出现，是因为在劳动力强度最大的行业——成衣制造业中，女工所占比例较高（占总就业人数的64%）。与成衣制造业不同,大多数行业在就业性别平衡方面存在巨大差距。同样,与生产工人不同,性别差距在其他类型的所有工作中都相当普遍——尤其是在行政和管理人员中。为了确保体面劳动,非成衣制造业行业中的性别不平衡状况是需要关注的问题之一。

(三) 管理专业人员

制造业因缺乏足够的专业管理人员而受到影响。2012年,在制造业工作的行政和专业管理人员共有 204,955 名,只占到了制造业总就业人数的 4%。更重要的是,这些专业管理人员中约有一半(42%)的人在同一个行业工作,即成衣制造业。烟草制品和服装行业的工人比例较高(约30%),而计算机电子行业的工人比例较低(图1.9)。此外,专业管理人员的性别差距相当严重,超过93%的专业管理人员是男性。大多数行业的女性与男性管理人员比

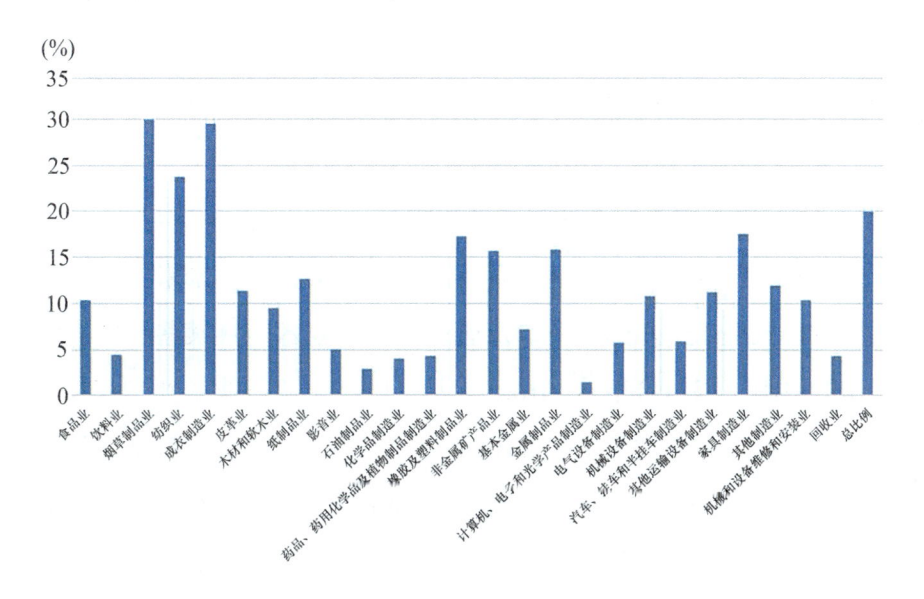

图1.9 不同制造业行业的工人-雇员比例

来源:制造业调查(2012年),孟加拉国政府

例差距非常大，比如在非金属制品行业中，男性与女性管理人员之比高达 250 比 1（图 1.10）。

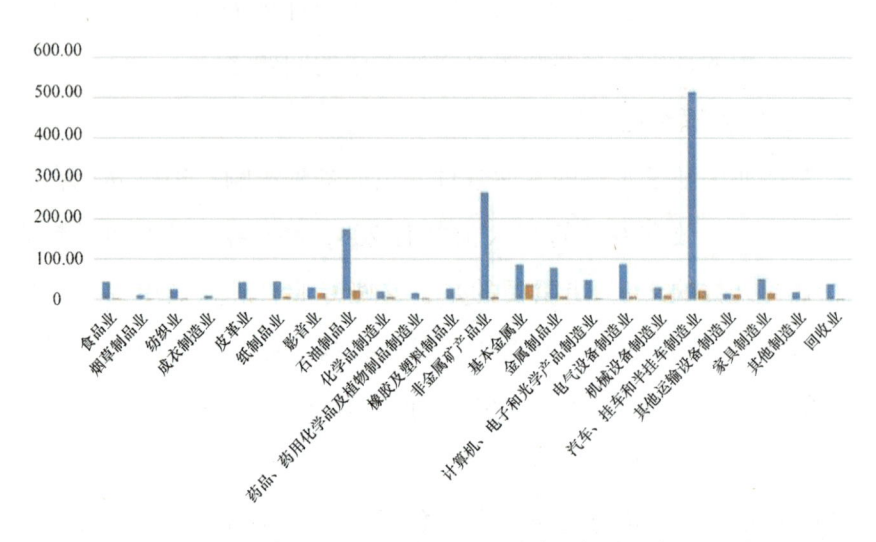

图中柱状图横轴行业（从左至右）：食品业、烟草制品业、纺织业、成衣制造业、皮革业、纸制品业、印刷业、石油制品业、化学品制造业、药品·药用化学品及植物制品制造业、橡胶及塑料制品业、非金属矿产品业、基本金属业、金属制品业、计算机·电子和光学产品制造业、电气设备制造业、机械设备制造业、汽车·挂车和半挂车制造业、其他运输设备制造业、家具制造业、其他制造业、回收业

■ 男女行政工作人员比例　■ 生产及相关工作人员比例

图 1.10　管理/行政专业人员和生产及相关工作人员的男女比例

来源：制造业调查（2012 年）

（四）未来主要制造业对技能的需求

随着主要制造业的崛起，就业需求可能会增长。未来就业需求的性质将取决于工作的性质以及通过更好的技术转换某些特定类型工作的空间。穆尔希德（2016）表示，一些主要行业受到专业技术人员、半技术和非技术人员的限制（表 1.7）。例如，农业食品加工业还缺 77% 的专业技术人员和 75% 的半专业技术人员。这项研究揭示了其他制造业，如皮革制品、照明工程、成衣和造船等行业未来对工人和培训的需求。到 2025—2026 年，成衣制造业，作为最大的制造业，需要将非技术工人数量增加 3.17%，半技术工人数量

增加48.75%，技术工人数量增加122.6%。该行业需要培训211.7万名工人，以满足未来行业对工人的需求。

表1.7 一些行业未来对技能的需求

行业	现有技能差距	未来劳动力需求增长百分比（2025/2026），基数=15/16	未来需要培训人数（2025/2026），基数=15/16
农产品	整体：76% 技术工：77% 半技术工：75% 非技术工：75%	261%	21,000
皮制品	非技术工：6,935 半技术工：6,664 技术工：62,246	107%	150,000
照明工程	整体：35.97% 技术工：43.3% 高级技术工：25% 半技术工：19.33%	非技术工：13.54% 半技术工：15.02% 技术工：58.50% 高级技术工：76.95%	423,000
成衣制造	非技术工：8,577 半技术工：48,130 技术工：119,479	非技术工：3.17% 半技术工：48.75% 技术工：122.6%	2,117,000
造船	/	非技术工：677% 半技术工：677% 技术工：577%	53,000

来源：穆尔希德（2016）

六、制造业的体面劳动

体面劳动是制造业可持续发展的一个重要组成部分。国际劳工组织（1999）规定，体面劳动体现在就业能力、体面的工资、工作场所安全保障以及工人的权利等方面。制造业在体面就业方面的经验是相当匮乏的。虽然制造业创造了就业机会，但在这三个方面却没有突破——体面的工资、工作场所安全保障以及工人的权利。

（一）就业能力

确保体面劳动的一个重要条件就是为本国劳动力提供有保障的工作。虽然制造业的就业机会有所增加，但就业保障仍是一大挑战。没有正式合同，没有正式的登记注册，也没有相关工作保障文书，是就业面临的一些主要问题。随着时间的推移，非正式合同工的人数也在增加：2000年，非正式合同工占总就业人数的76%，2010年增加到87.5%。尽管男女工人总数都有所增加，但女性的上升幅度要高得多。92%以上的女工都是临时工，而男工的这一比例为86%。城市和农村地区的男女临时工总数都有所增加，遗憾的是，他们的工资没有相应增加。

雇用童工仍然是孟加拉国制造业的一个主要问题。不过，有关童工的最新数据仍然缺乏。根据2005—2006年度的数据，童工占总人口的比例约为1.2%，与上一次调查（2002—2003年度）相比有所下降。事实上，制造业因为以各种形式雇用童工而深受其害。同样，很多行业也因性别比例不平衡而受到影响。在大多数行业中，妇女所占的比例都非常低，如高级官员、经理和文职人员中妇女的比例最低,而在贸易、特定职业等领域妇女所占比例最高,未来应该优先考虑就业市场中的性别平衡问题。

(二) 工人的工资

谈判时,这些指标往往没有得到应有的考虑。由于没有及时修订最低工资,与农业和服务业相比,制造业工人的工资在2000年代增长得非常缓慢。过去几年,制造业的工资增长率一直停滞不前(图1.11)。主要制造业部门工资率的增长受到最低工资委员会修订的最低工资率的影响而工资标准并没有定期修订,总体工资率指数保持不变。由于主要行业的工资没有定期调整,因此总体工资率指数仍保持在同一水平上。根据《劳动法2013》(修正案),不同行业的最低工资标准应予修订,应考虑12个关键指标,包括工人

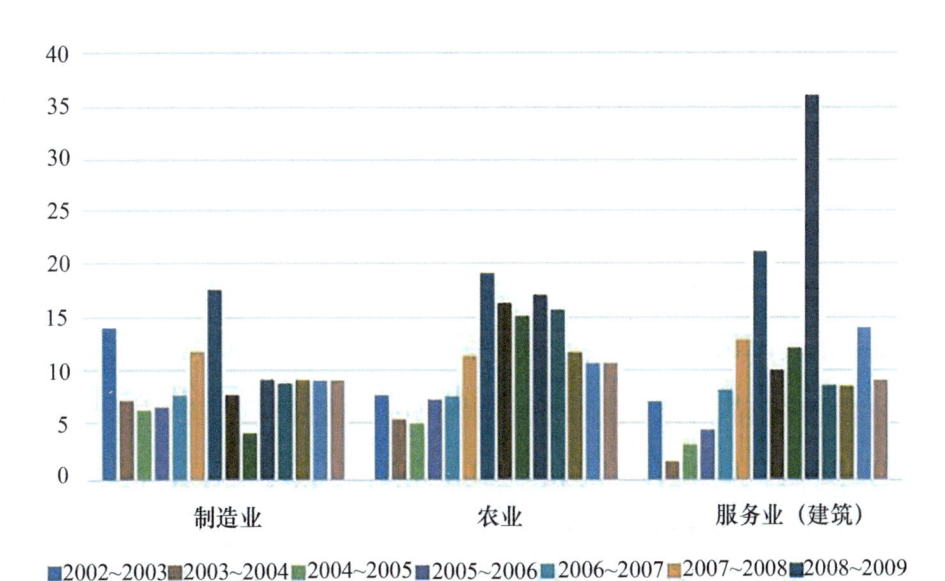

图 1.11 主要行业工资指数的年度变化情况

来源:孟加拉国统计局 (2016),孟加拉国政府

生产力、行业产能、销售增长和雇主赚取的利润等。然而，在修订最低工资标准时，工人往往享受不到生产效率和工作效率提升带来的好处。

在孟加拉国，受雇工人/专业人员的平均薪水/工资不一定像预测的那样一直是最低的。根据2012年制造业企业调查，劳动人口的平均工资约为每月162美元，高于一些亚洲经济体。孟加拉国工人的平均工资从每月116美元（初级职业）到每月338美元（专业管理人员）不等。很大一部分制造业工人是工厂操作员，他们的收入约为每月153美元。一般来说，农村地区的工资低于城市地区（是城市工资的77%），女性工人或专业人员的工资约为男性工人或专业人员工资的82%。在城乡差异方面，基层操作人员的差距最小，管理人员的差距最大。另一方面，管理人员的男女工资差距最小，基层操作人员的男女工资差距最大。

穆阿扎姆和拉兹（2014）表示，尽管对最低工资进行过几次调整，成衣制造业的最低工资仍比要求的最低水平低35%。更重要的是，最低工资仍比理想生活工资低62%。然而，三方工资委员会谈判不力，往往拖慢了最低工资标准的调整速度。此外，确定供应商价格的买家和零售商往往认为，体面的工资问题应该是供应商要解决的问题。

(三) 职业健康与安全

长期以来，职业健康和安全问题在一些主要制造业中一直被忽视。近年来，这些问题在成衣制造业得到了很好的解决，特别是在拉纳广场倒塌事故之后。根据国际劳工组织关于孟加拉国体面劳动状况的数据，绝大多数工人不得不突破规定工时超负荷工作。在大多数工作中，超时工作呈上升趋势。根据 2010 年统计数据，约 51% 的劳动力不得不承担超过规定限度（每周 48 小时）的过量工作，2006 年这一比例为 48%。事实上，男工的超时工作率（65%）比女工要高得多。在不同类型的专业人员中，雇主（73%）和工人（66%）均普遍存在超时工作问题。虽然过度工作的部分原因是迫于生计压力，想多挣点钱；但也有一部分原因是工人工资低，他们不得不工作更长时间。然而，长时间的过度工作反而会缩短工人的工作寿命，这也是许多行业的一大隐忧。

工作场所环境恶劣，安保状况不佳，仍然是一个主要问题。每年有 1000 多名工人因工作环境恶劣而受伤，其中 30%—50% 是致命伤。受伤人数上升的部分原因是：有的地方工作条件很差，而检查当局没有进行规范的检查。检查不到位的原因之一，是工厂检查员人数配备太少。2011 年，每 100 万注册工人只配有 33 名检查员。鉴于 2012 年和 2013 年成衣制造业发生的悲惨事故，企业已经采取了一些举措，包括增加检查员人数和修订工作场所安全和安保条款等。

（四）工人的权利

工人在工作场所的组织权和集体谈判权几乎不存在，工会在大多数行业中仍处于初级阶段。根据 2010 年的数据，全国只有 7200 个登记在册的工会，拥有 220 万工人。多年来，工会的数量和会员人数都没有明显增长。这些注册的工会中，工业部门注册的工会数量少。

2013 年拉纳广场倒塌的悲剧发生后，孟加拉国政府、欧盟和国际劳工组织签署了一项名为《可持续性契约》的协议，使得成衣制造业工厂注册的新工会数量有所增加。事实上，很少有制造业长期从事与工会有关的活动，包括黄麻、制药、皮革和皮革制品业等。工会缺位的现象还出现在出口加工部门，那里有相当数量的制造企业在经营，大多由外国业主所有。工人可以成立由工人和雇主代表组成的"工人参与委员会"，以讨论工人关心的问题。政府目前正在修订出口加工区域法，允许在出口加工厂区成立工会。

七、制造业创造就业的国内外政策与标准

制造业过去几十年的发展在很大程度上得益于政府的政策支持。尽管如此，政府政策的颁布和这些政策的实施之间仍存在巨大差距。制造业的发展是众多政策特别关注的地方，如五年规划（第五、第六和第七个五年规划）、产业政策（2012年、2015年和2018年）、出口政策、进口政策令、《中小企业发展政策指南》、《外国直接投资法》、《出口加工区法和经济特区法》。这些政策规定了不同产业部门的发展规划、财政措施以及为外国投资者提供便利的措施等（表1.8）。这些政策措施旨在促进制造业的生产、出口和投资，这将直接或间接地为孟加拉国创造更多的就业机会。

政府的部分举措与基础设施建设有关，如修建公路、铁路和水路，发电、供气、改善物流基础设施，特别是海港和陆地港口设施。多年来，虽然孟加拉国政府将大量公共投资用于基础设施建设，但营商环境仍然非常糟糕，只在电力供应和连接主要贸易道路的开发方面取得了明显进展。虽然政府已经采取了建设经济特区的举措，但在确保天然气供应和其他设施建设方面进展缓慢；在港口

设施和铁路建设以及内河航道的连通性等方面还需要进一步改进。由于缺乏配套设施,投资者,尤其是新投资者,在孟加拉国的投资受到限制。因此,政府需要投入大量资金,及时推进基础设施建设项目,以吸引更多的私人投资。

表1.8 制造业增长和创造就业的长期政策

第五个五年规划(1997—2002)	1. 开发人力资源减贫和创造就业。 2. 发展小型、家庭和农村产业创造就业。 3. 劳动和人力部门通过技能培训,促进自营职业和国外就业。 4. 优化选择传统劳动密集型和新型资本密集型技术,创造大量就业。 5. 通过研究、推广和改造,促进直接生产部门的技术开发,实施创造性就业提升战略。
第六个五年规划(2011—2015)	1. 推动建立一个充满生机、活力和竞争力的制造业,收入占国民收入的30%,吸纳20%的劳动力。 2. 挖掘劳动力的真正潜力,对劳动力进行全方位培训。 3. 建立新的教育和培训机构,以满足快速扩张的纺织厂对人力需求的缺口。
第七个五年规划(2016—2020)	1. 将制造业的就业比例从15%提高到20%,为大量未就业的和新进入劳动力市场的人创造良好的就业机会。 2. 大力发展经济,创造更多就业机会,从2016财年的230万个就业岗位上升到2020财年的290万个。 3. 努力实现预期的国内生产总值增长,使每年的就业人数超过劳动力人口数。 4. "七五"期间新增工作岗位290万个,包括200万个外出务工人员工作岗位。

来源:作者从孟加拉国政府的官方文件中摘录汇编而成

在促进制造业体面劳动方面，政府的各项政策和法律都有其具体目标。《劳动法2013》（修正案）是最全面的法律，涉及各种与工人有关的问题，包括工资、工作时间、童工雇用、工人组织和集体谈判权、职业健康和安全、对受伤工人的资助和受伤、死亡工人的补贴等。虽然设置最低工资保障、减少工作时间和废除雇用童工等在正式行业中得以执行，但在非正式行业中相关问题的执行却并不到位。劳动与就业部的任务之一是修订工人的最低工资标准（最低工资委员会很少这么做）。其另一项重要任务是监督职业健康和安全标准的执行。同样，劳动与就业部的一项重要职责是让工人参加包括工会在内的不同委员会来保障自己的权利。

遗憾的是，多数制造业部门尚未执行建立工人组织、集体谈判等制度，甚至在一些出口导向型产业和国内市场导向型产业中也是如此。其结果是不良的劳资关系成为多数制造业的一个主要问题。雇主和工人之间缺乏信任，政府对雇主采取偏袒态度，工人对自己的权利和责任缺乏清晰的认识等，这些都是制造业建立良好劳资关系的不利因素。

随着不同制造业在全球供应链中的联系日益紧密，国外的市场代理商往往在制定工厂的合规条款方面发挥着主要作用。买家/品牌商/零售商在确保制造业提供体面劳动方面发挥着直接作用。因此，有必要由主要采购国政府制定采购准则，通过制定向供应商付款的限定条件来更好地监督供应商的行为，确保采购国政府制定的行为准则得到有效执行。这些国家的政府和采购方应把重心放在为供应国的工人创造体面劳动的机会上。

八、确保制造业持续增长和体面劳动的挑战

(一) 制造业的就业增长乏力

过去几年,制造业的增长未能确保就业率相应增长。与前一时期(2010—2013年)相比,2013—2016年的就业增长幅度明显下降(表1.9)。更重要的是,在2013—2016年期间,制造业的就业人数比2010—2013年减少了86万人。从另一方面来说,2013—2016年期间,无论是从经济增长还是投资方面来看,就业弹性都大幅下降(图1.12)。我们需要对就业水平的下降进行彻底调查,尤其是在制造业领域。其中部分原因是主要制造业部门的机械化和自动化程度不断提高,从而取代了生产过程某些环节对工人的需求。

表1.9 劳动力和就业的变化

指标(单位:10万)	2006~2010(年平均)	2010~2013(年平均)	2013~2016(年平均)
劳动力	18.0	13.3	4.7
就业	16.8	13.3	4.7
海外就业	5.8	5.2	5.2
就业总人数	22.6	18.6	9.9

来源:政策对话中心(2017)

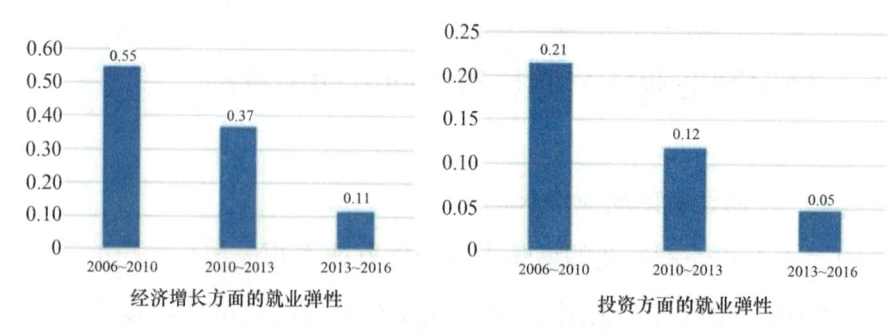

图 1.12　经济增长和投资方面的就业弹性

来源：政策对话中心（2017）

（二）企业越来越集中于少数几个行业

制造业缺乏多样性不但是发展基础广泛的工业的一个主要难点，而且还导致难以推进更高水平的就业增长。公共政策过度关注特定行业，忽视其他潜在行业的发展机会，况且与市场需求相适应的产能有限，这些都制约了孟加拉国打造强大的工业基础。由于缺乏相应的战略规划，孟加拉国无法推进行业多样性发展，并逐步提高其全球市场竞争力，这也阻碍了孟加拉国新行业的出现。对少数行业的过度依赖也给制造业的可持续发展和创造就业带来更大的阻碍。

（三）大型企业日益集中

孟加拉国国内的投资越来越多地集中于大规模产业。这种集中创造了两种不同的就业形式：正规企业提供更好的工作和更体面的就业机会（在某种程度上）；而非正规企业则提供不那么体面的低薪就业机会。如果不吸引更多中小投资者的投资、更多外国投资者的投资以及更多小规模投资者的投资来实现多元化投资，孟加拉国将继续遭受本国私人投资基数低的困扰。

(四) 有限的外国投资

由于外国直接投资的流入非常有限（2017财年只有22亿美元），制造业的多样化发展受到阻碍。更重要的是，外国直接投资的主要份额流向了服务业，只有少量的投资份额流向制造业部门。虽然孟加拉国外国直接投资的政策似乎是自由的，但是外国投资者在对一些有潜力的行业进行投资时往往会面临困难，存在一些隐性障碍。与其竞争国相比，孟加拉国制造业的外国直接投资商业环境相对较差。鉴于制造业的私人投资增长缓慢，孟加拉国需要制定更加开放和有利于外国投资的政策。

(五) 缺乏充足的专业管理型人才

孟加拉国的制造业正处于过渡阶段，许多企业家都瞄准当地和全球更大的市场，想扩大他们的商业版图。然而，他们扩大业务所面临的一个主要挑战是缺乏有技能、有能力的商业人才。目前，可用的专业人才素质还达不到要求。此外，每年从本地公立和私立大学毕业的商科毕业生往往缺乏处理与商业相关工作的能力。这些商科毕业生在理解企业管理实践方面存在严重不足。因此，大公司倾向于招聘外国专业人士。孟加拉国迫切需要培养一支成熟、有能力的商业人才队伍。

(六) 女性参与的范围有限

制造业的就业群体以男性为主。少数行业有女性参与，但只是作为生产工人，在管理和行政岗位中几乎没有女性。此外，与男性工人相比，女性工人的工资相对更低。企业家中存在一种陈旧的观念，倾向招聘男性专业人士担任管理和行政岗位，这限制了女性专业人员在这些岗位上就业。另一方面，很大一部分女性没有充分重视自己在专业工作岗位上的职业发展。

(七) 与全球价值链中的买方交易不畅

与外国公司合作的孟加拉国企业家们经常抱怨外国公司对产品的报价过低，使他们无法赚取用于扩大企业规模和改善工作条件所需的各种设施的再投资的利润。此外，全球市场对孟加拉国主要制造业产品的需求增长乏力，对产品订单数量和报价带来不利影响（"数量效应"和"价格效应"），最终导致生产订单逐年减少。在大多数市场，孟加拉国出口产品的价格下降幅度较大（与竞争国相比）。因此，制造商获得的利润不仅难以保证其自身的利润，还难以保证员工获得体面的工资和其他福利。此外，新投资的放缓也减少了创造新的就业机会的可能性。

(八) 机构在管理社会合规性方面软弱无力

遗憾的是，与促进、监督和执行国家规则和公共政策直接相关的公共机构的规模并没有随着制造业生产的增长而扩大。这导致私营企业无法从公共机构获得所需的帮助。同样，由于国家规章制度执行不力，工人们也遭受同样的影响。为了促进制造业的可持续发展，孟加拉国需要加强公共机构的建设，如劳动和就业部（工厂和企业监察局、劳工部）、孟加拉国投资发展局、孟加拉国小型家庭工业公司、中小企业基金会、工厂和企业监察局和劳工部等公共机构的建设。

(九) 公共政策模糊不清

公共政策在大多数情况下都不具有约束力，这往往会妨碍投资者做出长期投资的决定。大多数公共政策以及这些政策中提到的各种财政和预算安排，在时间安排和对不可预见情况的规定方面大多不具有约束力。因此，在这种情况下，投资者的长期投资决策就会面临问题。政府尚未制定考虑到不同行业战略利益的政策，行业政策缺位是这方面的主要问题。

九、实现体面劳动、推动制造业可持续发展的建议

（一）制定战略性的产业和贸易政策

国家迫切需要瞄准有能力创造充分就业的潜在产业，通过为其提供充足的财政和预算支持来推动这些产业的长期发展。除了亟须制定行业支持措施外，还需要加快采取越来越多的非常规措施，如对企业家（不限行业）的支持。从长远来看，政府应调整立场，制定更多行业政策以及针对企业家/产品/服务的具体政策，以鼓励各行各业的潜在投资者在本国投资。

（二）促进后向关联产业发展

可以鼓励生产原材料、中间产品和机械的企业增加在国内的投资，从而提高该行业的竞争力。鉴于国内企业家投资后向关联产业的竞争力有限，政府应推动越来越多的外国投资建立后向关联产业。这些产业的产品既能满足国内市场的需求，也能满足全球市场的需求，尤其是在孟加拉国市场，外国投资享有免税市场准入便利。在吸引外资方面，与吸引外国直接投资相关的工作需要提前铺开，以便为投资者做出投资决定提供可信度支撑（提供与提前铺开市场相关的信息，包括市场参与者、市场份额、市场相关风险、市场规模和进口量等）。

（三）开发参与度高的生产链

应推动中小企业参与具有全球竞争力的生产链。考虑到中小企

业的能力、特定领域中的竞争力，以及对买方市场的接触有限，需要扩大中小企业参与全球价值链的范围。发达国家和发展中国家都有大型企业和小型企业参与全球价值链的成功范例。政府和私营企业应在确保达到全球标准的前提下，促进大中小企业在价值链不同环节中建立联系。

（四）培养技术型人才，尤其是专业管理型人才

为各行业提供合格的专业人才至关重要。基于此，政府应通过大学拨款委员会施加压力，提高私立大学专业人才的素质。私立大学应考虑彻底修订课程计划，包括案例教学实践、改革考试制度和招聘称职的教师/培训师，提高毕业生的质量。私营企业应与国际知名管理学院合作，在孟加拉国设立特许经营机构，为孟加拉国培养训练有素的管理人才。此外，私立大学应该推出一些短期课程、讲座和研讨会（线上和线下），由知名专业人士和学术界人士授课，使当地学生了解全球问题和做法。

（五）关于女性员工的建议

政府应更多关注就业市场中的性别平衡，鼓励更多的女性进入就业市场。在这方面，应当向女性员工提供必要的培训，以鼓励她们从事责任更重大的工作，如管理和行政职位。需要在工厂一级进行更多示范，让女性员工担任她们同样能胜任的更高级别的职位。

（六）制造业的国外投资

外国直接投资在孟加拉国开办公司、设立机构时，政府应为他们提供便利条件和激励措施。应向潜在投资者提供开业前的便利，以确保他们更好地了解市场风险、机会和挑战。由于市场对原材料、机械和中间产品的需求日益增加，孟加拉国可以与专门生产这

些产品的外国公司接洽，吸引他们在孟加拉国投资。

(七) 全球价值链中的参与者应发挥更加积极的作用

品牌商/零售商/买家不应简单地通过激烈的价格谈判下达生产订单，而应发挥更大的作用，即确保供应链中的体面劳动。在这方面，他们应该遵循会计信息公开制度，以便更好地了解供应商的收益情况，这样生产过程的参与者是否从中获得足够的回报就变得透明。此外，制造业加入全球价值链有助于产业升级和经济绩效的增长（Gereffi，2002）。

(八) 高效多能的公共机构

有必要通过有信誉的公共机构对商业行为进行监督，从而确保他们遵守行业标准。在这一块，公共机构应配备充足的人力和财力资源。鉴于为确保体面劳动而要求进行监督工作的需求量巨大，部分相关检查活动可以外包给私营企业来完成（如公私合作模式）。

(九) 发展"成套"产业基础设施建设

用于建设基础设施的公共投资，应确保用于为私营企业在国内开展业务提供全套设施。这些基础设施包括公路、铁路、内河航道、海港、内陆码头、陆地港口以及拥有各种设施的经济特区，包括天然气供应、电力供应、供水、污水处理设施以及训练有素的工人等。在孟加拉国，亟须将这些设施配备到位，为私营企业创造有利的营商环境。

参考文献

Bakht Z, Basher A(2015). Strategy for development of the SME sector in Bangladesh, vol 131. Bangladesh Institute of Development Studies, Dhaka, pp1-39.

Bangladesh Bank(2017). Foreign Direct Investment in Bangladesh Survey. Report July – December, 2017. Statistics Division, Bangladesh Bank, Dhaka. https://www.bb.org.bd/pub/halfyearly/fdisurvey/fdisurveyjuldec2017.pdf.

Bangladesh Economic Review(2017).Finance division, ministry of finance. https://mof. gov. bd/en/index. php? option = com_ content&view = article&id = 403&Itemid = 1.Accessed 10 June 2017.

BBS(2016).Statistical bulletin 2009–16.Bangladesh Bureau of Statistics, Dhaka.

Centre for Policy Dialogue(CPD)(2011).Bangladesh labour and social trends report 2010. CPD and ILO, Dhaka.

Centre for Policy Dialogue(CPD)(2017).Bangladesh economy in FY 2016–17. Interim review of macroeconomic performance. Centre for Policy Dialogue, Dhaka.

Gereffi G(2002).Outsourcing and changing patterns of international competition in the apparel commodity chain. Paper presented at the conference on responding to globalization: societies, groups, and individuals, on 4–7 April 2002, in Colorado.http://www. colorado. e du/IB S/PE C/gadc onf/pap ers/gereffi. pdf. Accessed 23 May 2017.

GoB(2011)6th five year plan. General Economic Division, Planning Commission. http://www. plancomm.gov.bd/sixth-fifive-year-plan/. Accessed 22 May 2017.

Hami N, Muhamad RM, Ebrahim Z(2015).The impact of sustainable manufacturing practices and innovation performance on economic sustainability. Procedia CIRP 26: 190–195.

ILO(1999).Decent work.https://en.wikipedia.org/wiki/Decent_ work. Accessed 22 May 2017.

Moazzem KG(2009).Micro, small and medium enterprises in Bangladesh: are they scaling up?https://www.cmi.no/publications/fifile/4261-micro-small-and-medium-enterprises-in-bangladesh.pdf.

Moazzem KG(2014).Strategies for industrialisation in the next decade. A presentation made in a discussion meeting on Industrialisation Strategies for the next decade organised by the Ministry of Industries and Bangladesh Chamber of Industries.

Moazzem KG, Raz S(2014).Minimum wage in the RMG sector of Bangladesh: definition, determination method and levels. CPD working paper 106, Dhaka.

Murshid KAS(2016).Skill gap analysis for selected sectors. Bangladesh Institute of Development Studies.http://bids.org.bd/uploads/events/TS_ 1_ KAS%20.

Murshid.pdf.Accessed 20 June 2017.

Raihan S(2015).The manufacturing sector in Bangladesh: is it a sustained driver of economic growth and employment creation? The Daily Star. http://www.thedailystar.net/op-ed/economics/it-sustained-driver- economic-growth-and-employment-creation-81206. Accessed 22 May 2017.

Rodrik D(2015).Premature deindustrialisation. Economics working paper 107, School of Social Science, Princeton.

Survey of Manufacturing Industries(2012).Statistics and informatics division, ministry of planning, Government People's Republic of Bangladesh. http://203.112.218.65/WebTestApplication/userfifiles/ Image/LatestReports/SMI-%202012.pdf.Accessed 21 May 2017.

The Seventh Five Year Plan(2016-2020).Planning commission, ministry of planning, Government People's Republic of Bangladesh.http://www.plancomm.gov.bd/.7th-fifive-year-plan-2/.Accessed 22 May 2017.

UNCTAD(2015).Extractive industries and sustainable job creation. In: Oil gas mine trade and finance conference and exhibition. http://unctad.org/meetings/en/Sessional Documents/suc_ OilGasMine2015_ bgNote_ en.pdf.Accessed 24 May 2017.

World Bank(2017).World development indicators. http://data.worldbank.org/data-catalog/worlddevelopment-indicators. Accessed 23 May 2017.

第二章 尼泊尔制造业在创造就业中的作用：经验与对未来的启示

迪里·拉杰·卡纳尔、波沙·拉杰·潘迪

一、引言

（一）背景

南亚尽管经济平均增长速度表现出色，却面临着发展不均衡和经济转型的问题。当今，全球经济体系面临长期停滞和长期危机的威胁，这也加剧了南亚经济问题的复杂性。显然，即使在全球金融危机爆发多年之后，各国仍面临着周期性和结构性困境，这些困境主要来自贸易萎缩、投资停滞、生产率增长放缓，尤其是失业和就业不足加剧等（UNDESA，2016）。这种现象引发了人们对新自由主义制度有效性的质疑，表明有必要制定替代方案，以解决这种日益深化的问题（Ocampo，2011；Korz，2015；Khanal，2017）。基于实证研究，最近的文献强调，首要的是要重振制造业，以振兴实体经济，创造生产性就业，这是包容性增长和可持续发展的关键（联合国工业发展组织，2013；Salazar-Xirinachs et al.，2014）。同样值得注意的是，包容性增长和可持续工业化是可持续发展目标的主要内容之一。

与许多其他南亚国家相比，尼泊尔在经济增长和就业方面面临更多挑战。统计数据表明，在过去的四十年时间中，尼泊尔的经济平均增长率几乎不到4.0%（Khanal et al.，2012）。在2001—2002年度和2015—2016年度，这一增长率更是放缓至3.7%，制造业附加值平均增长率仅为1.4%，而最大的农业产业几乎停滞不前（MoC，2016）。以城市为中心的资本密集型产业在很大程度上导致了低质量的增长，这对每年约有50万劳动人口进入劳动力市场的就业形势来说，产生了非常不利的影响（CBS，2012a；Khanal，2015）。

尽管失业率只有2.2%左右，但该数据掩盖了一些独特的结构性失业和就业不足问题。除了与年龄有关的整体失业率为6.7%外，20至29岁年龄段的失业率估计高达8.1%。值得注意的是，20至24岁年龄段的未就业率达46%（CBS，2012b）。劳动力调查结果进一步显示，在经济活动人口中，有30%未充分就业，其中城市人口占49.9%，农村人口占26.9%（CBS，2009）。此外，两次人口普查之间的就业人口数据显示，近年来总体就业率急剧下降，从1991—2001年期间的2.7%下降至2001—2011年期间的0.6%。在2001—2011年期间，电力、制造业和贸易等行业的就业率分别出现了16%、3.7%和1.3%的负增长。在从事经济活动的总人口中，制造业的人口就业率从1981年的2%上升到1991年的8.8%，又在2011年降至5.5%（Khanal，2015）。另一方面，尽管附加值增长平缓，但其他行业也无法大规模吸纳不断增长的劳动力（CBS，2012a）。由于很少或根本没有通过前向和后向关联产生溢出效应，制造业对就业的抑制作用最大。制造业普查结果充分证明了这一点。

制造业数据显示，1991—1992年度至2006—2007年度，就业人数下降了20.5%。虽然在2006—2007年度至2011—2012年度，就业率有所回升，增长了14.8%，但是这种增长不能赶上1991—1992年度的水平。劳动密集型产业或国内资源型产业的关闭对就业产生了不利的影响（CBS，2014）。

尽管产业政策实施了很长时间，但这种现象仍然存在。早在1986年，尼泊尔政府就出台了一项新的产业政策，允许外国直接投资进入制造业。甚至在20世纪90年代初开始的经济自由化运动之后，产业政策也得到了优先考虑。1992年，政府出台了《工业企业法》。同年，除了新的《劳动法》之外，还出台了《外来投资和技术转让法》。为了吸引外国投资，并通过基于规则的多边贸易体系促进出口和其他产业的发展，尼泊尔于2004年成为世贸组织成员，同时也成为南亚自由贸易区和环孟加拉湾多领域经济技术合作倡议的成员。其他同时采取的举措还包括成为世界银行多边投资担保机构成员国以及与一些国家签订促进和保护投资协定。在2016/2017财年，上述三项法案要么已经修订，要么正在修订当中。

显然，采取所有这些举措的目的都是通过促进投资，包括促进外国投资和贸易，以更持续的方式促进经济增长和就业，从而推动国家的快速工业化。然而，制造业的惨淡表现对就业产生了非常不利的影响。这说明需要在不断变化的政策背景下，从未来政策方向的角度对工业政策和其他相关政策进行更仔细的反思。此外，从未来政策的角度来看，探索促进区域一体化，以提振制造业对就业的积极影响同样至关重要。

(二) 研究意义

从历史上看，农业向制造业转变以及向工业化迈进一直是国家实现社会经济快速转型和经济繁荣的关键。结构性变化有助于加速高附加值和高生产力领域的快速增长，并提高规模回报（Szirmai，2011；UNIDO，2013）。重要的是，制造业通过扩大国内市场，为创造就业、提高工资和劳动人口的收入水平作出了巨大贡献，同时实现了持续的自力更生发展（UNIDO，2003；Salazar-Xirinachs et al.，2014）。

尽管制造业在经济中扮演着至关重要的角色，但自20世纪70年代初凯恩斯主义失败以来，人们开始重新思考制造业的作用，于是以市场为导向的自由主义政策被重新引入。经济增长表现差、收入不平等加剧、国际收支和债务问题扩大，以及追求进口替代工业化的国家寻租行为增多，这些因素共同推动了全球自由政策言论的盛行。出于同样的目的，发展中国家分别于20世纪80年代中期和90年代初引入了结构调整和加强结构调整机制计划，其重点是自由化、私有化和去监管的政策。为了在全球范围内进一步强化自由开放政策，世界银行、国际货币基金组织和美国政府于1989年联合发布了《华盛顿共识》。《华盛顿共识》进一步淡化了产业政策在经济中的作用。即使在20世纪90年代末，全球对《华盛顿共识》进行了广泛批评，之后提出了《减贫战略文件》，该文件也因其中某些政策议程而被认为进一步增强了《华盛顿共识》（Rodrik，2004）。发达国家，特别是美国，在危机频发并不断加深的情况下强化了金融政策路线，这对发展中国家的政策产生了更大的影响（Shafaeddin，2010；Khanal，2014）。

然而，更大的问题是，这些政策都以同质化的方式引入，没有考虑特定的国情，它们既不利于提高各经济体的生产能力，也不利于促进全面的增长（UNCTAD，2011）。相反，在大多数非洲国家和其他贫穷经济体中，由于城市化和几十年来对农业的忽视，人们被迫转向生产率低、收入低的非正式服务部门，导致生活水平下降。从更广泛角度来看，自20世纪90年代以来，许多贫穷国家的结构变化模式导致经济增长减少而不是增加，原因是与早期工业化国家相比，过早地实现了去工业化，导致收入水平下降（Rodrik，2015）。

随着市场原教旨主义政策导致的经济问题的复杂化，现在人们越来越意识到，与东亚国家经济快速转型时期一样（Adelman, 1999；Robinson，2009），有必要振兴更强大的产业政策，以确保国家和市场的平衡作用。最近重振产业政策的原因还在于，以"结构性调整"为基础的市场原教旨主义转向对于改变各国的生产结构，同时促进持续增长和增加生产性就业帮助甚微。根据不同国家的经验，我们强烈主张通过恢复制造业来实现发展中国家经济的再平衡，朝着更高附加值和创造更多就业的行业发展（UNIDO，2013）。现在一种强有力的观点认为，通过振兴制造业，可以使发展中国家的经济向更高附加值和更能创造就业的产业发展（UNIDO，2013）。

就尼泊尔而言，最近的一项研究从附加值增长与创造就业的角度考察了制造业的表现（UNIDO，2014）。另一项研究则着重估算了不同行业的就业弹性和劳动生产率的增长情况（Khanal，2015）。同样，还有研究试图分析私营企业在将其产品纳入全球价值链系统时所面临的制约因素（Basnett and Pandey，2014）。因此，对尼泊尔而言，制造业在创造就业方面的作用尚待更全面的考察，尤其是在经济一体化方面。本研究旨在填补这一空白。

(三) 研究目标

本研究的总体目标是批判性地审视产业政策和其他相关政策在

制造业发展中的作用，目的是增加就业，并确定更好的政策选择。具体目标包括：

1. 批判性地回顾产业政策与其他相关政策在促进尼泊尔制造业发展中的作用。

2. 研究制造业在创造就业方面的作用和贡献。

3. 确定尼泊尔制造业增长的主要政策、结构和体制制约因素，包括外部制约因素。

4. 探讨一些重要的政策选择，以促进制造业发展，创造就业机会，包括通过南亚经济和价值链一体化来实现这一愿景。

（四）研究方法与数据来源

本研究主要采用了定性方法。为了验证和证实研究结果，也进行了一些定量分析。本研究基于二手数据。为便于分析，使用了已公布和未公布的政府文件以及国内外的研究成果。

（五）论文结构

接下来的章节回顾了自20世纪90年代以来，产业政策和其他相关政策的主要特征。随后讨论制造业的结构变化和表现，对其在创造就业机会方面的作用进行了更专门的研究。此外，还简要探讨了经济一体化在发展出口、促进产业，包括促使尼泊尔参与区域和全球价值链方面的作用。第四部分讨论了阻碍制造业发展的主要政策、结构和体制制约因素。第五部分提出一些政策选择。最后一部分为简要结论。

二、1990年以来工业及其他相关领域政策改革的主要特征

(一) 总体政策改革与变化：背景

在20世纪80年代中期之前，尼泊尔一直遵循国家主导的保护主义政策，以混合经济体制为基础，实行进口替代工业化的政策。因此，尼泊尔实行了直接价格控制、进口许可证制度、多档次的高额进口关税、货币高估、配额和数量控制等一系列措施，并加以强化。然而，这种政策阻碍了包括技术升级在内的快速工业化，因为它鼓励了走私、逃避关税等非生产性活动以及建造具有过剩产能的工厂以获得进口许可证（Sharma and Bajracharya, 1996）。因此，这些政策对促进高附加值产业发展和发挥尼泊尔在国际市场上的比较优势极为不利（Maxwell, 1990）。反出口和出于政治需要的贸易偏转现象阻碍了制造业和贸易行业的真正发展，首先引发了经济危机，随后又导致了政治危机（Panday, 1999; Blaikie et al., 2001）。然而，尽管在1979年进行了一次旨在缓解政治危机的公投，但财政不规范和无政府主义的加剧导致赤字融资空前高涨。这种做法加剧了经济中的流动性过剩，大量增加了进口，从而显著扩大了国际收支赤字，导致20世纪80年代中期出现了外汇危机。在这种情况下，尼泊尔根据1984—1985年的经济稳定计划，不得不向国际货币基金组织申请备用信贷安排。随后，世界银行和国际货币基金组织实施了为期三年的结构调整计划。这样，尼泊尔通过这些计划在20世纪80年代中期走上了市场导向型经济的道路。

虽然这些政策有助于控制预算赤字，对贸易和工业进行了一定

程度的自由化改造，并向私营企业提供了一些激励措施，但它们在促进市场导向和提高效率方面既不充分也没有效果（Cohen, 1995）。人们认识到，除了行政机构效率低下、脆弱和过度寻租之外，法律体系也过于陈旧、不可预测和不够可靠（Dixit, 1995）。从促进出口导向型产业的角度来看，无论是对产品征收关税，还是其他包括数量限制在内的非关税措施，结果仍然是适得其反的（Maxwell, 1990）。在1979年的公投中，通过操纵行为维持了专制体制的连续性，而经济问题再次加剧了人们的经济困境，从而进一步加剧了政治危机。最终，尼泊尔于1990年恢复了民主制度，人民的期望大幅提高。这一时期，全球多边和双边捐助者都在推动自由化进程。印度也开始追求经济自由化政策，而尼泊尔与印度之间有着密切的经济和贸易关系。所有这些都促使民主政府走上了自由经济体制的道路。值得注意的是，尼泊尔的自由化进程主要受到有条件援助计划的推动，尼泊尔迄今为止几乎全部实施了这些计划（Khanal et al., 2005）。

通过在一些关键领域进行大规模改革，如今尼泊尔已成为南亚地区高度自由化的国家之一（GoN, 2004）。除表明不允许外商投资的领域，投资其他工业均需申请获准。在大、中型工业中允许100%的外资参股，在保险和银行业也是如此。在100家银行中，约有四分之三的私人银行已经有外国股权参与，包括旅游业在内的服务行业已经优先开放，还有一些举措正在推动资本账户自由化。现在，已允许机构通过上市公司在二级市场进行投资。除了履行世贸组织的义务之外，出口和进口都没有任何补贴或数量限制。市场被赋予了加强出口导向型工业化的关键角色，简要回顾一下工业政策和其他相关政策，就会明白这一点。

(二) 产业及其他相关领域政策改革与变化的主要特征

作为经济政策改革的一部分，尼泊尔 1992 年出台了一项新的产业政策。该政策的主要重点是放松管制和促进竞争。它强调需要增强市场力量，为制造业的发展分配更多资源。在同样的前提下，同年还出台了新的工业企业法案，提供了增强市场力量的各种机制和监管安排。因此，私营企业在建立和扩大本国制造业方面发挥了催化剂作用。

同时，1994 年的《私有化法案》大规模地启动了私有化计划，目的是让政府不再参与工商业活动，而更多地由私营企业承担。随着许多营利性行业或企业开始私有化，这一计划引发了很大争议，导致私有化计划停顿了几年。进入 21 世纪后，私有化计划又重新启动。

基于产业政策和法案，尼泊尔采取了一系列旨在促进制造业发展的措施。对在偏远落后地区兴办的工业给予免税和其他便利，简化了注册程序，政策还允许使用机械和设备的工业享受更高的折旧率。出口产品免征国内间接税。在一定条件下，对进口产品给予关税和增值税补偿。

在机构方面，成立了工业促进委员会，由工业部长担任主席，负责协调制定和实施与工业领域相关的政策、法规和条例。各个政府机构、私营企业和专家委员会都有代表加入该委员会。在部门层面上，成立了由工业部总干事协调的"一站式"委员会，通过单一的服务点提供便利和优惠。

1992 年，尼泊尔还颁布了《外国投资和技术转让法》。通过这项法案，尼泊尔采取了一系列措施来吸引外国直接投资。除家庭手工业、生产武器、弹药和爆炸物品的行业以及少数其他服务行业外，允许100%的外国股权投资。允许外国直接投资的销售收入和红利兑换货币汇回本国。同样，外汇支付外国贷款的本金和利息也得到了保证。在设施和激励措施方面，尼泊尔为外国投资者提供了国民待遇。所有需要的信息和设施都是从一站式服务系统提供给外国直接投资者。尼泊尔还加入了多边投资担保机构，为外国投资者提供担保，保护其免受如货币转移、征用、合同违约以及战争和内乱等非商业风险的影响。

1992年，尼泊尔出台了《劳工法》，该法案为工人提供了就业保障，并规定了三方协商机制来确定工资水平和员工福利。然而，这项法律仅适用于有组织部门的工人。由于就业保障条款的存在，该法案从一开始就遭到私营企业的反对。他们指出，这种僵化的法律影响了投资环境，不利于产品多样化和工业生产力的增长，而这正是提高竞争力的关键所在。

为了与工业部门形成一定的互补，并加强贸易自由化，尼泊尔在贸易领域进行了大胆的改革。1992年出台了一项新的贸易政策，除了结构上的合理化之外，还大幅降低了关税税率，取消了进口限制，简化了出口程序，提供了退税、保税仓储和更简化的文件要求等便利措施。免征出口关税。经常账户余额实现了可完全兑换。在2004年加入世界贸易组织后，尼泊尔贸易自由化进一步加强，成为南亚贸易自由化程度最高的国家之一（Khanal，2009）。《南亚自由贸易协定》的某些举措也促进了这一进程。作为最不发达国家之一，尼泊尔在欧洲和其他一些发达国家和发展中国家享有免税和免税配额的市场准入便利。

在经历了近二十年或更长的时间后，尼泊尔在贸易、外国直接投资和工业领域启动了一系列政策改革，旨在振兴和促进工业，并通过可出口产业来促进出口。2009年起草的《贸易政策（2009）》于2015年修订并实施。同样，2010年制定的尼泊尔贸易一体化战略（MoCS，2010）在2016年修订（MoC，2016）。最近尼泊尔还出台了一项新的《2017年工业企业法》，其中纳入了2010年工业政策中规定的各项政策。2016年还单独颁布了《经济特区法》。同样，新的《外国投资和技术转让法》也在讨论之中。同样重要的是，2011年，通过加森·艾德希成立了一个由总理担任主席的尼泊尔投资委员会，旨在动员和促进对工业和基础设施领域大型项目进行更大规模的投资。1992年颁布的《劳工法》赋予了雇主一定的雇用和解雇权。它还强调需要通过向工人提供各种便利来提高劳动生产率，这解决了私营企业的主要关切。

2010年尼泊尔制定的尼泊尔贸易一体化战略已于2016年再次修订。基于以往经验，新战略着重采取一些具体措施来解决该国出口部门面临的贸易逆差、多样化和竞争力挑战等突出问题。它强调采取战略性措施来增强贸易机构能力，包括贸易谈判，并着重于营造投资和贸易的商业环境，促进贸易和运输便利化，改进标准和技术法规，加强知识产权保护和扩大服务贸易。该战略确定了一些具有出口竞争力的农业、林业和其他制造业产品（MoC，2016）。为吸引外国直接投资，规定了对外国贷款和出口免征所得税等条款，而对版税收入和其他类似收入来源征收15%的税款。直接惠及相关行业，如电力等行业基础设施领域的外国直接投资将享受额外的激励措施。出口加工区的机械设备、原材料等方面的税收减免等标准激励政策也同样适用。尼泊尔与10个国家签订了投资相关条约，并与5个国家签署双边投资保护和促进协议。

为促进制造业的发展，尼泊尔的税收结构调整和税收管理改革在同步进行。1996年，增值税法案通过，取代销售税、合同税等。随后于2002年实施了一项新的《所得税法》，对服务业收入进行了征税。该法案引入了15%和25%的个人所得税税率档位，以及25%和30%的公司、银行和其他金融机构的税率。此后，为促进工业投资和扩大出口，尼泊尔对税收进行了一系列的改革，这与上述政策在这些领域的指导方针基本一致。对提供大量就业机会或建立在欠发达地区的产业，给予退税和免税的优惠政策。设立在经济特区的企业也享有所得税返还和免税的便利。外国投资者享有特别的返还和免税待遇。同样，以农业和旅游业为基础的特殊产业也可以将利息资本化，用于扩大产能。现在，出口商还可以获得现金激励。

因此，各种政策倡议、体制改革或新的体制安排以及其他措施的提出或实施表明，尼泊尔已经采取协同努力的方式来促进制造业发展，包括出口产业的发展，尤其是在最近几年。除了优先推动通过南亚自由贸易区促进区域贸易之外，近年来，尼泊尔在吸引外国投资方面所推行的各种政策以及制定的与机构相关的措施是最引人注目的进步。因此，正如2016年修订的尼泊尔贸易一体化战略所揭示的那样，人们已认识到将贸易与全球和区域价值链整合的重要性。

三、制造业结构与行业表现——以创造就业为例

通过对尼泊尔制造业结构的变化及其行业表现，以及该产业的

就业创造情况进行更深入的研究,可以大致了解尼泊尔在这两个方面表现不佳的根本原因。

(一) 1990 年以来制造业结构与行业表现

尼泊尔制造业的一个典型现象是,从 1991—1992 年度至 2011—2012 年度,企业数量有所下降,从 1991—1992 年度的 4271 家下降到 2011—2012 年度的 4076 家。尽管随着特定产品的专业化程度提高、规模经济的增长,企业数量不那么重要了,但结构的变化意味着不同的情况出现。

如表 2.1 所示,尽管产业政策为工业提供了各种便利,但在自由经济体制下,受影响最大的行业是纺织业。无论是从企业数量还是从其占总产业的份额来看,纺织业都出现了较大幅度的下降。同样,从 1995—1996 年度至 2011—2012 年度,造纸、服装和皮革行业的企业数量也出现了下降。另一方面,在本研究所述期间,非金属矿物、食品相关行业则出现了快速增长。在同一时期,木材和家具以及印刷企业也有一定程度的扩张。尽管在 2005 年之前的一段时期内,产业受到冲突的影响,但生产成本和交易成本的上升以及由进口商品过剩导致的市场问题,削弱了许多制造业企业的竞争力,对其生存或发展产生了不利影响。许多行业不得不在低于产能利用率水平的情况下运营,这也提高了单位成本(Basnett and Pandey,2014)。在技术升级和管理能力提升方面存在的问题也削弱了许多行业的竞争力。更广泛地说,这种模式表明具有更多国内资源的行业遭受的影响最大。

表2.1 1996~2011年按国际标准行业分类分组统计的制造业增长情况

国际标准行业分类	类别	1996~1997		2006~2007		2011~2012	
		数量	份额（%）	数量	份额%	数量	份额（%）
15	食品相关	661	18.6	863	25.1	1071	26.3
16	烟草制品	38	1.1	28	0.8	30	0.7
17	纺织品	828	23.3	519	15.1	288	7.1
18	服装	136	3.8	36	1.0	71	1.7
19	皮革和皮革制品	77	2.2	36	1.0	50	1.2
20	木制品	198	5.6	271	7.9	319	7.8
21	造纸及纸制品	118	3.3	91	2.6	92	2.3
22	印刷出版	79	2.2	105	3.1	94	2.3
23	焦炭、成品油	3	0.1	7	0.2	6	0.1
24	化学品及化工产品		2.6	109	3.2	131	3.2
25	橡胶塑料		7.1	162	4.7	237	5.8
26	非金属矿物	623	14.6	657	19.1	928	22.8
27	基本金属	22	0.6	67	1.9	43	1.1
28	金属制品	183	5.1	124	3.6	229	5.6
29	未列入其他分类的机械产品	19	0.5	18	0.5	26	0.6
31	电气机械	29	0.8	33	1.0	33	0.8
32	广播、电视	5	0.1	5	0.1	5	0.1
34	机动车辆	5	0.1	5	0.1	14	0.3
36	未列入其他分类的家具产品	295	8.3	306	8.9	409	10.0
	总计	3319	100	3442	100	4076	100

来源：尼泊尔中央统计局（2014）

1. 行业附加值贡献与结构模式的变化

随着不同细分行业制造业企业数量的增长或下降，附加值构成也发生了更快的变化。从 1996—1997 年度到 2011—2012 年度，食品的附加值占比大幅增加，从 22.8%增加到 34.0%。同样，非金属矿物的附加值占比从 1996—1997 年度的 7.2%上升到 2011—2012 年度的 14.0%。然而，从 1996—1997 年度到 2011—2012 年度，纺织品附加值占比大幅下降，从 25.9%降至 3.8%。1996—1997 年度，纺织品的附加值占比最高。同样，服装的占比从同期的 6.3%下降到仅为 0.5%（表 2.2）。值得注意的是，随着食品行业在附加值中所占比重的增加，其他重要行业的占比在下降，这表明从更具活力或可持续发展的角度来看，工业化进程出现了一定程度的逆转。显然，由于过度使用农业投入，食品行业的附加值非常低，这种现象在尼泊尔也很明显。

表 2.2 各行业附加值模式的构成与变化

国际标准行业分类	类别	1996~1997		2006~2007		2011~2012	
		附加值	份额(%)	数量	附加值(%)	数量	附加值(%)
15	食品相关	4996	22.8	12,907	27.0	30,865	34.0
16	烟草制品	2624	12.0	8164	17.1	11,921	13.1
17	纺织品	5673	25.9	4873	10.2	3425	3.8
18	服装	1376	6.3	668	1.4	486	0.5
19	皮革和皮革制品	288	1.3	293	0.6	771	0.8
20	木制品	309	1.4	615	1.3	1798	2.0
21	造纸及纸制品	370	1.7	2007	4.2	904	1.0
22	印刷出版	316	1.4	541	1.1	571	0.6
23	焦炭、成品油	33	0.2	942	2.0	366	0.4

续表

国际标准行业分类	类别	1996~1997		2006~2007		2011~2012	
		附加值	份额(%)	数量	附加值(%)	数量	附加值(%)
24	化学品及化工产品	1318	6.0	3897	8.1	6976	7.7
25	橡胶塑料	649	3.0	2004	4.2	4225	4.7
26	非金属矿物	1584	7.2	3758	7.9	12,716	14.0
27	基本金属	386	1.8	2418	5.1	4903	5.4
28	金属制品	1095	5.0	3409	7.1	8117	8.9
29	未列入其他分类的机械产品	18	0.1	132	0.3	270	0.3
31	电气机械	483	2.2	547	1.1	772	0.8
32	广播、电视	59	0.3	188	0.4	492	0.5
34	机动车辆	5	0.0	23	0.0	82	0.1
36	未列入其他分类的家具产品	292	1.3	449	1.3	1169	1.3
	总计	21,874	100	47,835	100	90,829	100

来源：尼泊尔中央统计局（2014）

总体而言，除了食品以及非金属矿物、木制品、橡胶塑料、化学品及化工产品、金属制品业等行业从1996—1997年度到2011—2012年度稳步扩张外，纺织品、服装等行业增长放缓。然而，结构变化的积分系数估算表明，这些年虽然制造业附加值的结构性变化（0.415）比制造业本身（0.233）更快，但整体上并没有明显的结构性变化。同样，通过不同时期得出的等级相关系数表明，在两个时期（即1996—1997年度至2011—2012年度和2006—2007年度至2011—2012年度）之间，部门份额高度相关，没有发生重大的结构性变化，这表明尼泊尔的制造业尚未出现任何领先的企业。此外，制造业年度普查的多样化指数进一步表明，除了非常小的结构性变化外，工业部门多年来基本上保持停滞状态，附加值较低，缺乏领先产业（CBS，2014）。

2. 行业全要素生产率增长

全要素生产率是衡量制造业可持续发展程度的关键指标，而制造业的可持续发展除了受到基础设施和宏观经济政策环境等因素的影响外，还受到技术、创业能力、企业制度质量和技术人力等重要因素的影响。

联合国开发计划署对1996—1997年度至2006—2007年度制造业全要素生产率的估算进行的快速审查表明，不同行业之间的全要素生产率差异很大，其中一些行业的全要素生产率为负值，并且在不同时期之间波动较大（UNDP，2014）。

估算结果显示，与1996—1997年度相比，尼泊尔制造业的总体全要素生产率在2001—2002年度之前稳步下降。其中，尼印冲突可能对全要素生产率产生了不利影响。在1996—1997年度，制造业全要素生产率为0.69，2001—2002年度降至0.43。此后，情况有所改善，2011—2012年度达到0.72。在1996—1997年度，化学品和化工产品行业、电气机械行业以及木制品行业的全要素生产率超过1。在2001—2002年度，出版、印刷和媒体行业的全要素生产率较高。在2006—2007年度，黄麻、地毯、羊绒和纺织厂、锯木厂和胶合板厂、润滑油和润滑剂行业、电子制造商和医疗器械生产商的全要素生产率超过了1（UNDP，2014）。但问题是，尽管近来有更多行业的全要素生产率相对较高，但大多数前期全要素生产率较高的行业并没有保持更高的增长连续性。在整体全要素生产率水平较低的情况下,这一趋势表明,在竞争日益激烈的情况下,这些行业面临着不利的环境条件,难以实现可持续发展。

3. 经济一体化与制造业的出口表现

贸易自由化和开放政策的合理性在于它们有助于降低贸易壁垒和成本,创造有利的投资环境,并通过前后向关联促进区域内贸易和投资的增长(Rahman et al., 2012)。经验表明,许多国家不仅从纵向一体化中受益,而且通过动态政策的互补性受益于横向一体化。东亚国家在全球生产共享和全球价值链进程中尤其受益,它们从新的生产形式(国际生产分割)和交流中获益匪浅(Athukorala, 2013),展示了自由化贸易、外商直接投资和价值链在区域和全球范围内的互补性。

然而,具有讽刺意味的是,就区域内贸易和外国直接投资流量而言,南亚区域合作联盟(简称"南盟")的一体化程度最低。不但成员国之间的贸易扩张非常有限,仅占南盟成员国总贸易的不到5%,而且区域一体化的进展非常缓慢。通过价值链实现的区域一体化的规模也很小。在如此不利的区域环境中,尼泊尔在促进以制造业为驱动的与南亚和其他国家的贸易扩张方面面临着更为不利的局面。推动出口导向型产业的发展尤其困难,导致贸易逆差以一种不可持续的方式扩大。尽管进行了自由化和对外开放的改革,但尼泊尔在吸引外国直接投资方面也收效甚微。通过全球或区域价值链扩大贸易面临更大的挑战(Basnett and Pandey, 2014)。

从其他国家,特别是南亚国家经济一体化的角度来看,尼泊尔存在一些独特的现象。2014—2015年度,商品和服务贸易总额占国内生产总值的比重达到53.1%。2015—2016年度,由于毁灭性地震和贸易封锁,比重略有下降。这表明尼泊尔与其他经济体更加自由和融合。然而,更有趣的是,这种贸易一体化主要是与南盟单一国家印度进行的。尽管南盟成员国之间的区域内贸易仍低于商品贸易总额的5%,但尼泊尔与印度的贸易额却达到了65%左右(NRB,2016)。但最令人担忧的是,2014—2015年度尼泊尔出口与进口的比率降至11.4%。其结果是,商品出口总额占国内生产总值的比例从2001—2002年度的12.6%下降到2014—2015年度的4.6%,该比例在2015—2016年度进一步下降。另一方面,商品进口占国内生产总值的比重从同期的24.2%上升到36.1%。因此,商品和服务贸易逆差占国内生产总值的比重从2001—2002年度的10.8%增长到2014—2015年度的近30.0%(NRB,2016)。如果没有同样规模的外汇持续流入,经济就会遭到严重破坏。同样值得注意的是,进口的增加并不是由于投入和资本货物的增加(这是包括工业化在内的国家发展势头的表现),而主要是由于石油产品、基本消费品和其他奢侈品进口的大幅增加。

尽管在2000年后,商品出口总额急剧下降,但制造业出口在出口总额中所占份额有所提高,从2000年的68.3%还是上升到了2012年的70.1%(见表2.3)。与许多其他低收入国家的经验类似,在包括贸易在内的自由化进程之后,出口出现了一定程度的增长,在20世纪90年代中期达到顶峰,此后开始呈下降趋势,而这种趋势至今仍在持续。值得注意的是,大部分出口都是面向印度的,占总出口的50%以上。除了一些轻工产品,如纺织品、日用金属制品、皮革和皮衣制作、文化和办公用品机械制造等外,农产品如豆蔻、茶叶和生姜等在出口产品中占主要份额(NRB,2016)。最令人不安的是,产品专业化程度和现有的出口能力都在下降或消失。基于制造业调查的估算显示,主要制造业产品的出口在总出口中的份额呈非常低迷的趋势(表2.4)。几乎所有行业,从食品、机械、纺织、皮革、化工、橡胶、电力、造纸到基本金属行业,在2006—2007年度至2011—2012年度,出口份额在总产出中的比例都大幅下降。

表2.3 制造业产品出口(占出口总值的百分比)

类别	1995	2000	2012
化学产品	1.2	7.8	5.4
机械及运输设备	0.1	0.5	1.4
其他制成品	82.4	60.0	63.3
总计	83.7	68.3	70.1

来源:联合国贸发会议(2013)

表2.4 制造业出口占总产出的比例

国际标准行业分类	类别	出口占产出的百分比			
		1996	2001	2006	2011
15	食品和饮料	7.1	27.2	17.4	5.7
16	烟草制品	0.0	0.0	0.0	1.5
17	纺织品	56.1	67.1	64.9	59.7
18	服装、家具	96.3	95.2	73.1	45.0
19	皮革、皮革制品和鞋类	58.0	54.8	54.2	44.3
20	木制品(不包括家具)	0.3	0.3	10.8	4.2
21	造纸及纸制品	5.0	17.6	5.6	0.6

续表

国际标准行业分类	类别	出口占产出的百分比			
		1996	2001	2006	2011
22	印刷出版	0.0	1.6	2.6	0.5
23	焦炭、成品油、核燃料	0.0	0.0	8.4	0.0
24	化学品及化工产品	41.9	56.0	29.2	9.7
25	橡胶及塑料制品	1.5	24.6	48.9	28.8
26	非金属矿产品	1.4	1.3	3.3	2.6
27	基本金属	1.2	39.4	34.5	23.8
28	金属制品	2.2	22.0	33.2	2.7
29	未列入其他分类的机械设备	0.3	0.0	0.0	0.0
31	电气机械及设备	7.8	42.4	10.8	5.7
32	无线电、电视和通信设备	0.5	0.1	0.2	0.0
33	医疗、精密和光学仪器				
34	汽车、挂车、半挂车	0.0	0.0	0.0	0.0
35	其他运输设备			59.3	0.0
36	未列入其他分类的家具、制造行业	0.5	6.7	2.5	0.3

来源：尼泊尔中央统计局（2014）

尽管《外来投资和技术转让法》提供了税收返还、优惠和各种便利，但仍无法吸引外国直接投资，这进一步限制了制造业在产出、生产率和出口方面的增长和发展。外国直接投资流入数据表明，2014

年和 2015 年的外国直接投资流入总额分别为 3,000 万美元和 5,100 万美元（UNCTAD，2016）。尽管通过注册企业获得外国直接投资的预期相对较高（MoC，2016），但实际流入量一直非常低。在总流入额中，印度投资的份额超过 40%，其次是中国和其他国家。

同样，全球价值链参与指数显示，尼泊尔后向关联参与度为 15.5，而前向关联参与度为 8.8，无法进入到全球价值链（De and Rahman，2017）。世界银行发布的企业调查显示，除了极少数外国投资企业（仅 0.1% 为外资企业），只有 8.2% 的其他企业获得了国际认可的质量认证，而这对于参与全球价值链至关重要。同样，调查显示，在总销售额中，97.0% 是国内销售，1.8% 是直接出口，1.2% 为间接出口。尽管有相当一部分企业使用了外国投入（44.9%），但就占总投入的比例而言，国内投入的份额非常高，达到 72.3%，而外国投入仅为 27.6%。这些都证实了尼泊尔参与全球价值链的程度较低。重要的是，尼泊尔的经验表明，除非仔细研究出口和进口的组成及其模式，否则不能简单地将指标，如贸易占国内生产总值的比例，作为衡量通过贸易或经济一体化获得的优势或收益的标准。

（二）制造业在创造就业方面的作用

就业被视为包容性增长和可持续发展的先决条件。不平等就业和无就业增长的急剧增加，导致全球不满情绪上升，因此如前所述，通过振兴制造业来创造生产性就业已成为近年来政策议程的重中之重。此外，就业结构的变化也反映了生产力的利用程度，表明共同繁荣在多大程度上随着时间的推移而得到加强。

1. 制造业就业结构的增长与变化

对制造业普查的简要回顾表明，就业增长的模式与制造业企业增长的模式相似。正如前文所指出的那样,尽管每家企业的就业水平略有不同,但在后自由化时期,就业水平从未达到1991—1992年度的水平。1991—1992年度,每家企业的平均就业人数为50人,经过一段时间的增长后下降到2011—2012年度的48人(CBS,2014)。

详细分析表明,从1996—1997年度到2006—2007年度,烟草、纺织和皮革等几个行业的就业人数出现了大幅下降。在此期间,只有与木材相关行业、化学、橡胶和塑料、基本金属和电气等行业的就业人数有所增加。从数量上看,食品、纺织、水泥和陶瓷行业相对来说雇用了更多的工人。劳动密集程度较高的纺织业在1996—1997年度雇用了75,283名工人。由于2005年尼泊尔终止对美国的配额,许多纺织企业关闭,所以在2006—2007年度只能雇用40,500名工人。在服装行业中,由于同类进口商品的竞争加剧,2001—2002年度至2006—2007年度的就业人数大幅下降。由于尼泊尔长达数十年的武装冲突,对劳动力的不合理需求以及逐渐取消对服装行业的配额制度,累积了不利的就业环境。整体而言,最近的经济活跃人口数据显示,制造业的就业状况堪忧,在2001年至2011年期间出现了3.7%的负增长(Khanal,2015)。

2. 制造业的就业弹性

就业弹性在一定的统计精度上反映了产出增长与就业增长之间的关系。最近一项严谨的研究展示了1996—1997年度至2011—2012年度制造业在产出方面的表现(Khanal,2015)。表2.5列出了基于横截面(在某一时点)的估算结果。

如表2.5所示，制造业的就业弹性最小为0.25，最大为0.70，各行业之间没有固定的趋势。由于许多行业（除纺织、服装和一些轻工制造业外）的弹性较低，因此总体就业弹性相对较低。以就业增长率与经济增长率比值来计算1996—1997年度至2001—2002年度和2001—2002年度至2006—2007年度的就业弹性，就会发现这两个时期的就业弹性显示出不同的模式。在2001—2002年度至2006—2007年度，食品行业的就业弹性最高，而烟草行业在这两个时期的

表2.5 就业弹性（某个时间点的横截面）

行业	1997	2002	2007
食品行业	0.37	0.38	0.37
烟草行业	0.40	0.41	0.33
纺织行业	0.57	0.52	0.50
服装行业	0.56	0.57	0.70
皮革行业	0.35	0.25	0.44
锯木厂（木材相关行业）	0.25	0.28	0.25
造纸行业	0.30	0.40	0.41
出版印刷行业	0.51	0.51	0.45
化工行业	0.43	0.47	0.44
橡胶和塑料行业	0.26	0.33	0.35
水泥陶瓷行业	0.49	0.55	0.37
基本金属行业		0.40	0.45
金属制品行业	0.40	0.42	0.45
电气行业		0.53	0.54
家具行业	0.30	0.34	0.28

来源：卡纳尔（2015）

就业弹性均为负值（表2.6）。另一方面，纺织、化工、水泥和陶瓷行业的就业弹性在第二个时期转为负值。但锯木厂、皮革行业、造纸行业、金属制品行业和电气行业等行业在第二个时期将负的就业弹性转变为正值。在第二个时期，出版印刷和家具行业的就业弹性非常低。因此，与前一部分的研究结果一致，就业要么在传统和低生产率行业中占主导地位，要么是朝传统和低生产率行业方向发展，而不是向现代和高生产率行业发展。

表2.6 制造业就业弹性

行业	1997~2002	2002~2007
食品行业	0.46	7.31
烟草行业	-0.28	-0.13
纺织行业	1.02	-0.79
服装行业	0.48	0.89
皮革行业	-0.07	1.19
锯木厂（木材相关行业）	-0.07	0.36
造纸行业	-3.46	0.08
出版印刷行业	0.68	0.03
化工行业	0.47	-2.3
橡胶和塑料行业	0.92	0.71
水泥陶瓷行业	2.56	-0.11
基本金属行业	2.46	0.15
金属制品行业	-0.18	0.28
电气行业	-0.91	0.33
家具行业	0.24	0.01

来源：卡纳尔（2015）

3. 制造业劳动生产率

按 1990—1991 年度价格计算的 1996—1997 年度至 2006—2007 年度的劳动生产率，以及不同行业的劳动生产率指数显示，总体而言，劳动生产率随着时间的推移有了一定的增长。然而，在不同行业之间，并未发现统一的模式（表 2.7）。例如，在烟草行业，劳动生产率保持相对较高，并随着时间的推移不断提高。在造纸、橡胶和塑料、基本金属和金属制品行业，劳动生产率也有所提高。相比之下，食品、服装、出版印刷和化工等行业的劳动生产率在不同时期之间有所放缓。估算结果显示，服装、水泥陶瓷和家具等行业的生产率垫底。纺织、木材、出版印刷等行业的生产率保持在中等水平。总体而言，雇用较多员工的行业面临低生产率的问题，这表明某些权衡问题依然存在。

表 2.7　制造业的劳动生产率

制造业	1990~1991 年度劳动生产率（千元价格）			劳动生产率指数（平均值=100）		
	1997	2002	2007	1997	2002	2007
食品行业	118.9	153.4	149.2	186	189	144
烟草行业	468.5	702.6	1252.3	734	868	1212
纺织行业	43.2	43.8	48.9	68	54	47
服装行业	52.2	62.1	37.5	82	77	36
皮革行业	77.5	90.1	95.3	121	111	92
锯木厂（木材相关行业）	47.5	35.1	46.6	75	43	45
造纸行业	60.3	71.8	211.8	94	89	205
出版印刷行业	69.2	80.4	56.1	108	99	54

续表

制造业	1990~1991年度劳动生产率（千元价格）			劳动生产率指数（平均值=100）		
	1997	2002	2007	1997	2002	2007
化工行业	148	205.8	161.1	232	254	156
橡胶和塑料行业	107.6	111.2	114.4	169	137	111
水泥陶瓷行业	20.7	18.7	33.3	32	23	32
基本金属行业	179.6	118.5	252.3	282	146	244
金属制品行业	120	159.2	217.1	188	197	210
电气行业	171.9	87.5	93.3	269	108	90
家具行业	31.8	26.7	37.3	50	33	36
其他行业	59.1	37.9	121.3	93	47	117

来源：卡纳尔（2015）

有趣的是，劳动生产率和就业比例变化之间的相关性分析表明，如果进行产业链结构调整，这两个方面都可以朝着积极的方向发展，并产生积极的溢出效应。例如，从1996—1997年度到2001—2002年度，在生产率低下的情况下，纺织业的就业率大幅下降（图2.1a）。如果将纺织行业剔除，趋势线将变为负值，反映出该行业对经济增长有减缓作用（图2.1b）。在2002年至2007年期间，服装行业也面临着类似的问题（图2.2a）。剔除服装业后，趋势线的斜率降低，表明产业转型步伐缓慢，这可能导致高生产率产业的增加，从而对就业产生积极影响（图2.2d）。相关分析清楚地表明，只有少数几个行业，如化学、橡胶和塑料等，对增加就业和维持劳动生产率水平高于平均水平作出了贡献。

第二章 尼泊尔制造业在创造就业中的作用：经验与对未来的启示

1997—2002

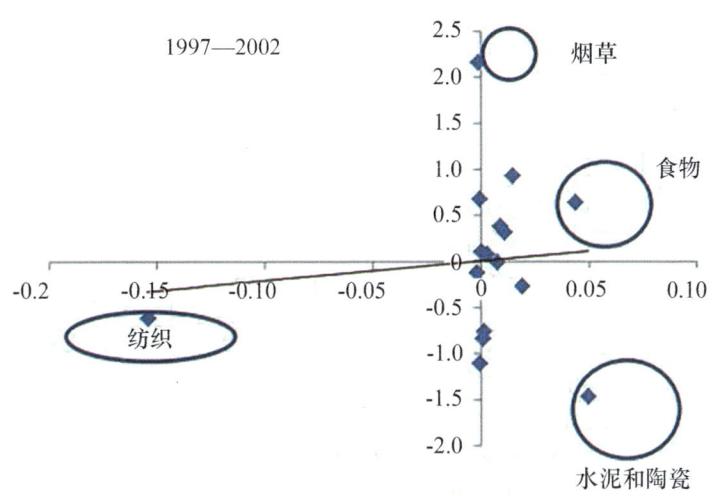

烟草

食物

纺织

水泥和陶瓷

a. 各行业劳动生产率相对于整体劳动生产率的对数

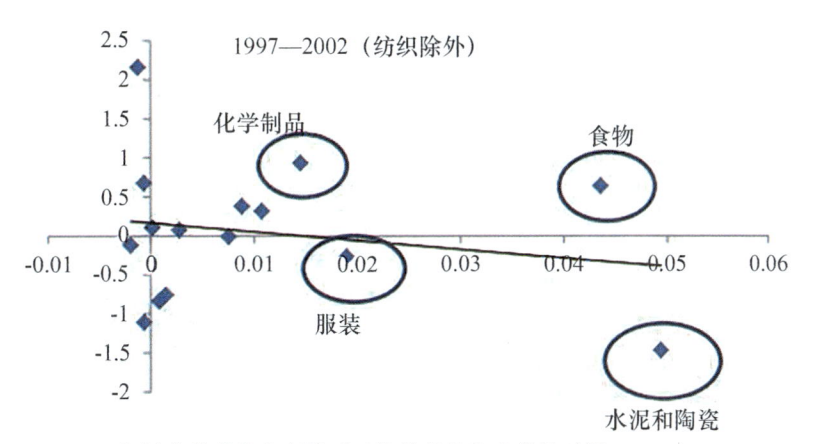

1997—2002（纺织除外）

化学制品

食物

服装

水泥和陶瓷

b. 各行业劳动生产率相对于整体劳动生产率的对数

图 2.1　各行业劳动生产率相对于整体劳动生产率的对数

来源：卡纳尔（2015）

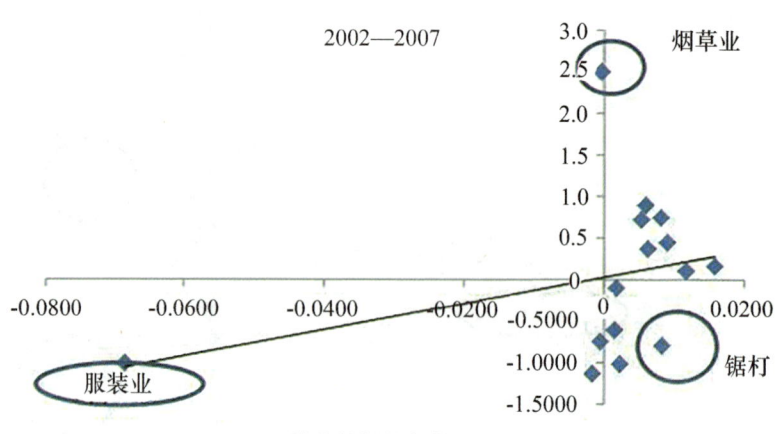

a. 就业份额的变化

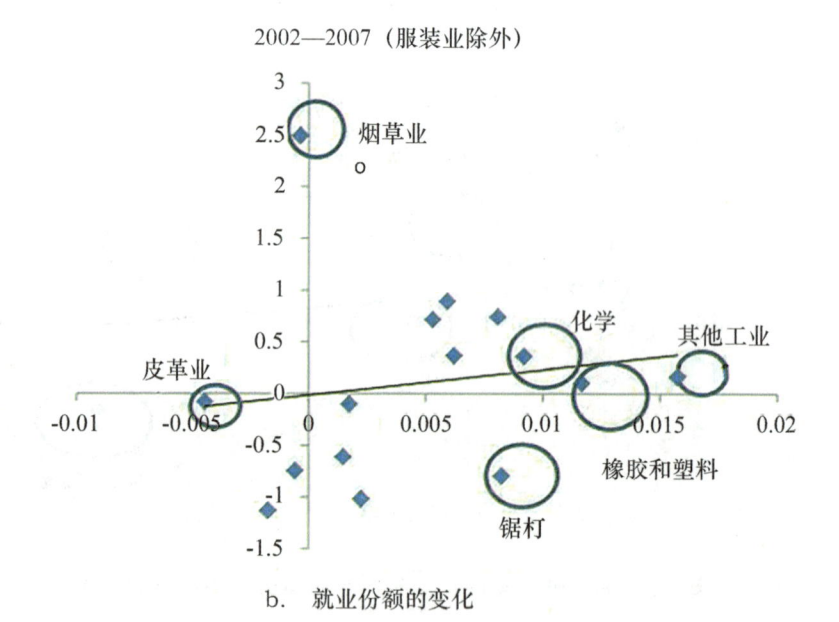

b. 就业份额的变化

图 2.2 制造业劳动生产率与就业份额变化之间的相关性

来源：卡纳尔（2015）

四、制造业发展的主要制约因素

如今,制造业已陷入严重危机,并在对外贸易和就业等方面产生了非常严重的负面溢出效应。尽管制造业在 20 世纪 90 年代末表现不尽如人意,但近 20 年来尼泊尔一直没有采取大胆的措施来解决这些问题。尽管长达近 10 年的尼印冲突对其经济产生了不利影响,但即使在 2006 年发生了更大的变革之后,尼泊尔也没有在经济领域进行大刀阔斧的改革,而是继续按照惯例行事,使经济关键领域的局势进一步恶化。仅从最近几年开始,尼泊尔才出台了一些新的举措推动工业和其他相关领域的政策改革,如贸易、外国投资、技术转让和劳动力改革等。这些领域要么最近出台了新法案,要么正在立法过程中,以取代旧法案,因此它们的影响尚未显现。根据上述分析,尼泊尔面临的一些主要政策、体制和结构性制约因素,以及一些严重的外部障碍,影响了制造业的增长,并对就业产生了负面影响,这一点可以通过以下几个方面加以强调。

(一) 全局、工业和其他相关领域政策方向的不对称性

尽管在 20 世纪 90 年代初,尼泊尔引入了新的产业政策和其他相关政策,最近又进行了改革,但新自由主义思想在总体政策制定和方向上仍然占据主导地位。宏观经济稳定推动的自由市场和开放政策是政策方向的核心。在市场体制薄弱和监管制度无效的情况下,市场失灵问题尚未得到明确承认,也未被纳入总体政策框架之中。这就是为什么尽管产业和其他相关政策提供了各种税收优惠、激励措施和便利,但它们要么无法实施,要么无法发挥效用。更广

泛地说，从纠正市场扭曲和国家控制实践的角度来看，国家和市场对振兴工业部门的关键平衡作用尚未明确。

过去的经验表明，为稳定宏观经济而采取的紧缩财政政策，很少关注结构和体制方面的制约因素，货币当局采取了更为宽松的政策立场，通过低息政策等手段促使投资流入非贸易领域，包括耐用奢侈消费品领域。随着外汇流入量的不断增加，这种政策促使银行和金融机构数量激增，反过来又增强了它们在消费和房地产相关领域和活动中放贷从而快速获利的能力。尽管优先行业贷款最近得到了恢复，但过去的撤离是以牺牲产业部门的贷款为代价。在营利行业或企业私有化失败的情况下，随着金融、贸易和其他服务活动中投资和借贷的日益集中，经济话语权的转移也在加速。因此，以贸易和金融为主导的经济活动随着时间的推移而蓬勃发展，但由于缺乏对生产性领域的投资，经济的生产基础逐渐受到侵蚀。尽管在2006年政治变革之后这种情况有所改善，但它绕开了转型发展所需要的政策话语。这不仅限制了作为工业化基础的农业在生产率提升的推动下实现多样化，也抑制了由高生产率和比较优势因素推动的产业结构调整进程。尽管最近对进口替代问题有所强调，但在过去的政策议程中几乎没有考虑到这样做的必要性。因此，尼泊尔的经验表明，除非采取更加平衡的政策话语，着重纠正政策失误，否则制造业的复兴和发展将难以实现。

（二）基础设施瓶颈与供给侧制约因素

供给侧制约是尼泊尔制造业发展面临的严峻问题。其中普遍存在的问题之一是基础设施不足和质量低下，这不仅阻碍了工业的发展，也抑制了国内产品市场规模的扩大。就基础设施的存量和质量而言,尼泊尔远远落后于许多南亚其他国家。同样,尽管尼泊尔水资源丰富,但能源短缺在过去一直是制造业发展面临的一个大问题。制造业的发展同样受到高素质人才短缺以及创业技能和能力薄弱的制约。制造业的组织能力也是一个问题。总体而言,企业家和营商环境都比较差。在提供承诺的设施方面缺乏合规性以及烦琐的税收程序,都增加了生产和交易成本(Basnett and Pandey, 2014)。

从供给侧考虑,低储蓄率也是一个额外的问题。尼泊尔国内储蓄率虽然在20世纪90年代很高,但现在已经低于国内生产总值的10%。银行的投资主要集中在非贸易活动和其他非生产性活动上,使得工业部门的投资需求不能得到满足。

(三) 缺乏结构调整,产业竞争力持续削弱

随着与邻国和其他国家经济一体化的加强,保持和加强产业的比较优势将是尼泊尔的首要任务。这需要根据竞争强度和市场条件进行产业升级和重组。这将有助于产业向高附加值和创造就业的劳动密集型产业转型。各国的经验表明,比较优势能使产业具有竞争力,获得高回报,增加资本积累,并占领内部和外部市场。要素市场和产品市场的相对价格及其变动对保持竞争力方面起着决定性作用,这为纠正这些市场价格中可能出现的价格错位提供了足够的空间。如果不认真考虑这些问题,假设通过市场力量自动纠正可能出现的扭曲或异常情况,产业的竞争力就会显著下降,从而导致尼泊尔的去工业化加剧。非正式经济的扩张,加上通过卡特尔和辛迪加体系占领市场的做法,进一步加剧了竞争力不足问题,从而推动了去工业化的进程。在技能落后和工资上涨的情况下,劳动生产率的下降也影响了各行业的比较优势。僵化的劳工政策也带来了一定的

负面影响。此外，尼泊尔与印度的固定汇率制度因为两国价格错位，极大地削弱了尼泊尔产业的竞争优势。近年来，与印度相比，尼泊尔的通货膨胀率一直很高。

在企业层面上选择的手段，包括部分税收减免、退税和其他优惠，都无法充分解决市场失灵问题，以及促进工业发展。此外，由于周期性计划和年度预算有时与已实施产业政策不一致，使产业政策落空。例如，产业政策提供的税收返还和税收减免方面的便利和优惠，经常被所得税法和年度预算废止。此外，其他行业政策（例如，货币和金融、农业发展、贸易、能源、旅游、外国投资等）很少与产业政策建立强有力的联系（Basnett and Pandey，2014）。

（四）外国直接投资低、全球价值链参与度低、区域一体化程度低

尽管尼泊尔与南盟国家的一体化程度相对较高，但制造业产品出口的萎缩表明，尼泊尔无法获得预期的利益或未能从中受益。在国内，没有充分重视扩大出口产业并使之多样化，以确保有竞争力地进入出口市场。阶梯关税结构阻碍了以国内资源为基础的高附加值和创造就业的产业，从而进一步制约了出口产业的发展。在产业和贸易政策自由化的过程中，没有充分重视政策的连贯性、市场制度的强化、有效的激励政策的维持以及更广泛的其他支持体系的提供。此外，也没有注意确保在这一过程中需要通过选择性的政策干预和其他手段，包括公认至关重要的正确资本配置决策，来促进出口制造业的发展（Lin and Treichel，2014）。

尽管最近在能源等领域出现了一些外国直接投资增加的积极信号，但制造业仍然处于非常不利的地位。除了内部因素之外，区域壁垒也是限制更高程度的区域一体化的主要因素，而区域一体化能够使得尼泊尔获得最大利益。目前，没有任何激励机制能够促进区域内外国直接投资和价值链的发展。没有优惠的投资政策，加上负面清单、高关税和非关税壁垒、高昂的贸易成本、监管和其他因素都阻碍了区域内服务贸易的扩张（De and Rahman，2017）。在国内，法律、制度和政策因素阻碍了外国投资，并且受到供给方面的限制，对吸引大规模外国直接投资流入产生了非常不利的影响（Adhikari，2013）。长期的政治转型和政策不确定性也对外国直接投资的流入产生了不利影响，因为在许多情况下，即使是已经承诺的外国直接投资也无法兑现。

此外，过去的政策没有关注如何利用全球价值链带来的机遇，甚至几乎没有预见到全球价值链带来的更大挑战可能对尼泊尔的工业发展产生不利影响。其中，薄弱和无效的产业政策、生产能力的降低、高昂的运输和能源成本、公共产品供给不足和投资水平低下，都削弱了尼泊尔参与全球价值链的能力（Basnett and Pandey，2014）。作为一个内陆国家，尼泊尔面临着区域壁垒带来的更多全球市场问题。

（五）过境与贸易便利化问题突出

从促进出口和进口替代工业化的角度来看，尼泊尔面临的最紧迫问题是进出口时间过长和过境成本上升。许多进口产品或替代产品（用于进口或出口）的原材料进口成本已经达到海港价格的两倍以上（MoCS，2010）。除了贸易路线上非常烦琐的程序外，尼泊尔还面临着海关口岸基础设施不完善、支持服务和治理体系薄弱等问题，这些问题阻碍了贸易便利化，而贸易便利化是尼泊尔提高竞争力和促进贸易的有力手段。尽管巴厘岛会议承诺要将贸易便利化更多地惠及像尼泊尔这样的内陆国家，但尼泊尔仍未受益于这些承诺。因此，由于这些不利因素的持续存在，尼泊尔的再工业化进程将受到严重影响。

(六) 政策的实施与协调

正如上文所指出的，政策和实施方面最大的问题之一就是协调。协调是一个巨大的瓶颈，没有可以确保合规约束力的内置系统。这反映出尼泊尔的治理和问责制度非常薄弱。虽然有规定以协调方式或通过协商一致的方式做出决策，来确保所有相关方都拥有决策权。例如，工业部的高级投资委员会由相关部委和私营部门机构人员共同组成。但讽刺的是，这些决策几乎没有得到执行或实施。可能有数百项与税收返还、优惠或确保工业能源平稳供应的相关决策还未落实。事实上，普遍存在拒绝执行决定的倾向。毋庸赘言，在没有确保合规性制度的情况下，未来政策的实施将面临挑战。

五、振兴制造业以实现持续高增长和创造就业的建议性政策方案

(一) 发展话语中的转型方法

尼泊尔的经验清楚地表明，有必要改革生产结构，提高生产能力。这对于贸易创造和随之而来的贸易模式变化也是至关重要的。然而，这首先要求以变革方法为基础的发展话语发生重大转变。结构性和制度性改革和变革应该成为其中的一个重要组成部分。在这样的范式转变下，必须通过部门内的重组来振兴农业部门，以实现产品多样化和提高生产率。同时，必须高度重视制造业的发展和工业化。在工业化过程中，必须扩大和重组具有比较优势的产业。与

此同时，这种战略转变需要对社会和有型基础设施进行投资，包括同时对新技术、专业技能和创新进行投资，这反过来又会在经济部门内部和部门之间产生生产协同效应，进而通过多样化、升级以及改变生产和贸易结构等，以更可持续的方式增加出口。这将为实现普遍增长和可持续发展奠定坚实的基础。

更根本的是，这将需要重新平衡国家和市场的作用，确保它们发挥催化、互补和促进的作用。为了纠正不同形式的市场失灵或扭曲，并抵制国家垄断的做法，平衡国家和市场的作用将是至关重要的。

（二）以发展为重点的宏观经济政策调整

战略转移的重点是改变生产结构的动态变化，确保大部分人口获得分配收益，这需要对宏观经济政策进行重大改革。更具体地说，有必要用一种精心设计的宏观经济政策来取代新自由主义的顺周期宏观经济政策规则，将合理的逆周期调节政策与多样化生产结构政策结合起来。必须对宏观经济政策进行改革，以阻止投机和其他快速获得收益的商业活动，使其能够发挥催化剂的作用，最大限度地减少或解决制约生产性资本积累的供给侧瓶颈，提高投入生产率（即土地、劳动力和资本）和要素生产率。这需要改变国家和私人投资的构成和模式。此外，还需要以一种平衡的方式重新审视以财政整合和宏观经济稳定为核心的宏观政策，研究其对经济需求端可能产生的影响。在这种情况下，影响工资、消费和分配收益的宏观经济政策将非常重要，特别是从促进内需带动市场扩张和增长的角度来看，它将对就业产生巨大影响。总之，需要在财政、货币、贸易和劳动力政策之间实现兼容，并重点关注发展。

(三）产业政策改革与再平衡，发展既能替代进口又能促进出口的产业

在转型的基础上，需要形成一种新的政策话语，既关注出口导向的工业化，也关注进口替代的工业化。这需要在税收、关税结构、信贷制度和体制安排等领域推行一些大刀阔斧的改革，并辅之以内在的有效激励机制。除了依赖国内资源的产业外，基于进口原材料的产业由于具有地理位置、劳动力等优势，可以从战略上加以推进。在这一过程中，必须有效地推行既能提高生产率又能创造就业的产业结构调整和技术升级战略。为了提高效率，需要同时提升产业的组织和管理能力。具体而言，借助外国投资，可以促进大型和战略性产业的发展，这将有助于技术转让、提高管理水平、增强竞争力和促进出口，可以特别鼓励国内投资者投资中小型企业。有必要为农业、林业、矿业和其他劳动密集型产业提供更多的激励和营销措施，并将技能发展作为优先目标，同时提高劳动生产力。从就业角度来看，特别需要关注微型、小型和中型企业，重点关注妇女创业发展。通过给妇女提供获得融资、信贷和商业、会计等技能的便利，来推动妇女创业。总之，必须通过更好的协调来提高一站式服务的有效性。此外，还需要制度支持，定期就内部和外部市场的变化模式提供制度支持反馈。促进和扩大自由经济区和出口加工区的举措必须以引进新技术和在国内保持高附加值为目标。必须以更有效的方式利用免税和配额自由政策，并将其与出口产业的发展联系起来。

监管改革也应成为整体产业政策改革的重要组成部分。还需要通过遏制工会过度政治化、强化有助于迅速解决劳资纠纷的机制来

改善劳资关系。尽管新的《劳动法》在很大程度上解决了雇主的担忧,但有必要采用和加强包括社会保障手段在内的各种手段来提高劳动生产率。尼泊尔是南亚地区劳动生产率最低的国家之一,提高劳动生产率对于提高尼泊尔出口导向型和进口替代型产业的竞争力至关重要。

(四) 消除供给侧瓶颈

鉴于结构和体制方面的制约因素,有必要最大限度地减少和消除供给侧的瓶颈。解决电力短缺问题和改善互联互通将是降低成本、增加市场准入和向出口开放市场的关键。在采取这些措施的同时,还必须实现税收合理化、改善服务和其他支持系统,以降低生产和交易成本,因为尼泊尔的生产和交易成本非常高,所有这些都需要巨额投资。政府应将其不太会涉足的领域留给私营企业投资。在这方面,可能非常重要的是来自南亚国家的外国直接投资流入,特别是在与南盟区域合作的互联互通和能源开发相关的领域,以实现更大的一体化前景。

(五) 吸引外国直接投资和新技术进入战略性制造业

如上所述,尼泊尔为了吸引外国投资,几年前成立了一个高级别投资委员会。最近,关于经济特区的立法也已经通过,包括一些设施和额外的激励措施。然而,外国直接投资仍然没有到来,特别是在制造业。因此,可能需要进一步思考制定外国直接投资政策,重点关注制度改革。有必要确保在尼泊尔的投资与其他国家相比更具吸引力。需要更积极地利用免税和配额自由的便利和其他优惠待遇,但迄今为止情况并非如此。同时,有必要禁止频繁的罢工和封锁行动。必须把注意力集中在持续改善投资环境上。可以采取新的举措，通过吸引区域内外国直接投资，建立两国或区域之间的经济走廊。

（六）通过区域合作与供应链促进制造业出口

像尼泊尔这样的国家，要从区域一体化中受益，必须重新审视包括投资和贸易政策在内的总体区域合作政策。必须解决税收、非税收和其他壁垒问题，这些问题限制了制造业发展，削弱了出口竞争力。在此过程中，通过基础设施和其他与市场治理有关的设施促进贸易便利化将是关键所在。同样重要的是，要加强双边和区域两级的信任建设。

为了应对全球价值链带来的挑战，需要采取新的举措，促进区域内的价值链发展，同时采取一些互补的方法，以更加一体化的方式强化生产流程。最重要的是，首先需要对上述提到的各种瓶颈予以适当关注。这可能一定程度上有助于振兴尼泊尔等国家的制造业。

（七）获得有保障的过境自由与贸易便利化

为了提高制造业的竞争力，最大限度地减少外部脆弱性、增加就业和促进持续增长，过境自由和其他贸易便利措施对尼泊尔至关重要。为了实现真正的经济一体化，确保成员国公平获得利益，就必须实现这种自由。毋庸置疑，促进过境贸易还有其他好处，如可以改善投资环境。

（八）加强协调，改善交付和治理

在尼泊尔，政策和机构层面的协调必须得到实质性改善。这两个层面的协调不仅可以通过最大限度地减少重叠和冲突来确保政策的一致性，还可以有效地执行政策和决定。因此，有必要通过有效的一站式政策，发展和实施并行的合规机制，确保在规定时间内提供已申报的设施和实施激励措施。

为了遏制腐败和改善交付和治理能力，透明度和问责制度也应并行不悖。公共机构的执行不力和缺乏透明度一直是发展商业和吸引外国投资的主要障碍之一。知情权法也需要加强。包括司法机构在内的反腐败机构需要自主权，以遏制政府和政治精英的影响。公民、社会、媒体和其他非国家利益相关方必须在加强社会可持续问责制方面拥有强有力的发言权，从而最大限度地减少民主赤字。

为了改善商业、投资和贸易环境，监管改革必须成为治理改革的重要组成部分，这对制造业发展和提高竞争力至关重要。过高的监管水平会导致效率低下，南亚就是一个明显的例子。可能有必要采取新的举措，通过自动化系统等方式，消除导致延误和增加交易成本的不必要的程序和行政规定，使业务及其流程更加便捷。流程必须简化，以节省时间和总体成本。

六、结论

本文在分析了尼泊尔经济的结构变化过程后认为，以薄弱的产业政策为基础的新古典主义经济发展政策并没有成功地使尼泊尔的经济走上工业增长和发展的动态轨道。如今，尼泊尔经济面临的问题不是深刻的结构转型，而是制造业在产出、出口和就业中所占份额的不断下降。本文还得出如下结论：尽管尼泊尔与南盟国家在更大程度上实现了经济一体化，但尼泊尔也未能从中获得预期收益。在政策制定过程中，全球价值链和供应链的挑战和机遇都没有得到充分内化，以至于制造业无法吸引国内外投资，无法实现蓬勃发展，无法为持续高增长和就业作出更大贡献。

因此，首先必须采取一种新的产业政策，更有效地解决市场、政府和协调失灵的问题，这不仅可以促进经济增长，还有助于在劳动力增长的同时创造就业。因此，需要适度平衡国家和市场在提升经济生产能力方面的作用，国家应该成为快速工业化和创造就业的促进者、引导者和催化剂。既然由于对劳动力的需求不足而致力于创造就业，那么重点应该放在增加技能型劳动力的供应上。

在新的政策背景下，还需要重新审查包括投资和贸易政策在内的总体区域合作政策，以确保尼泊尔从区域一体化中获益。在这种新的政策话语中，应优先考虑促进尼泊尔的制造业，并专门地解决内部和外部障碍，以确保加速增长和快速创造就业同时实现，其中必不可少的一项是按照某种互补的方式推进区域内价值链的发展。在双边和区域层面建立信任同样是取得成功的关键。

可以肯定的是，在经历了长时间的政治冲突和过渡之后，随着新宪法的颁布，各政党在经济快速转型和创造就业的必要性方面正在形成一些共识。新的产业政策话语同样可以成为这种国家基本共识的重要组成部分。

参考文献

Adelman I(1999).The role of government in economic development.Working paper no.890, California Agricultural Experiment Station, California.

Adhikari R (2013). Foreign direct investment in Nepal: current status, prospects and challenges. Working paper no. 01/13, SAWTEE, Kathmandu.

Alcorta L (2012). Industrial structural change, growth patterns and industrial policy. Paper presented to the International Economic Association Pretoria, UNIDO, Vienna, 3—4 July 2012.

Athukorala P (2013).Intra-regional FDI and economic integration in South Asia: trends, patterns and prospects. Background paper no. RVC 7, UNCTAD, Geneva.

Basnett Y, Pandey PR (2014).Industrialization and global value chain participation: an examination of constraints faced by the private sector in Nepal. Economics working paper no. 410, Asian Development Bank, Manila.http://www.adb.org/publications/industrialization-and-global-value-chain-participationexamination-constraints-Nepal.

Blaikie et al.(2001).Nepal in crisis: growth and stagnation at the periphery(revised and enlarged edition). Adroit Publishers, Delhi.

CBS (2009).Nepal labor force survey report. Kathmandu, Nepal.

CBS (2012a).Population census results of 2011. Central Bureau of Statistics, Kathmandu.

CBS (2012b).Nepal living standard survey 2010/11. Central Bureau of Statistics, Kathmandu.

CBS (2014).Development of manufacturing industry in Nepal: current state and future challenge. Central Bureau of Statistics, Kathmandu.

Cohen NP (1995).Why does economic liberalization make sense? EconNews, USAID, Kathmandu.

De P, Rahman M(eds)(2017).Regional integration in South Asia. KW Publishers Pvt Ltd, New Delhi.

Dixit PM (1995).Economic policymaking: the Nepal experience. Kathmandu, Nepal.

GDI (2011).Industrial policy in developing countries: overview and lessons from seven countries cases. Discussion paper 4/2011, German Development Institute.

GON (2004).Nepal: trade and competitiveness study: a study conducted with donor's assistance as a part of the integrated framework for trade related assistance for government of Nepal. Kathmandu, Nepal.

Khanal DR (2009).Public finance implications of trade policy reforms in Nepal. A report submitted to UNDP Regional Centre, Sri Lanka.

Khanal DR (2014).Contemporary issues on global and Nepalese economy: mainstreaming the real policy agenda. Adroit Publishers, New Delhi.

Khanal DR (2015).Employment challenges in Nepal: trends, characteristics and policy options for inclusive growth and development. ESCAP – SSWA, New Delhi.

Khanal DR (2017).Political economy of self-reliant development: theories and practices in Nepal. In: Gyanwaly RP(ed) Political economy of Nepal. Central Department of Economics, TU and Friedrich Ebert Stiftung, Kathmandu.

Khanal DR, Rajkarnikar P, Aharya K, Upreti D (2005).Understanding reforms in Nepal: political economy and institutional perspective. Institute for Policy Research and Development, Kathmandu, Nepal.

Khanal DR et al (2012). Sources of growth, factor returns and sustained growth: a comparative study of primary, secondary and tertiary sectors in Nepal. ESCAP/ARTNeT, Bangkok.

Korz DM (2015).Neo-liberalism, globalization, financialization: understanding post-1980 capitalism. University of Massachusetts(Department of Economics), UK.

Lin JY (2012).New structural economics: a framework for rethinking development and policy. The World Bank, Washington.

Lin JY, Treichel V (2014).Making industrial policy work for development. In: Salazar-Xirinachs JM, Nubler I, Kozul-Wright R(eds).Transforming economies:

making industrial policy work for growth, jobs and development. ILO, Geneva.

Maxwell S (1990). Second industrial sector study Nepal. Report prepared for the ADB and GOV, Kathmandu, Nepal.

MoC (2016). Nepal trade integration strategy 2016. Ministry of Commerce, Kathmandu.

MoCS (2010). Nepal trade integration strategy 2010. Ministry of Commerce and Supplies, Kathmandu.

MoF (2001 and 2016). Economic survey of 2000/01 and 2015/16. Ministry of Finance, Kathmandu.

NRB (2016). Economic situation of Nepal 2015/16. Nepal Rastra Bank, Kathmandu.

Ocampo JA, Rada C, Taylor L (2009). Growth and policy in developing countries: a structuralist approach. Columbia University Press, New York.

Ocampo JA (2011). Macroeconomy for development: countercyclical policies and production sector transformation. Capital review 104, Santiago.

Panday DR (1999). Nepal's failed development (reflections on the mission and the maladies). Nepal South Asian Center, Kathmandu, Nepal.

Rahman SH, Khatri S, Brunner H-P (eds) (2012). Regional integration and economic development in South Asia. Asian Development Bank, Manila.

Robinson JA (2009). Industrial policy and development: a political economy perspective. Paper presented to the World Bank ABCDE conference, Seoul, 22—24 June.

Rodrik D (2004). Rethinking growth policies in the developing world. Harvard University, USA.

Rodrik D (2015). Premature industrialization. School of Social Science Institute for Advanced Study, Princeton.

Rowthorn R, Ramaswamy R (1997).Deindustrialization—its causes and implications. IMF (Economic Issues 10), Washington.

Salazar-Xirinachs JM, Nubler I, Kozul-Wright R(eds) (2014).Transforming economies: making industrial policy work for growth, jobs and development. ILO, Geneva.

Sapkota C (2014).In-depth analysis of Nepal's export competitiveness, Kathmandu. Sapkota's blog: www.google.com.

Shafaeddin M (2010).Trade liberalization, industrialization and development: the experience of recent decades. Keynote speech delivered at the fourth ACDC(annual conference on development and change), University of Witwatersrand, Johannesburg, South Africa, April.

Shafaeddin M (2011).The impact of the global economic crisis on industrialization of least developed countries. South Centre, Geneva.

Sharma S, Bajracharya P (1996).Impact of economic liberalization in Nepal. IIDS, Kathmandu, Nepal.

Szirmai A (2011).Manufacturing and economic development. Working paper no. 2011/75, UNUWider, Helsinki.

UNCTAD (2007). Rethinking industrial policy. Discussion paper no. 183, UNCTAD, Geneva.

UNCTAD (2011).Development-led globalization: towards sustainable and inclusive development paths. Report of the Secretary-General of UNCTAD to UNCTAD XIII, UNCTAD, Geneva.

UNCTAD (2013).Handbook of statistics 2013. UNCTAD, Geneva.

UNCTAD (2016).World investment report 2016. UNCTAD, Geneva.

UNDESA (2016).World economic situation and prospects 2015. UN Department of Economic and Social Welfare, New York.

UNDP (2014). Nepal human development report 2014. United Nations Development Program, Kathmandu.

UNIDO (2003). The role of industrial development in the achievement of the millennium development goals. United Nations Industrial Development Organization, Vienna.

UNIDO (2013). Industrial development report 2013: sustaining employment growth: the role of manufacturing and structural change. United Nations Industrial Development Organization, Vienna.

Wade RH (2007). Rethinking industrial policy for low income countries. Paper presented to the African economic conference organized by African Development Bank and UN Economic Commission for Africa, 15 Nov.

World Bank (2013). Enterprise surveys: Nepal country profile 2013. The World Bank, Washington.

第三章 印度制造业贸易与就业之间的联系

S. K. 莫汗提、萨比亚萨奇·萨哈

一、引言

印度制造业产值约占国内生产总值的15%左右，远远低于亚洲的新兴工业化国家以及其他许多工业化国家（相较于早期工业化阶段，这些国家的制造业份额至今仍然偏低）。人们普遍担心，如果制造业无法稳步增长，印度将失去人口红利。其中，一大部分劳动力将在低产的农业及非农业活动中苦苦挣扎。过去十年，在总就业人数中，制造业就业人数在前五年占比上涨到12.2%，但在后五年下降至11%。无论要实现制造业全面繁荣，还是可持续增长，其方法的核心不仅在于抓住发展机遇，还与以下因素息息相关，比如，确立最低工资，提高收入水平，提供优越的社会福利保障，制造业应不断提供更多这类的工作岗位。

过去几年，重振制造业战略一直备受关注。从2011年起，印度推出第一份国家制造业政策，并于2014年启动了更大规模的

"印度制造"计划。此外，还配有许多针对特定行业的政策，旨在提高出口竞争力、增加附加值并形成价值链优势。然而，一系列问题纷繁复杂，阻碍了印度的制造业发展。印度独立后，以管制政策和进口替代为基础，采取内向型发展战略。此举经常为人诟病，更多人认为这是印度工业技术落后的原因。尽管如此，那一时期的产业政策却可圈可点，并为印度的知识密集型产业奠定基础。事实证明，这些产业有利于印度随后几年的经济发展。近几十年来，随着印度政府在工业生产中的职能逐渐增强，许多所谓的瓶颈问题相继出现，但也逐步得到解决。并且，印度通过开放经济，引入外贸外资，促进市场竞争。然而，令人费解的是，印度制造业的局面一直不温不火。虽然，这些政策鼓励国内经济与世界经济紧密接轨，并促进了一些产业的生产力增长。但制造业却未能得到发展，也无法雇用大多数适龄劳动人口。这一失败同样要归咎于一系列的政策问题（Chaudhuri，2015）。

印度经济高速发展，自2011年以来，其全球开放程度一直保持在50%左右，但到2015年后开始下降。过去十年，服务贸易对国内生产总值的贡献率每年在11%到12%之间，但货物贸易仍是对外贸易中占比最重的一部分。尽管拥有庞大的出口产业，但在很长一段时间里，印度与世界上其他地区的贸易逆差仍然很大。印度的出口产业迅速扩张，增长迅猛，但随着经济衰退的到来，增长速度开始放缓。尽管印度经济的实际增长率飙升，但"欧元区危机"导致经济衰退加剧，降低了国内出口增长率。在这一局面下，印度立即制定应对政策，采取"内需主导"战略，消减全球经济衰退带来的不利影响（Mohanty，2012）。

在过去的几个月里,印度的出口连续增长,暂时遏制了贸易领域的下滑。正如一些研究所言(Revenga, 1997; Gaston and Trefler, 1997; Moreira and Najberg, 2000; Trefler, 2004; Baldwin and Brown, 2004),在制造业中,贸易与就业之间未能形成良性关系。印度发展中国家研究与信息系统研究中心通过实证研究(2006)得出结论,出口领域不仅为国内经济创造就业作出了积极贡献,也大力扭转了印度制造业失业率的下降态势。近期的研究也得出了类似的结论(Veeramani, 2016)。

为了促进制造业发展,产业政策往往要根据行业需求做出调整。因此,在国际贸易背景下,评估静态与动态比较优势在产业层面变得至关重要,而在行业层面,此举反过来对贸易相关的就业增长也有重大意义。而且,从这类就业的本质上看,主要分为蓝领和白领两类。在世界经济中,贸易对就业的影响引发了激烈讨论,最近在南亚尤为如此。各国在这方面的经验各不相同。工业化国家从发展中国家进口制成品时,对其本国就业产生了轻微的负面影响,但对工资没有任何影响(Ghose, 2000)。发展中国家在贸易与就业的讨论中也有类似的看法。

由于贸易自由化的影响,在发展中国家当中,出口导向型产业增长也刺激了许多其他领域的活动,从而进一步刺激了国内经济对技术和非技术劳动力的需求。调查显示,发展中国家的贸易自由化对出口导向型产业和进口替代型产业的就业和工资都产生了积极影响。

随着时间的推移,制造业对印度商品出口的贡献显著增加。印度制造业出口结构以及目的地也已经日趋多元。这不仅反映出印度更加紧密地融入了世界经济当中，而且也可能是印度通过区域和双边协议与其贸易伙伴加强接触的结果。在本文中，我们尝试探究印度制造业商品贸易发展方向与创造就业之间的联系。事实上，我们要探讨的问题是，印度能否在未来自行选择其自由贸易协定（双边和区域）的贸易伙伴和行业，最大限度地创造直接和间接就业，特别是在制造业领域。我们将分析贸易政策能否在为印度创造更多就业方面发挥重要作用。为此，我们选择了一批能为印度创造更多就业并具有出口竞争力的经济体作为研究对象，研究印度是否采取合适的政策行为，促进国内贸易发展和就业。我们研究的重点是如何为各种规模的制造业创造经济机会或就业机会。以社会保障福利为特征的正式就业并非本研究所关注的重点。我们调查的对象是制造业中的就业创造，以及蓝领和白领就业结构的发展趋势。本文探讨了制造业的实际工资率、产值率和增加值的趋势。在某一特定产业中，企业规模各不相同，在产品功能上也存在差异。鉴于此，我们提出要估算印度的出口带来的直接和间接就业，特别是涉及84个区域贸易协定的出口。在这项研究中，我们尝试通过分析来了解印度经济中与商品需求相关的工作岗位构成的变化模式，这些变化主要由贸易部门驱动。

第一部分引言之后，本文在第二部分分析近期有关印度制造业表现的辩论，包括无就业增长、去工业化和二元论的话题。第三部分对制造业贸易与就业关系的全球经验进行义献综述。第四部分是实证方法。第五部分为研究结果。最后一部分则给出了关键结论。

二、关于印度制造业的争议

（一）失业率是否上涨？

根据国家安全战略第 68 轮调查结果（2011—2012 年），农村地区的男女失业率总计保持在 2%，城市男性失业率为 3%，女性失业率为 5%。研究发现，年轻人的失业率要高得多。此外，根据《第五次年度就业失业调查报告（2015—2016 年）》，国家层面失业率为 5%。另一方面，第六次经济普查（2013—2014 年）发现，2005 年以来，就业增长率保持在 38.13%，此次普查的 5850 万家企业中，占比最大的是制造业（23.1%），55.71% 的企业至少雇用了一名工人，其中 44.29% 是自营企业，这充分证明非正式企业创造了印度的大部分就业机会。

通常在很大程度上，中小微企业被列为非正式企业，企业信息往往是定期提供。然而，第四次中小微企业普查（2006—2007 年）提供了有关该类企业创造就业的详细信息。此次普查的时间段与印度衰退前经济高速增长阶段重合。因此，它具有相关性，能对经济增长与就业关系带来重要启示。该类企业几乎均由微型企业组成，在注册类别和非注册类别中，非注册比率略高一些。在注册企业中，制造业占近 67%，而在非注册企业中，制造业仅占 26%。在第三次普查（2000—2001 年）和第四次普查（2006—2007 年）之间，注册企业每单位就业人数从 4.48 人略微上升到 5.93 人，但该行业的投资比例却在明显下降。

越来越多的证据表明，尽管印度在进行快速的结构化转型，但它的经济增长并没有转化为生产性就业。有人认为，政策范式未能关注到创造优质就业问题，占主导地位的服务业只能有选择性地惠及高技能人才，而大规模非正式经济体却让劳动力就业前景黯淡。制造业错失良机，使人们继续惶恐不安。全国无组织部门企业委员会（NCEUS，2009）指出，尽管这一时期的经济增长率较高，但1993—1994年度至2004—2005年度，就业率从2.03%下降至1.85%。

根据印度计划委员会的估计，从1999—2000年度（4400万人）到2004—2005年度（5500万人），制造业就业人数增长了25%，而在2004—2005年度至2009—2010年度间，绝对就业人数从5500万人下降至5000万人。根据乔杜里（2015）的研究，制造业就业人数从1970—1971年度的480万稳步增长至1996—1997年度的710万，之后又下降至2006—2007年度的约580万。该研究还发现，制造业就业率已从1970—1971年度的27%下降到2005—2006年度的21%。根据印度进出口银行（2016）统计，出口导向型就业率（直接和间接）从1999—2000年度的26.2%增长至2012—2013年度的38.5%。

虽然在过去的二十年中，工业和服务业的产出份额都有所增加，尤其是服务业，但是到了2009—2010年度，工业和服务业的就业占比仍然较低，分别为22.7%和24.4%（Mehrotra et al.，2012）。因此，本研究认为，增加除农业以外的就业岗位本身就是一个值得追寻的目标。戈达尔（2011）指出，2003—2004年度至2008—2009年度，制造业的实际附加值增长率约为10%。并且，制造业就业人数以每年7.5%的速度增长。印度工业年度调查（覆盖范围略大于制造业）结果显示，就业增长率略高，约为每年 7.6%。这一点耐人寻味，因为从 1995—1996 年度到 2003—2004 年度，制造业的就业率每年下降约 1.5%。这一数据有力地驳斥了人们经常重申的"无就业"增长模式。

在高增长年份中，巴苏和梅尔滕斯（2009）发现：中国的劳动力增长率为 0.83%，印度是 1.85%。在中国，53% 的就业被归类为非正式就业，而印度的相应数字为 94%。虽然印度的失业率仅约为 4%，但高就业增长只是反映出潜在的人口高增长和人口结构（印度 15 岁以下人口比例为 32%，而中国仅为 21%）。其中，大部分人的工作属于非正式就业。奥哈拉和林（2011）还比较了近几十年来中国和印度制造业吸纳就业的情况。1985 年，中国企业平均雇用员工比印度企业多 1.6 到 4 倍，但中国许多细分行业的销售额却要低于印度。然而，在接下来的几十年中，中国企业的规模显著扩大。

据报道，在 1993 年到 2009—2010 年期间，印度的劳动力参与率和工作人口参与率均有所下降（Mehrotra et al., 2012），其中一个可能的原因是人们有了接受高等教育的机会。从 1999—2000 年度到 2004—2005 年度，劳动力增长了 6000 万人。然而，在接下来的五年中，新增就业人数只有 200 万人。有事实表明，尽管制造业中非正式就业有所增长，就业质量在此期间也有所改善，但带津贴岗位的比例却有所下降。这就是所谓的劳动力市场中的日益非正式化就业现象。其他研究也表明，印度就业正在逐渐走向非正式化就业（Himanshu, 2011）。事实上，印度的就业之所以能够增长，靠的是个体经营类的非正式产业。从 2004—2005 年度到 2007—2008 年度，印度的就业增长率放缓至 0.17%。印度人类发展研究所

（2014）表示："最严重的挑战是大量'贫困劳工'和在非正式工作中从事低生产率工作的半失业者。根据目前的贫困线标准（按购买力平价计算，相当于每日1.25美元），所有劳动者中有四分之一（约1.18亿人）处于贫困状态。许多非正式企业以及在家或在街头经营小规模生意的自营职业者，他们的工作条件恶劣，收入也很低，还面临着高健康风险和缺乏安全标准等问题。"

（三）印度是否面临去工业化？

对于印度经济而言，长期存在的一个问题是制造业停滞不前。近年来，多项研究（Rodrik，2015；Amirapu and Subramanium，2015；Dasgupta and Singh，2006；Felipe et al.，2014；Kumar，2017）提及了印度去工业化的可能性（制造业贡献下降，吸纳劳动力不足）。印度制造业对国内生产总值的贡献率一直停滞在15%以下。中国的这一数据略高于30%，泰国约为35%，韩国略低于30%。然而，发达经济体的制造业占比更小（德国和日本制造业占比约为20%，被公认为制造业领导者）。显然，制造业已经从发达国家转移到发展中国家和新兴工业化国家。迄今为止，印度仍未能找到有效办法利用这一机会。阿米拉普和苏布拉马尼亚（2015）在总结最近的国际经验时指出，面对全球去工业化的做法，印度的经验更具挑战性，因为印度可能面临过早的非工业化，且印度迄今为止尚未充分实现工业化。通过详细分析各邦的表现，该研究得出结论，印度制造业可能不会增长，而且很可能会萎缩，但这并不是因为生产力表现不佳。库玛（2017）认为，进口在最终消费中的比重上升，或进口依赖性增加，证实了印度某些行业的去工业化。拉奥和达尔（2011）声称，在2005—2008年间，制造业在外国直接投资总流入量中所占份额从41.41%下降到20.35%（众所周知，在印度，服务业以及建筑和房地产业吸引的外国直接投资远远超过制造业）。在2011—2015年间，制造业外资流入出现了回升。

1980年之后，印度开始了各项改革，制造业的产出出现了显著增长（除周期性放缓外）。尽管20世纪80年代那十年，只有零星的改革为人所知，但在1991年之后印度开始了更大刀阔斧的改革。根据维尔马尼与哈希姆的报告（2011），1981—1982年度至1990—1991年度，制造业产出每年增长7.7%；1991—1992年度至2007—2008年度，制造业产出年增长率提高到8.2%。从1991—1992年度到2007—2008年度，制造业产出的增长在各个年度变化很大：1991—1992年度至1997—1998年度为7.4%，1998—1999年度至2001—2002年度为2.7%，2002—2003年度至2007—2008年度为12.9%。纳格拉基（2017）大致总结如下："在市场导向（或称自由化、自由市场）改革的25年（1991—2016年）中，按趋势分析，制造业（或工业）的年增长率在7%至8%之间（取决于所选的数据序列）。改革后的增长率高于改革前25年，但与20世纪80年代大致相同。"戈达尔指出，从2003—2004年度至2008—2009年度，制造业实际附加值的增长率约为10%。

拉惹古玛（2011）就制造业各部门的发展得出以下结论：1998—1999年，制造业各部门的生产总值占国内生产总值的6.7%；2007—2008年逐渐上升至8.9%。相比于该经济体的国内生产总值，制造业生产总值迅猛增长。特别是在1999—2000年度到2002—2003年度，其平均增长率为8.3%，而该国的制造业生产总值占比为5.1%。全国制造业生产总值的平均增长率为5.1%。根据阿加瓦尔（2015）的报告，在金砖国家中，除俄罗斯的制造业出口份额在1999年达到峰值，之后稳步下降外，其他所有国家的制造业出口份额（1995年至2011年）均有所增长。其中，印度的增长幅度最大，也最稳定；印度的出口占其制造业产出的比重高于其他三个国家。中国的出口份额在2005年达到峰值，巴西则在2004年达到峰值。纳格拉基（2017）总结道，印度制造业在过去25年中停滞不前，避免了去工业化——制造业（工业）企业在国内生产总值中所占份额或在劳动力中所占份额下降。这与许多亚洲经济体形成了鲜明对比，这些经济体的技术水平不断提高，制造业在国内产出和全球贸易中所占份额不断上升。

制造业增长率的明显下降可能是最近的事。以工业生产指数为基础的制造业增长指数（2004—2005年度基准价格）显示，2010—2011年度制造业增长率为8.95%。但在2011—2012年度下降到3%，2012—2013年度进一步降至1.3%。令人震惊的是，按照同样的标准，印度制造业在2013—2014年度增长率萎缩至0.8%（根据各年度的经济普查数据）。2014年4月至10月期间，与上一年同期相比，制造业几乎没有太多增长（0.7%）。基于工业生产指数的制造业增长率从2014—2015年度的2.3%下降至2015—2016年度的2%。政府宣布将基准年调整为2011—2012年度。新数据序列显示，2012年4月至2017年3月期间，大多数月份的工业生产增长率都有所提高。

据观察，2010年至2013年期间，亚洲新兴经济体（马来西亚、韩国和泰国）的制造业增长正在放缓。有报道称，中国制造业经历了非常低的增长（接近萎缩）。根据国民经济核算体系的数据，按要素成本计算,制造业总增加值占整个经济领域国内地区生产总值的百分比在 2008—2009 年度至 2011—2012 年度略有下降,从 2008—2009 年度的 15.4% 降至 2012—2013 年度的 14.1% (Rajakumar, 2017)。针对这一新的计算方法,本研究认为,无论是基于国民经济核算体系,还是年度工业调查的数据集,制造业产出的增长率在趋势和幅度方面都与基于工业生产指数的增长率有所不同,后者数据仍然较低。

然而,罗德里克 (2015) 将印度与撒哈拉以南非洲国家相提并论,认为这些国家年收入达到 700 美元左右,制造业就业份额达到了峰值。参考两个参数:制造业的贡献和就业份额占比。印度与下列国家处于同一水平,比如:孟加拉国、玻利维亚、博茨瓦纳、智利、哥伦比亚、洪都拉斯、巴基斯坦、巴拿马、秘鲁、叙利亚等 (Felipe et al., 2014)。奥哈拉与林 (2011) 对中国和印度的工业化模式特点进行了广泛比较。他们提出了两点主要差别:一是中国企业的管理以数量为导向,而印度企业则以利润为驱动力。与印度企业相比,中国企业经营原则是"低利润,高营业额"。二是中国企业在竞争环境中运营,同质化现象严重,而印度则有异质化企业,其特点是现代行业寡头垄断,而传统行业则处于"完全竞争"状态。本文认为,中国制造商从劳动密集型活动中受益,随后在技术上快速追赶,最终转型为卓越的生产商。

(四) 制造业二元性是一种挑战吗?

不同规模企业之间的生产率和效率差异往往揭示了制造业内部的二元性。印度制造业以大量的中小型企业为主体,因此二元性是该行业的一个显著特征。全要素生产率增长一直是衡量生产率最主要的概念和方法。不过，这种方法主要用于衡量大型制造业企业的生产率，因为大型制造业企业的时间序列数据具有一定的通用性。如下文所述，全要素生产率增长所捕捉到的生产前沿的明显变化对印度工业技术的赶超进程只起到微不足道的作用。这似乎表明，在生产率方面，大型企业和小型企业可能不存在明显差异。但除生产率之外，企业效率（以资源利用和成本为基础）和技术竞争力（在实现附加值方面）同样受其他因素的影响，如融资渠道、基础设施、互联互通（也包括数字化）、人力资源、知识等。规模较大的企业对这些资源拥有更强的掌控能力，从而导致了二元性。印度的经验也不例外。

阿鲁瓦利亚（1991）指出，直到20世纪80年代中期，印度工业的长期全要素生产率增长还是微不足道的。巴拉克里希南和普什潘加丹（1994）计算了印度工业在1970—1971年度至1988—1989年度的全要素生产率增长指数，结果为3.3。这两项研究都涵盖了1991年实行新工业政策之前的时期。雷和巴杜里（2001）估计，从1975—1976年度到1994—1995年度，在29个行业中，有8个行业的全要素生产率增长率为正数，其中电气和电子行业最高。全球增长与生产率研究项目（KLEMS）国际会议印度项目报告表示，26个行业的全要素生产率增长率的中位数从1980—1999年度的0.13%上升至2000—2008年度的0.63%。根据最近的趋势，戈达尔（2014）的报告称，从1999—2000年度到2007—2008年度，印度工业的全要素生产率增长指数为3.04。然而，从2007—2008年度到2011—2012年度，该指数一度跌至负值（-0.98）。世界银行最近的估算表明，印度的总体全要素生产率增长指数有所下降。卡图里亚等人（2010）的报告显示，在21世纪头十年，大型制造业企业在国家层面上的全要素生产率有所上升。这项研究同样指出，在小型制造业企业中，全要素生产率下降，而资本强度在增加。

卡图里亚等人（2013）研究了经济改革对制造业二元性的影响，从技术效率的角度分析了小型制造业企业和大型制造业企业的生产力差异，包括技术效率的衡量标准。研究发现，在整个制造业中，经济改革或许对提高科技效率的绝对水平有明显的积极作用。虽然正式和非正式制造业企业的平均效率都在提高，但正式制造业企业的提高幅度更大。库玛（2007）认为，无论所有权隶属何方，制造业低技术领域（也是劳动密集型领域）的出口强度更高。然而，在出口方面，大型企业相对小型企业存在明显的优势。该研究还表明，跨国公司的印度子公司在出口方面的表现似乎比本地企业更好。

根据玛祖达尔和萨卡（2009）的研究，在实行所谓的经济自由化政策后，印度制造业的二元性特点表现为"中间层的缺失"。他们认为，就业呈现双峰分布态势，高度集中于小型和大型企业层面，"中间层的缺失"明显。即使不考虑制造业中的家庭微型企业，情况也是如此。此外，对于印度这两类不同规模的企业而言，生产率（和工资）差距更是明显大于其他亚洲经济体。最后，尽管出口强度基本一致，但就业强度与企业规模呈负相关（RIS，2006）。因此，规模较小的企业可能拥有更高的就业潜力。

三、全球经验：制造业贸易与就业的关系

关于贸易对就业的影响，目前尚未达成共识。各国的研究

(Revenga，1997；Gaston and Trefler，1997；Moreira and Najberg，2000；Trefler，2004；Baldwin and Brown，2004）表明，贸易改革对就业产生了负面影响。另一方面，米尔纳、赖特（1998），伊汉（2008），阿图科罗拉、拉贾帕提拉纳（2000）的研究结果表明，在一些经济体中，贸易对制造业就业产生了积极影响。麦克米兰和韦尔杜斯科（2011）则就发展中国家情况提出了一种喜忧参半的观点。实证研究表明，东亚和东欧的就业水平都有提高，但是在拉丁美洲、中东、撒哈拉以南非洲地区制造业就业水平却在下降。然而，还有一些研究并未发现贸易对就业的明显影响（Currie and Harrison，1997；Lang，1998；Sen，2008）。

印度就贸易与就业之间的重要联系开展了大量研究。与从全球经济中获得的证据类似，印度的研究也没有对贸易是否改善了印度的就业状况做出定论。一些研究表明，贸易对制造业就业没有任何显著影响（Sen，2009；Raj and Sen，2012；Raj and Sasidharan，2015），而其他研究则认为，贸易自由化确实导致了制造业就业下降（Nambiar et al.，1999；Asghar et al.，2014）。

一些研究观察到，在不同的劳动力市场中，贸易自由化的影响也是不同的。概括而言，在大型和小型的制造业企业中，就业与贸易状况呈负相关，但改革对行业层面的各个群体和子群体产生了不同的影响（Rani and Unni，2004；Kakarlapudi，2010；Jadhav and Husain，2016）。克里希纳等人（2016）解释了这一情况，认为就业增长率下降是因为制造业使用了高资本密集型技术，导致劳动强度变低，劳动参与率也随之下降。

有许多文献证明，贸易提高了印度的就业创造能力。有研究分析了贸易对印度就业的影响，发现贸易有利于就业（UNCTAD，2013；Ramaswamy，2003；Deshpande，2004）。另一项研究发现，在印度制造业中，无论是大型企业还是小型企业，出口的发展使劳动力就业的下降趋势得到了一定程度的遏制（RIS，2006）。普拉德汗（2006）指出，对合同工和正式工而言，贸易是中性的。出口已成为印度制造业为妇女和非技术工人创造就业的一个主要途径。

一些研究强调了经济改革对就业的影响。戈达尔（2000）发现，1990—1996年间，印度制造业正式的就业人数有所增加。在另一项研究中，戈达尔（2002）观察到，实施自由化之后，制造业大型企业出口的就业弹性增加，但进口的就业弹性下降。劳工政策在促进贸易对印度就业的影响方面也发挥了重要的作用。灵活的劳工政策往往会增加贸易对就业的积极影响（Hasan et al.，2007）。

在解释贸易与就业之间的关系时，许多讨论都围绕蓝领和白领的就业展开。一些研究观察到，贸易自由化提高了技术工人的工资水平，但对非技术工人的工资水平影响不大，这一现象导致这两个劳动群体的工资不平等加剧（Bhagwati and Dehejia，1994；Greenaway et al.，2002；Salvanes and Førre，2003；Hoekman and Winters，2005；Janiak，2006；Brooks and Go，2012；UNCTAD，2013）。相反，米什拉和库玛（2005）认为，贸易自由化导致关税税率降低，从而减少了印度的工资不平等现象，特别是在那些以非技术工人为主体的部门。因此，自由化使得非技术工人的工资增长幅度高于技术工人。

以上讨论表明：（1）贸易会影响技术工人和非技术工人的聘用；（2）两者的工资差异受到贸易的影响；（3）贸易政策在形成印度技术工人和非技术工人的需求模式方面发挥了作用。

四、模型

在印度,很难获得一段时间内各类细分行业和不同产业的制造业就业数据。相对而言,获取正式部门的就业数据比获取非正规部门的就业数据更容易。印度年度调查报告了 2000 年至 2014 年的时间序列数据,采用的是 1998 年基于《国际标准工业分类法》(第三版)制定的国家工业分类方法。在另一版本中,年度工业调查的数据采用《国际标准工业分类法》(第四版)的产业分类,以 2008 年国家工业分类为命名法,也按时间序列报告了 2008—2014 年的各项数据。中小型企业部基于国家普查结果,提供了产业层面注册和非注册的制造业数据。中小企业的产业普查是在基准调查的基础上进行的,通常每五年进行一次。与年度产业调查一样,中小型企业部收集了 5 位数行业一级的数据,但只有 2001—2002 年度和 2006—2007 年度的数据。

综合这两个数据来源,我们可以获得印度三个层级的制造业就业数据:(1)企业部门;(2)小规模行业;(3)家庭手工业。我们假设,从企业到小规模行业,再到家庭手工业,生产功能各不相同。对于特定行业,我们先将其分组,使用面板数据分别估算三个独立的生产功能。

由于可以获取 4 位数和 5 位数的行业数据,因此,我们使用最细分的数据,按 3 位数的国际标准工业分类法对生产功能进行估算。假设一个产业的产出由国内消费和出口组成。这就意味着,出口产业没有单独的生产功能,只需要考虑国内的生产功能。我们发现，印度共有63个行业，每个行业都有三种类型，即大型企业、中小型企业和家庭手工业，每个类型都有不同的生产功能。然而，这三种类型的企业的工业生产能力会有显著差异。为了更好理解这类产业结构的动态变化，我们还将就业进一步分为直接就业和间接就业。为了在部门层面估算直接就业和间接就业，我们采用投入产出表对就业效果进行分析。为了将生产产出与贸易相互关联，本文将投入产出表与国家工业分类/国际标准工业分类数据库联系起来，再将国家工业分类/国际标准工业分类与国际商品和服务的统一编码系统分类相连。我们在6位数的国际商品和服务统一编码系统层面建立了就业与出口之间的技术关系。

本文采用了以下假设进行实证研究：

1. 在印度的制造业中，有三种不同类型的企业共存于一个特定行业，即大型企业、中小型企业和家庭手工业。

2. 在特定行业里，不同类型的企业生产功能不同，表明要素弹性存在差异。

3. 一个行业的总产量中，一部分用于国内消费，其余则出口到世界各地。出口部门并没有单独的生产功能。因此，出口与输入之间的技术关系由国内生产功能决定。

4. 资本与劳动力比率在短期内保持不变。

在国内经济中，不同行业的就业吸纳能力各不相同。在为国家创造就业方面，这些行业的出口部门也表现出类似的趋势。影响这一趋势的因素有两个：第一，根据产业生产的产品所具有的技术含量，这些产业被分为初级型、资源型、低技术型和高技术型等类型。在过去30年里，贸易领域的研究根据产品的技术含量，将产品分为上述几类（Pavitt，1984；OECD，1995；Lall，2000；Mohanty，2003b）。由于产品的技术含量不同，生产所需的劳动力需求也不同。我们注意到，高技术行业吸纳的劳动力比初级和低技术密集型行业吸纳的劳动力少。第二，很多行业在生产过程中使用蓝领和白领工人。由于工资水平的差异和产业需求的性质，白领和蓝领工作的劳动力构成各不相同，这意味着更多的蓝领工作会被更少的白领工作所替代。随着对技术密集型产品需求的不断增加，中高层技术密集型产业正在经历高度自动化和机器人化。因此，与蓝领工作相比，白领工作越来越多。一个关键的问题是：为什么需求结构会导致对技术密集型产品的高需求，致使白领工作不断取代蓝领工作，并最终导致大型企业的绝对就业人数减少。这一趋势在全球范围内的各种研究中都非常明显。

（一）研究意义

在国内经济中，出口产业对劳动力的需求取决于国外对特定产品的需求。由于大量贸易是通过区域集团进行的，国内经济中产生的就业模式（由白领和蓝领就业构成）将取决于与出口国签订区域贸易协定所要求的"一篮子"商品。我们认为，在出口国的贸易关系更倾向于发达国家和新兴国家的情况下，就业需求模式可能有利于白领就业，而对发展中国家来说则有利于蓝领就业。全球经济中各部门出口需求的具体性质是一个关键问题，需要进行实证检验。

除了需求因素外，劳动力吸纳的比重在很大程度上不仅取决于出口国现有的生产功能类型，而且也取决于出口国签订的区域贸易协定种类。如前所述，假定资本与劳动力比率在短期内保持不变，那么就可以估算出口产业创造的就业数量。随着经济自由化的推进,印度制造业的进口投入不断增加,取代了生产系统中的国内投入。使用进口投入虽然提高了制造业的生产率,却牺牲了大型企业的国内投入。

由于在生产过程中引入了自动化,进口投入替代了国内投入,从而取代了劳动力,使得生产功能更加资本密集化。随着生产过程中技术关系的改变,经济体创造就业的能力将会下降。因此,产出的增长速度将远远超过该国吸收劳动力的速度。生产过程中使用进口原材料会对白领就业需求产生影响。越来越多地使用进口原材料的做法对制造业创造蓝领就业产生了抑制作用。在这种情况下,就业增长率将随着进口中间产品的增加而下降,并将增加白领就业的机会。在新兴工业经济背景下,是否需要创造白领就业机会,是一个值得讨论的问题。

多年来,进口原材料逐渐取代国内生产要素的趋势日益明显,白领对蓝领就业的替代性也越来越突出。在这个过程中,白领就业的增加抑制了印度经济中蓝领就业的增长。因此,随着产出的增加,就业增长却十分低迷,因为该经济体无法吸纳更多蓝领就业。在蓝领失业人数超过白领的同时,白领就业不成比例的增长并未对印度的整体就业增长作出重大贡献。

(二) 出口产业和区域贸易协定

发达国家对制造业产品的需求与日俱增,但在他们进口的制造业商品中,有相当一部分是资本密集型产品。从其进口需求模式的性质来看,通过各种区域协定加大与发达国家的接触,可以为国内经济创造大量就业机会,而发展中国家却恰恰相反。

传统观点认为,在一个产品组中(按 HS 章节或 HS 标题分类），一些产品在就业强度方面与其他产品不同。有些产品的就业密集程度比其他产品高。因此，我们应从产品层面而不是行业层面来理解制造业的就业强度。当我们从微观层面转向更为综合的产品分组层面时，就业强度的动态性就失去了意义。因此，我们应从产品层面而不是行业层面来考察就业效应。

广义上讲，劳动密集型产品给蓝领创造了更多就业机会，而资本密集型产品给白领创造了更多就业机会。企业根据出口需求的性质和行业内现有的劳动条件，包括劳动法律和法规，决定是否选择使用进口输入作为生产功能。在国内各行业中，同时存在着大型企业、中小型企业和家庭手工业，它们的生产功能各不相同。随着出口产业的不断扩大，这些企业在国内的生产机会也在不断增加。由于行业内不同类别企业的生产需求模式不同，他们对白领和蓝领劳动力的需求模式也会不同。国内经济的产出模式可能因进口输入而吸纳白领就业，特别是在大型企业中，白领就业替代蓝领就业的可能性更大。反过来，白领就业导致制造业工资总额的上涨。

印度出口篮子中技术密集型产品的比例有所上升，制造业工资上涨的速度也超过了创造就业的速度。从这些零星的证据中我们可以推断，与国内产出和出口相比，企业部门用白领就业取代蓝领就业可能导致了就业增长率的下降。

五、实证研究结果

当前，关于印度贸易和就业的讨论存在许多悬而未决的问题，需要结合印度的具体情况加以研究。尽管全球经济持续衰退，但与印度相比，一些国家在制造业出口方面仍然表现强劲。随着全球进口需求的萎缩，高出口表现的国家一方面正在采取内向型战略，以促进国内的就业吸纳，另一方面则继续通过出口促进国内经济中的就业。然而，创造就业的程度仍取决于进口商需要的商品结构。正如一些研究（Pavitt，1981；OECD，1996；Lall，2000；Mohanty，2003a）所指出的那样，某些商品比其他商品的劳动强度更高。一个国家进口篮子中的商品组合将决定出口国创造就业的性质。由于各国进口篮子中的商品构成不同，因此进口国对出口国市场造成的就业影响也会不一样，这取决于进口国所需商品的性质。

印度在选择贸易伙伴国家或区域贸易协定国时，考虑到了通过高技术密集型贸易优化国家创造就业的目标。在这种背景下，贸易政策对于选择可以在国内经济中创造大量就业和贸易的国家或区域贸易协定国就显得非常重要。在劳动力丰富的经济体中，贸易战略的制定必须使外部对印度进口的需求既能优化高技术密集型贸易，又能推动国内经济中的就业。对于印度这样一个新兴国家，外向型企业的就业应该与向技术密集型出口转型同步进行。因此，应关注贸易政策中的这些备选目标，每项协议的目标都是创造就业机会，或促进高科技贸易。贸易政策必须在这两种战略之间取得平衡，以通过高技术密集型贸易出口，优化国家就业目标。根据贸易政策，选择签订《双边自由贸易协定》《自由贸易协定》《全面经济伙伴关系协定》等的贸易伙伴对国内经济的贸易性质以及创造就业具有重要影响。

（一）印度的贸易和就业趋势

如前所述，关于贸易与就业的辩论，文献并没有提出结论性的观点。实证研究从正反两方面进行论证，强调贸易不会促进就业，而其他研究则从反面进行了论证。就印度而言，有两个问题对论证很重要：（1）目前制造业的贸易和就业趋势是否与更成熟的经济体所经历的趋势相同？（2）贸易政策能否通过选择一批具有出口竞争力、能为印度创造更多就业机会的经济体建立经济伙伴关系，在为印度创造更多就业方面发挥重要作用？这一点将确保政府能够采取适当的政策行动，以促进国内经济中的贸易和就业。

在2006—2016年期间，印度经历了产业结构调整阶段，实际工资率呈阶段性波动上升。我们通过使用2000—2014年期间有关工人工资和通胀平减指数的工业年度调查时序数据，对印度制造业的实际工资支出进行了估算。根据生成的数据集以及制造业的工人数量，以2012年为基准年，估算了以印度卢比为单位的平均实际工资率。此外，我们还使用同一基准年指数，估算了2000—2016年期间的实际工资率，如图3.1所示。值得注意的是，在全球经济繁荣期间，印度实际工资率指数持续下降，而随着2007年底经济衰退的到来，实际工资率指数开始上升，上升趋势一直持续到2015年，尽管2013年世界经济从第一次衰退转入第二次衰退时发生了某些变化。印度以促进实际工资率指数上升为目的实施的新政策只持续了很短一段时间。2006—2016年期间，印度制造业的实际工资率不断上升，尤其是在制造业大型企业中。

在印度，制造业产值与附加值、附加值与就业之间的关系非常复杂。表3.1展示了2003—2014年间这些变量在不同贸易政策下的增长表现。在经济繁荣时期，特别是在2003—2007年期间，制造业的产值、净产值、工人工资总投入和工人数量的复合年均增长

图 3.1　印度工业实际工资增长情况

来源：印度年度工业调查，印度统计和计划执行部

率迅速增长。随着 2008 年经济衰退的冲击，包括制造业在内的印度经济活动发生了重大变化。2008 年至 2014 年期间，总投入、产值、净增值和工人数量的增长速度持续低迷，反映出印度经济出现了严重衰退。尽管劳动力吸纳和产出附加值的增长率都在下降，但制造业的工资支出却在快速增加。在经济衰退期间，工资支出的增长率超过了繁荣期。

表 3.1　就业人数下降情况下，工资水平上涨情况

	变量	复合年均增长率（%）			金额（10 万卢比）	
		2003~2007	2008~2014	2003~2014	2003	2014
1	工厂数量	3.1	6.8	5.8	1.2	2.3
2	固定资本*	14.7	15.2	16.6	457.8	2474.5
3	工人数量	7.7	3.4	5.5	60.0	107.6
4	工人工资*	13.7	15.3	15.0	30.1	140.5
5	总投入*	20.8	13.6	17.1	1011.7	5719.1
6	产值*	21.0	13.2	16.7	1254.0	6883.8

续表

变量		复合年均增长率（%）			金额（10万卢比）	
		2003~2007	2008~2014	2003~2014	2003	2014
7	净增值*	23.9	10.8	15.6	198.8	975.2
8	资本形成总额*	37.0	4.7	15.2	72.8	344.6
9	毛附加值*	22.0	11.3	15.3	242.3	1164.7

注：星号表示以千亿卢比为单位

来源：印度年度工业调查，印度统计和计划执行部

工资总额和实际工资率的飙升反映了劳动力市场的转型。这可能是制造业中白领就业逐渐取代蓝领就业的结果。由于少量白领就业人数取代了大量蓝领就业，2008—2014年间工人数量的复合年均增长率有所下降。尽管包括印度在内的世界经济持续衰退，这种变化也依然在发生。这种发展引发了关于该国就业形势的两个推论。首先，由于印度正从低收入国家向中等收入国家迈进，白领就业开始取代其他就业，这反映在实际工资率的飙升上。为了维持较高的实际工资率，印度制造业进行了产业结构调整，导致某些制造业部门向生产率更高的行业转型。过去，许多国家都经历了类似的产业结构调整阶段，导致亚洲和世界其他地区出现"雁行式"的产业迁移模式。这种情况很可能在印度发生，由于工资水平不断提高，印度的低生产率部门将进行重组。其次，通过实施《双边自由贸易协定》《自由贸易协定》《全面经济伙伴关系协定》等协定向国外开拓新市场，获得国内经济发展机会，从而创造更多的就业机会。蓝领和白领的就业机会将取决于未来印度实施的上述协定的性质。

出口部门在国内经济中创造就业的性质取决于印度与世界不同贸易目的地的双边出口商品篮子。由于印度出口产品的构成在不同国家之间存在很大差异，因此在国内经济中创造就业的性质也会相

应不同。我们试图考察印度向伙伴国出口的空间分布，旨在了解 2016 年出口的就业强度。为此，我们选择了 2016 年印度的 165 个主要出口目的地。针对每个国家，我们分别研究了印度出口的每种产品所体现的就业情况，以确定哪些国家与印度在国内经济中创造就业具有相关性。出口的高就业强度是指在一定的出口水平下，为国内经济创造了更多的就业机会。基于这一标准，我们根据各国的进口需求，将它们在印度创造就业的能力进行排名。

在每个国家的产品层面，我们估算了印度出口产生的直接和间接就业。基于印度对每个国家的出口，综合考虑其在印度的直接和间接就业，再估算出印度创造的就业总量。如前所述，直接就业是由参与出口生产的劳动力创造的。间接就业与后期生产活动有关。直接就业是通过大型企业、中小型企业和家庭手工业的行业生产功能估算的，而间接就业则通过使用投入产出分析方法进行估算。

研究结果表明，在世界某些地区，印度出口产品的就业强度很高。在实证分析中，我们选择了 2016 年印度与部分国家的双边出口贸易情况。印度与亚洲强有力的出口联系非常重要，因为它符合印度的出口和就业利益。印度出口的国家和地区包括亚洲、北非、西非、加拿大和大洋洲等。印度未来通过《双边自由贸易协定》《自由贸易协定》和《全面经济伙伴关系协定》等与这些国家和地区进行贸易合作，可以为印度在国内创造大量就业机会。

从全球贸易中可以明显看出，大量贸易是通过区域路线进行的，因为贸易流动大多受到优惠贸易政策的影响。为了促进贸易，印度作为一个新兴经济体，需要参与区域主义进程，希望到 2025 年达到 50 亿美元的经济规模。由于全球经济衰退的持续，印度向贸易目的地的出口活动受到抑制。但世界经济恢复活力后可能会刺激这些国家的出口。如果印度要在2025年之前跻身五大经济体，出口必须成为推动经济增长的主要驱动力。在此背景下，印度可能会签署更多的区域贸易协定，以提升其对外贸易的活跃度。

事实上，印度选择区域贸易协定至关重要，包括选择《双边自由贸易协定》《自由贸易协定》《全面经济伙伴关系协定》等，它决定了印度必须采取某种政策组合以确保在国内经济中创造就业机会和促进高科技出口。在印度，无论是创造就业还是平衡白领和蓝领就业，贸易政策都能发挥重要作用。本研究参考了来自非洲、亚洲、欧洲、拉丁美洲和加勒比地区以及大洋洲、泛大陆地区的84个重要区域贸易协定，以研究印度通过出口促进就业的情况，如表3.2所示。在各大洲，本研究试图根据2016年印度的每个出口目的地与印度的双边进口商品篮子结构，分析各区域贸易协定在印度经济中创造高、中、低水平就业中所起到的作用。

从这些所选的区域贸易协定国的空间分布来看，除大洋洲外，所有其他地区所选的区域贸易协定国的数量均为两位数。在大多数地区，区域贸易协定国按出口的就业强度分为高、中、低三类。从实证研究可以明显看出，在每个大洲，特定的区域贸易协定国基于双边进口需求，在印度可能创造不同水平的就业机会。为了实现国家目标，印度的贸易政策必须为《双边自由贸易协定》《全面经济伙伴关系协定》和《自由贸易协定》等选定合适的区域贸易协定国。

表 3.2 印度出口行业的就业前景（按 2016 年区域贸易协定计算）

区域贸易协定（地区）	区域贸易协定数量	出口就业强度	区域贸易协定国分布（高/中/低）
非洲	20	高	14/3/3
亚洲	18	中	5/12/1
欧洲	15	中、高	7/8/0
拉丁美洲和加勒比地区	14	低	0/1/13
大洋洲	6	中	0/6/0
泛大陆地区	11	中	2/7/2
总计	84	中、高	28/37/19

注：出口就业强度低是指相对于高出口而言，劳动力就业水平相对较低

来源：根据作者的估算

结果显示，84个区域贸易协定国中，有28个区域贸易协定国可以在印度创造大量就业，37个区域贸易协定国能确保中等水平的就业，19个区域贸易协定国则只能创造较少的就业机会。在印度创造大量就业机会，指的是为蓝领创造了大量就业机会。同样，低创造就业指的是高科技密集型产品的进口需求可能在印度创造较少的就业，主要是提供制造业中的白领就业。

就为印度创造就业而言，全球各区域贸易协定国在其能力方面，明显呈现区域化的特点。从这个角度来看，非洲的区域贸易协定国可以创造高水平的就业，其次是亚洲的中等水平就业、欧洲的中高水平就业、拉丁美洲和加勒比地区的低水平就业和大洋洲的中等水平就业。就出口的就业强度而言，可以根据《双边自由贸易协定》《全面经济伙伴关系协定》《自由贸易协定》等的谈判，确定

特定区域的具体区域贸易协定。如果西非国家经济共同体能够根据其双边进口结构为印度创造更多就业，特别是蓝领就业，那么印度双边谈判的重点应放在那些能为国内创造更多蓝领就业的特定商品贸易自由化上。因此，贸易政策不仅可以有效地发展国内经济，而且能在不影响技术密集型产品出口的情况下，创造就业机会。

六、结论

本文主要从生产力、就业与工资的联系、出口与投资等方面分析了印度的制造业，对这些方面的研究具有重要的借鉴意义。关于印度制造业的讨论主要集中在经济层面的无就业增长和制造业对劳动力的吸纳不足、对去工业化的担忧，以及大型企业与中小型企业在生产率、效率与出口竞争力方面的二元对立性，其中许多研究还探讨了印度对外实施的自由化政策对制造业表现的影响。我们认为，在促进深度工业化的政策制定方面，学术界研究甚少；政策的制定更多地依赖于利益相关者的反馈，其中绝大多数人来自行业本身。尽管如此，结构性瓶颈（包括基础设施、电力、土地、劳动力和技能）和政策困境（包括区域划分、税法、结构性改革、争端解决）带来的负面影响或多或少是有据可查的。换言之，硬件和软件问题可能会共同阻碍印度制造业的发展。

印度的制造业和劳动力市场正在发生结构性转型。过去三十年里，外向型企业的份额明显增加，特别是在与就业相关的制造业方面。同期，技术密集型贸易在贸易总额中所占比例也在持续增长。工资水平在不断提高，但产出、附加值和就业人数增长率却在下降。进口原材料数量激增,取代了国内可用的半成品。

印度的实际工资率在上升,而制造业的就业人数却在下降,这反映了印度经济的转型。在经济繁荣时期,印度的工资率不增反降,而在过去二十年里,工资率呈持续上升的反向趋势。在过去二十年里,随着工资水平的提高和就业规模的缩小,高科技贸易在贸易总额中所占比例也在上升。这些现象在一定程度上表明,在印度,越来越多的蓝领工作逐渐被越来越少的白领工作所取代。中小型企业和家庭手工业的就业产出率高于大型企业。为了创造更多的就业机会,应该促进中小型企业和家庭手工业的发展。

工作岗位构成发生的变化可能是由于国内经济对商品的需求发生了变化,而这种变化主要是由贸易部门推动的。事实上,贸易在决定国内经济中劳动力就业的构成和规模方面发挥着重要作用,它在塑造劳动力就业构成方面可发挥关键作用。近年来,区域贸易协定的特惠贸易主导了全球贸易。经济增长的驱动力来自出口部门,印度需要在未来签署多个自由贸易协定,从而在全球经济繁荣时期持续实施出口导向型增长战略。在这种情况下,为《双边自由贸易协定》《全面经济伙伴关系协定》以及《自由贸易协定》选择区域贸易协定国是非常重要的。

在创造就业的背景下,印度必须在其贸易政策中采取双管齐下的战略,以促进就业和高科技出口,其中一项战略是,印度可以与那些可能在国内创造更多蓝领就业机会的国家或地区签订区域贸易协定。另一项战略是,所选的区域贸易协定国数量应根据那些能够促进技术密集型出口和提升蓝领就业需求商品的进口需求而定。将这两种战略结合起来,就能确定一系列区域贸易协定国,从而实现印度贸易政策促进就业和高科技出口的预期目标。

实证研究表明，根据印度的进口需求可以判断出哪些国家或区域贸易协定国可以为印度创造更多的劳动密集型就业岗位，特别是蓝领就业岗位。同样，其他一些区域贸易协定国将需要从印度进口更多的技术密集型产品，从而有可能为印度创造白领就业机会。本文分析并确定了位于不同大洲的84个主要区域贸易协定国，它们有可能与印度签订《双边自由贸易协定》《全面经济伙伴关系协定》和《自由贸易协定》等。在84个协定国中，28个具有很强的就业创造能力，而19个则有能力从印度进口高科技产品，37个自由贸易协定国有多种产品可以进口，并能在印度创造各类就业机会，包括技术性工作、非技术性工作和半技术性工作。印度的贸易政策必须优先考虑签订了《双边自由贸易协定》《全面经济伙伴关系协定》和《自由贸易协定》等的区域集团，从而在国内经济中实现其创造就业的中短期目标。

附件

参考表3。印度制造业贸易和就业间的关系。

表3.3 外国直接投资在各行业的分布

年份	价值（百万美元）						占比（%）				
	制造业	采矿业	建筑业	服务业	其他	外国直接投资总量	制造业	采矿业	建筑业	服务业	其他
2006~2007	1641	42	967	6395	262	9,307	17.63	0.45	10.39	68.71	2.82
2007~2008	3726	461	2551	11803	884	19,425	19.18	2.37	13.13	60.76	4.55
2008~2009	4777	105	2237	14481	1097	22,697	21.05	0.46	9.86	63.80	4.83
2009~2010	5143	268	3516	13150	384	22,461	22.90	1.19	15.65	58.55	1.71
2010~2011	4793	592	1599	7449	506	14,939	32.08	3.96	10.70	49.86	3.39

续表

年份	价值（百万美元）						占比（%）				
	制造业	采矿业	建筑业	服务业	其他	外国直接投资总量	制造业	采矿业	建筑业	服务业	其他
2011~2012	9337	204	2634	10879	419	23,473	39.78	0.87	11.22	46.35	1.79
2012~2013	6528	69	1319	10327	43	18,286	35.70	0.38	7.21	56.47	0.24
2013~2014	6381	24	1276	8081	292	16,054	39.75	0.15	7.95	50.34	1.82
2014~2015	9613	129	1640	13134	232	24,748	38.84	0.52	6.63	53.07	0.94
2015~2016	8339	596	4141	22677	215	36,068	23.40	1.65	11.48	62.87	0.60
复合增长率	19.96	34.28	17.54	15.10	-2.17	16.24					

来源：印度储备银行历年年度报告。

参考文献

Agarwal M(2015). Make in India: state of manufacturing in India. RIS policy brief no. 73.

Ahluwalia I(1991). Productivity and growth in Indian manufacturing. Oxford University Press, New Delhi.

Amirapu A, Subramanium A(2015). Manufacturing or services? An Indian illustration of a development Dilemma. Centre for Global Development, Working paper no. 409.

Asghar M, Yousuf MU, Ali S(2014). Impact of trade liberalization on employment: review of SAARC countries.

Athukorala PC, Rajapatirana S(2000). Liberalization and industrial transformation: lessons from the Sri Lankan experience. Econ Dev Cult Change 48(3): 543-572.

Balakrishnan P, Pushpangadan K(1994). Total factor-productivity growth in manufacturing industry—A fresh look. Econ Political Wkly 29(31).

Baldwin JR, Brown WM(2004). Regional manufacturing employment volatility in Canada: the effects of specialisation and trade. Pap Reg Sci 83(3):519-541.

Basu K, Maertens A(2009). The growth of industry and services in South Asia. In: Ghani E, Ahmed S(eds) Accelerating growth and job creation in South Asia. Oxford University Press, pp 91-140.

Bhagwati J, Dehejia VH(1994). Freer Trade and Wages of the Unskilled-Is Marx Striking Again? In Bhagwati, Kosters, pp 36-75.

Brooks DH, Go EC(2012). Trade, employment and inclusive growth in Asia. In: Policy priorities for international trade and jobs, p 327.

Chaudhuri S(2015). Premature deindustrialization in India and re thinking the role of government. Fondation Maison des sciences de l' homme Working Paper SeriesFMSH-WP-2015-91.

Currie J, Harrison A(1997). Sharing the costs: the impact of trade reform on capital and labor in Morocco. J Labor Econ 15(S3):S44-S71.

Dasgupta S, Singh A(2006), Manufacturing, services and premature deindustrialization in developing countries—A Kaldorian analysis. UNU-WIDER research paper no. 2006/49.

Deshpande LK(2004), Liberalisation and labour: labour flexibility in Indian manufacturing. Institute for Human Development.

EXIM Bank(2016). Inter-linkages between exports and employment in India. Occasional paper no. 179

Felipe J, Mehta A, Rhee C(2014). Manufacturing matters but it's the jobs that count. ADB economics working paper series no. 420.

Gaston N, Trefler D(1997). The labour market consequences of the Canada-US

Free Trade Agreement. Can J Econ 18-41.

Ghose AK(2000) .Trade liberalization, employment and global inequality. Int' l Lab Rev, 139:281.

Goldar B(2000) .Employment growth in organised manufacturing in India. Econ Polit Wkly, 1191-1195.

Goldar B(2002) .Trade liberalization and manufacturing employment: The case of India. ILO.

Goldar BN (2011) . Growth in organized manufacturing employment. Econ Political Wkly February.

Goldar BN(2014) .Globalisation, growth and employment in the organised sector of the Indian economy. IHD working paper no. WP, 06/2014.

Greenaway D, Haynes M, Milner C(2002) .Adjustment, employment characteristics and intraindustry trade. Weltwirtschaftliches Archiv, 138(2):254-276.

Hasan R, Mitra D, Ramaswamy KV(2007) .Trade reforms, labor regulations, and labor-demand elasticities: empirical evidence from India. Rev Econ Statis, 89 (3):466-481.

Himanshu (2011), Employment trends in India: a re - examination. Econ Political Wkly, 46(37), September.

Hoekman B, Winters LA(2005) .Trade and employment: stylized facts and research fifindings. The World Bank.

IHD(2014) .India labour and employment report 2014. Academic Foundation and Institute of Human Development.

Jadhav K, Husain T(2016) .Trade orientation of industries and employment performance in indian manufacturing: recent trends, patterns and implications. J Int Bus 3(1) .

Janiak A(2006) .Does trade liberalization lead to unemployment theory and some evidence.mimeo, Universite Libre de Bruxelles.

Kakarlapudi KK(2010).The impact of trade liberalisation on employment: evidence from India's manufacturing sector. MPRA paper, no. 35872.

Kathuria V, Rajesh Raj SN, Sen K(2010).Organised versus unorganised manufacturing performance in the post-reform period. Econ Political Wkly XLV(24)(Special Article).

Kathuria V, Rajesh Raj SN, Sen K(2013).The effects of economic reforms on manufacturingdualism: evidence from India. J Comp Econ, 41(2013): 1240-1262.

Krishna KL, Aggarwal S, Erumban AA, Das DK(2016).Structural changes in employment in India, 1980-2011 (no 262).

Kumar N(2007).Regional economic integration, foreign direct investment and effificiency - seeking industrial restructuring in Asia: the case of India. RIS discussion paper, no. 123.

Kumar N(2017).Reversing pre-mature deindustrialization for jobs creation: lessons for "Make in-India" from experiences of industrialized and East Asian countries. RIS discussion paper, no. 208.

Lall S (2000). The Technological structure and performance of developing country manufactured exports, 1985-1998. Oxford Dev Stud, 28(3): 337-369.

Lang K(1998).The effect of trade liberalization on wages and employment: the case of New Zealand. J Labor Econ, 16(4): 792-814.

Mazumdar D, Sarkar S(2009).The employment problem in India and the phenomenon of themissing middle. Indian J Labour Econ, 52(1).

Mehrotra et al(2012).Creating employment in the Twelfth Five-Year Plan. Econ Political Wkly XL, VII(19).

McMillan M, Verduzco I(2011).New evidence on trade and employment: an overview. In Trade and Employment: From Myths to Facts, ed. Marion Jansen, Ralf

Peters, José Manuel SalazarXirinachs, Geneva: ILO, pp 23-60.

Milner C, Wright P(1998). Modelling labour market adjustment to trade liberalisation in an industrialising economy. Econ J, 108(447): 509-528.

Mishra P, Kumar U(2005). Trade liberalization and wage inequality: evidence from India(No. 5-20). International Monetary Fund.

Mohanty SK(2003a). Trade liberalisation in South Asia: an empirical assessment, paper presented at the ESCAP Expert Group Meeting on Regional Trading Agreements in Asia and Pacifific, Bangkok, 30-31 Jan 2003.

Mohanty SK(2003b). Regional trade liberalization under SAPTA and India's trade linkages with South Asia. Research and Information System for the Non-Aligned and Other Developing Countries, New Delhi-India.

Mohanty SK(2012). Economic growth, exports and domestic demand in India: in search of a new paradigm of development. In: Zhang Y, Kimura F, Oum S (eds). Moving towards a new development model for East Asia—The Role of Domestic policy and Regional Cooperation, ERIA Research project 2011 - 2010. Jakarta, ERIA, pp 191 - 222. http://www.eria.org/RPR_ FY2011_ No. 10_ Chapter_ 6.pdf.

Moreira MM, Najberg S(2000). Trade liberalisation in Brazil: creating or exporting jobs? J Dev Stud, 36(3): 78-99.

Nagraj R(2017). Economic reforms and manufacturing sector growth need for reconfiguring the industrialisation model. Econ Political Wkly L, II(2).

Nambiar RG, Mungekar BL, Tadas GA(1999). Is import liberalisation hurting domestic industry and employment? Econ Political Wkly, 417-424.

NCEUS(2009). The challenge of employment in India—an informal economy perspective. Report of the National Commission for Enterprises in the Unorganised Sector.

Ohara M, Lin H(2011).Competition and management in the manufacturing sector in China and India: a statistical overview. In: Ohara M, Vijaybhaskar M, Hong L (eds). Industrial dynamicsin China and India—fifirms, clusters, and different growth paths. Palgrave MacMillan and IDEJETRO.

Pavitt K (1981). Technology in British industry: a suitable case for improvement. Indus Policy Innov, 88-115.

Pavitt K(1984).Sectoral patterns of technical change: towards a taxonomy and a theory. Res Policy, 13(6): 343-373.

Planning Commission, Government of India(2013). Twelfth Five Year Plan (2012-2017).Social Sectors volume III.

Pradhan JP(2006).How do trade, foreign investment and technology affect employment patterns in organized Indian manufacturing? Indian J Labour Econ, 49(2).

Raihan S(2008, April).Trade liberalization, growth employment and poverty in Bangladesh. In 11th Annual Conference on Global Economic Analysis, Helsinki.

Raj SNR, Sen K(2012).Did international trade destroy or create jobs in Indian manufacturing? Eur J Dev Res, 24(3): 359-381.

Rajakumar JD(2011).Size and growth of private corporate sector in Indian manufacturing. Econ Political Wkly XL, VI(18)(Special Article).

Rajakumar JD(2017).Measuring manufacturing comparing NAS and ASI. Econ Political Wkly LII(20)(Economic Notes).

Rani U, Unni J(2004).Unorganised and organised manufacturing in India: potential for employment generating growth. Econ Polit Weekly, 1568-1580.

Ramaswamy KV(2003).Liberalization, outsourcing and industrial labor markets in India: some preliminary results. Labour Market and Institution in India, 1990s and Beyond. New Delhi: Manohar.

Rao KSC, Dhar B(2011).India's FDI inflows, trends and concepts. ISID working paper no. 2011/01.

Ray AS, Bhaduri S(2001).R&D and technological learning in Indian industry: econometric estimation of research production function. Oxford Development Studies, vol 29, no 2, June.

Revenga A(1997).Employment and wage effects of trade liberalization: the case of Mexicanmanufacturing. J Labor Econ, 15(S3): S20–S43.

RIS(2006).Towards an employment-oriented export strategy—some explorations (Report).

Rodrik D(2015).Premature deindustrialisation. NBER working paper no. 20935.

Salvanes KG, Førre SE(2003). Effects on employment of trade and technical change: evidence from Norway. Econ, 70(278): 293–329.

Sasidharan S(2015).Impact of foreign trade on employment and wages in Indian manufacturing. South Asia Econ J, 16(2): 209–232.

Sen K(2008). International trade and manufacturing employment outcomes in India: a comparative study(No 2008.87). Research paper/UNU-WIDER.

Sen K(2009).International trade and manufacturing employment: is India following the footsteps of Asia or Africa? Rev Dev Econ, 13(4): 765–777.

Trefler D(2004).The long and short of the Canada-US free trade agreement. Am Econ Rev, 94(4): 870–895.

UNCTAD(2013).How are the poor affected by international trade in India: an empirical approach.

Veeramani C(2016).Inter-linkages between exports and employment in India, EXIM Bank of India Ocassional Paper, vol 179. https://www.eximbankindia.in/Assets/Dynamic/PDF/PublicationResources/ResearchPapers/Hindi/65fifile.pdf.

Virmani A, Hashim DA(2011).J-curve of productivity and growth: Indian manufacturing postliberalization. IMF working paper, WP/11/163.

第四章　全球化背景下印度制造业的出口-就业困境：寻求战略途径

K. J. 约瑟夫、基兰·库玛·卡卡拉普迪

一、引言

自20世纪80年代以来，特别是20世纪90年代以后，发展中国家的政策制定者在如何实现其经济急需的增长和结构转型方面思维发生了变化。这体现在政策的摇摆上，从此前的进口替代战略到外向型战略，国家退居幕后，市场发挥主要作用。随着世界贸易组织的成立和全球化的加快，这一进程得到了推动。随着全球化背景下的经济开放，劳动分工不再受市场范围的制约（经济增长与发展委员会，2008），这些做法在相关国家，甚至在全球范围内的经济增长和经济结构转型方面都产生了深远的影响。早期经济增长较快的国家仅限于相对较小的经济体，如韩国。在全球化时代，即使像中国和印度这样的大型经济体，也能在数十年内保持较高的经济增长率，使数百万人摆脱了贫困，这在历史上是闻所未闻的，因此发展中国家尤其受益。在1980年到2014年间，发展中国家在全球商

品和制造业附加值的份额分别从30%和18%上升到45%和47%，在全球国内生产总值中的份额增加了约22%，在2014年达到38%。这几乎完全是以牺牲工业化国家的利益为代价的，工业化国家的份额从78%骤降至57%（Nayyar，2016）。

然而，除了在总体层面和少数国家层面经济增长有着令人印象深刻的成绩之外，有证据表明，在地区之间、地区内国家之间、国家内地区之间以及国家内人民之间存在着排斥现象（Nayyar，2016）。世界上几乎所有地区人与人之间的经济不平等也在迅速加剧；最贫穷的50%人口在国民收入中所占的份额还在缩减（Palma，2011），而最富有的1%甚至0.1%人口所占份额却在迅速上升（Atkinson et al.，2011）。因此，如今政策的重心正逐渐从增长转向包容性增长，难怪联合国的可持续发展目标之一明确提出要减少不平等现象。

森（1983）认为，对于大多数人来说，一个人唯一可以出售的商品是他/她的劳动力。因此，个人的权利主要取决于他/她找工作的能力、工作的工资水平以及他/她希望购买商品的价格。因此，任何关于全球化背景下日益加剧的不平等现象的探讨都将会涉及就业条件和劳动力市场。关于市场驱动的全球化对劳动力和就业的不利影响，知名学者的观点相当一致。正如弗里曼（2011）所指出的那样，结构性调整引发的增长具有"结构性调整危机"的特点，因为失业率也在不断上升，而失业是不平等和贫困的主要来源。施蒂格利茨（2013）更明确地指出，就业机会的匮乏和全球化的不对称性造成了就业竞争，使工人失业，资本所有者得利。此外，罗德里克（1997）指出，全球化背景下的国际贸易使得国内工人更加容易受到影响，因此降低了他们的议价能力（Ahsan and Mitra，2014）。在其他条件不变的情况下，这两个因素都会降低工人的议价能力以及他们相对于其他生产要素的收入份额。实证研究也证明了上述观点。国际劳工组织（2011）报告称，自20世纪90年代初以来，在其研究的69个国家中，有四分之三的国家劳动力收入在国民收入中所占的份额有所下降，发展中国家的下降尤其明显。国际劳工组织（2012）进一步指出，即使在亚洲这样表现出色的地区，也有大约6.7亿工人每天的生活费不足2美元，3.22亿工人每天的生活费低于1.25美元，这些数据表明所创造的就业质量很差。

在加入全球化浪潮后，印度的经历几乎没有什么不同。在改革后的全球化时期，贸易、投资驱动的国内生产总值增长率一直较高。与此同时，研究发现，就业增长滞后于贸易带来的产出增长，工资差距不断扩大，导致不平等现象加剧（Chaudhuri and Ravallion，2006；Pal and Ghosh，2007）。工资率的变化趋势体现了"农村与城市""临时与正式"的二元对立。在城市里，第二产业和第三产业之间的工资差距不断扩大（Sarkar and Mehta，2010）。也有人认为，贸易与就业之间的关系相当复杂。贸易自由化和扩张往往伴随着更广泛的改革和其他宏观经济的变化，因此很难从经验上厘清贸易对就业的影响（UNCTAD，2013）。值得注意的是，最近一项研究（Veeramani，2016）强化了发展中国家研究与信息系统（2006）早期关于出口和就业的研究结果。通过投入产出分析，韦拉马尼（2016）发现，由商品和服务带来的工作岗位总数从1999—2000年度的约3,400万个增加到2012—2013年度的6,260万个，年均增长率为3.4%，高于全国总就业增长水平。因此，出口提供的就业岗位占总就业岗位的比例从1999—2000年度的9%增加到2012—2013年度的14.5%。这项研究还强调了制造业出口在创造就业方面发挥的重要作用，因为其占出口创造的就业总数份额从1999—2000年度的19.6%增至2004—2005年度的24.5%，再到2012—2013年度的39.5%。尽管出口对就业产生了有益的影响，但也有人因出口创造的就业质量而怀疑它是否带来公平，这也是当今备受关注的问题。如果出口竞争力是建立在以低工资成本和非正规就业或合同就业为基础的比较优势之上，那么出口对就业的贡献就可能受到质疑。

无论是就业的数量和质量，还是包容性发展不足导致的不平等加剧，两者都与如今奉行的自由贸易政策脱不了干系。人们通常认为，世界贸易组织的自由贸易政策更多是受商业利益的驱动，而不是出于发展的考虑。既然自由贸易政策没有带来理想结果，可持续发展目标也未能实现，那么有必要对迄今为止所推行的全球化战略进行修订。这一战略的核心要素是从大的发展中国家的角度，对全球化进行重构，即"以我们自己的方式和速度实现全球化"，避免不同层面的难以接受的不平等所带来的"无妄之灾"（Stiglitz，2002）。在这一过程中，国家的作用和意义再怎么强调也不为过。由此看来，战略贸易政策的洞见在今天具有越来越重要的意义（Brander and Spencer1981，1985）。这些见解呼吁国家进行干预，以最大限度地提高国民福利。然而，这种干预必须基于对不同行业在数量和质量上创造就业的能力以及它们为国家福利作出贡献的潜力的准确理解之上，从而使增长带动出口，促进共同繁荣。如今，通过利用信息和通信技术发展潜力，避免似是而非的寻租行为，可以更有效地实施战略贸易政策所主张的针对具体企业的干预措施。从长远发展的角度来看，确定具有动态比较优势的行业也很重要，这有助于提高出口增长和实现高质量就业。本文研究如何确定这些行业、制定战略方法，以提高出口业绩。

二、数据、范围和局限性

本研究从三个重要来源获取数据。鉴于本文的研究重点是大型制造业企业，有关附加值、产出、固定资本、利润和其他重要特征的数据均来自由经济与政治周刊研究基金会编写的《国家工业分类》（2004）中的三位数级别分类。经济与政治周刊研究基金会已将1973—1974年度至2013—2014年度《国家工业分类》（2004）中不同国家工业分类的两位数和三位数级别进行协调统一。最近一年（2014—2015年）的数据来自中央统计局发布的《年度工业调查》。同样，本研究从《年度工业调查》已公布的记录中获取了分类就业（男性、女性、合同工和工资）数据。1990—1991年度至2014—2015年度的数据以《国家工业分类》（1987）、《国家工业分类》（1997）、《国家工业分类（2004）》和《国家工业分类》（2008）为基础。利用中央统计局提供的索引表，我们对2004—2005年度《国家工业分类》中的数据进行了合并。我们从联合国贸易和发展会议提供的商品贸易中获取了出口和进口数据，并通过世界综合贸易解决方案提取了数据。这些数据是根据《国际标准产业分类》（修订版3）提取的，与《国家工业分类》（2004）一致。该版本提供了1988年至2017年的数据，《年度工业调查》数据的最新年份是 2014—2015 年度。因此，本研究的分析期为 1990—1991 年度至 2014—2015 年度。数据包括 55 个三位数级别制造业行业企业。我们利用行业经济顾问提供的数据，构建了 2004—2005 年度恒定价格中的行业整体销售价格指数，目的是调整名义变量。同样，我们使用工业工人消费价格指数来调整工资和薪金。贸易数据来自联合国商品贸易统计数据库，它是大型制造业企业组织和中小型制造业企业的进出口数据库，而《年度工业调查》的产出数据仅包括大型制造业企业的数据。因此，本文测算的出口强度可能会高于制造业的实际进出口强度。大型制造业企业的附加值与制造业国内生产总值的比较表明，大型制造业企业的附加值占 2014 年总附加值的近 70%，并且鉴于大型制造业企业的贸易定向高于中小型制造业企业，因此可以合理地推断其与进出口强度的趋势类似。制造业附加值的数据来自国民账户统计，而不是每年的工业调查，后者只提供大型制造业企业的附加值数据。为了全面反映制造业的大型企业和中小型企业的情况，我们使用了中央统计局公布的制造业国内生产总值数据。

三、出口与就业新趋势

印度的经济改革始于 20 世纪 80 年代废除许可证制度和进口自由化。然而，正如乔杜里（2002）所说，随着 20 世纪 90 年代以来改革的深化，印度已从由国家主导的国内导向型、以资本货物为重点的"重"工业化战略，转向世界银行等发展机构所倡导的市场友好型制度。采取这种做法的理由是，认为贸易和投资自由化可以提高竞争力和生产效率，特别是可以获得传统的比较优势，带来劳动密集型产业的增长，从而解决创造就业和减少贫困问题。正是在这种背景下，特别是在经济改革之后，有关制造业表现的文献侧重于三个重要方面，即附加值/产出、出口和就业。在下文中，我们将简要讨论它们的趋势。

(一) 附加值

一般认为，废除许可证制度以及贸易和投资改革将促进经济增长。因此，许多学者对制造业的增长表现进行了分析（Balakrishnan and Babu，2003；Chandrasekhar，1996；Chaudhuri，2002；Goldar，2011；Gupta et al.，2008；Gupta et al.，2008a，b；Gupta and Kumar，2010；Mani，1995；Nagaraj，2003，2011，2017，等）。图 4.1 展示了经济自由化后 25 年间制造业附加值的年增长率。实证数据表明，在 20 世纪 90 年代，制造业的年增长率波动较大。与乔杜里（2002）和纳加拉杰（2017）的研究结果一致，附加值在 1995—1996 年度之前持续增长，之后有所下降（图 4.1）。通过比较 20 世纪 90 年代与 20 世纪 80 年代制造业的增长情况，有学者（Nagaraj，2011）认为，特别是在改革之后，制造业的增长没有显著提高。从 20 世纪 50 年代到 90 年代，制造业的十年平均增长率一直低于 6%（Nagaraj，2017）。然而，值得注意的是，从 2001 年起，增长速度开始回升，在 2001—2010 年的十年间，制造业平均增长率略有上升，达到 8%。更重要的是，自 2006 年以来，其表现每况愈下，增长率波动下降（图 4.1）。研究强调，制造业的增长是由电气和电子、化工、金属、非金属和运输业等中高技术产业的快速增长带动的（Nagaraj，2011）。从图 4.1 可以看出，过

图 4.1 附加值的增长率和附加值在产出中的份额

来源：根据不同年份《年度工业调查》和中央统计局数据计算得出

去 25 年中，附加值的增长呈现出周期性模式，而不是持续增长。与改革初期较短的周期长度形成鲜明对比的是，随着改革的深入，周期长度在不断延长；这是一个需要进一步研究的问题。

从图 4.1 中可以看出，印度制造业的产出一直在上升，但在总产出中的附加值份额却在波动下降，这一趋势自 20 世纪 90 年代中期以来更为明显。附加值占产出的比重从 1996 年的 23% 下降到 2004 年的 18%，2007 年略有上升，达到 20%，此后有所下降。制造业附加值的下降表明制造业的资源密集度在增加。

(二) 贸易表现

制造业中受到广泛学术关注的第二个重要方面是经济改革中取消关税和非关税壁垒后的贸易表现。根据韩国、中国台湾地区、新加坡和中国等东亚国家（地区）的经验，这些国家（地区）利用本地比较优势，开始实施出口导向型增长战略，贸易改革有望增加劳动密集型制造业产品的出口并促进就业。图 4.2 显示了 1990 年至 2015 年出口（百万卢比）和进口（百万卢比）的趋势以及制造业在商品贸易总额中的出口份额。简单的年增长率表明，改革启动后的头三年出口增长率急剧下降，随后整个考察期内，出口增长出现大幅波动。然而，值得注意的是，出口增长在大多数年份都高于附加值和就业的增长，这表明贸易表现在不断提高（见附录表 14）。同样，制造业在商品出口总额中的占比从 1990 年的 79% 增至 2002 年的 87%，此后略有下降。然而，目前制造业出口占商品出口总额的 93% 以上，这表明制造业的贸易导向性不断增强（图 4.2）。另一方面，制造业进口在商品进口总额中所占的份额呈下降趋势，这可以从石油进口不断增长的背景中看出来。

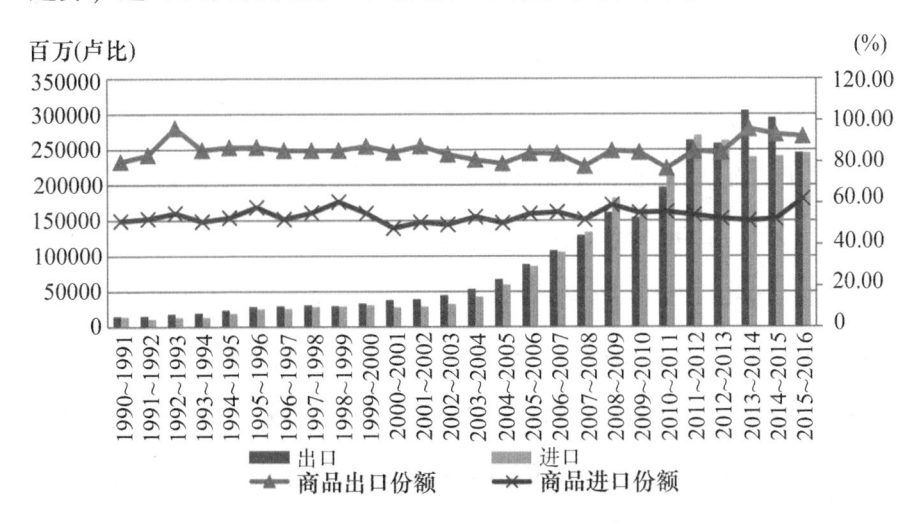

图 4.2 制造业在商品贸易中的份额

来源：根据印度储备银行和联合国商品贸易统计数据库计算得出

许多学者对印度制造业的贸易表现进行了详细分析，总体结论与图 4.2 中观察到的趋势一致（Nambiar et al., 1999）。然而，一些学者认为，与其他国家相比，印度制造业的出口表现较差

(Francis，2015)。有学者认为，印度制造业的增长并非出口主导型增长，而是由国内需求和进口引发的（Banga and Das，2010）。与基于静态比较优势的传统贸易理论观点相反，自由化后出口表现的趋势表明，印度制造业正在向资本密集型和高技术产业发生结构性转变（Veeramani，2012）。在争取获得动态比较优势的情况下，需要看到有利于技术密集型产业的不断变化的相对优势。与此同时，学者们还强调了对进口依赖的增加，尤其是在高科技产业，并且认为自由化导致了电子等特定行业的去工业化（Chaudhuri，2015）。

1. 就业

引起长期争论的第三个问题是制造业内部的就业创造问题。许多学者分析了印度制造业就业增长的趋势和模式，特别是在自由化之后（Goldar，2000；Nagaraj，2000 and 2004；Kannan and Raveendran，2009；Goldar，2011 等）。图 4.3 显示了过去 25 年间总从业人数的就业情况。从图中可以明显看出就业增长的三个阶段。在第一阶段（1991—1996 年），就业人数有所增加。戈达尔（2000）的研究表明，1990—1996 年期间，大型制造业企业（包括电力行业）的就业人数年增长率高达 2.83%。从图 4.3 中可以明显看出，1991 年至 1996 年绝对就业人数的增长趋势，就业人数从 60 多万增长到 80 多万。戈达尔（2000）将总体就业人数的增长归功于私营和合资企业。公共部门的就业增长率仅为 0.39%，而其他企业为 3.72%。然而，纳加拉杰（2000）对戈达尔（2000）的研究结果提出了质疑，并将 20 世纪 90 年代的就业增长归因于投资热潮，这是对工业放松管制和贸易政策改革的回应。第二阶段（1997—2003 年）的绝对就业率有所下降。正如纳加拉杰（2004）所指出的，

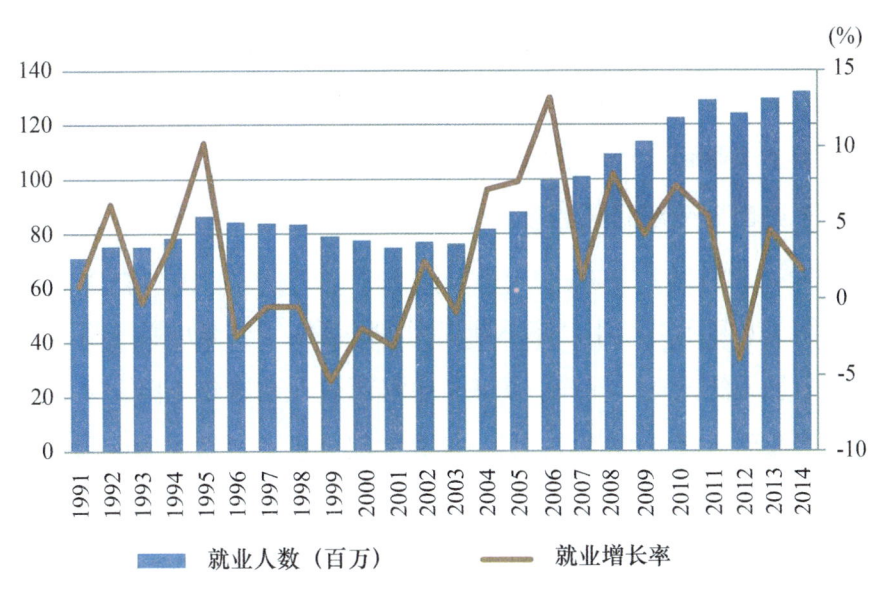

图 4.3 印度制造业的就业情况

来源：根据不同年份《年度工业调查》数据计算得出

从 1995—1996 年度至 2001—2002 年度，有 130 万员工失业，这些失业在各主要邦和产业集团中普遍存在。此外，他指出，在 20 世纪 80 年代的无就业增长后，在 1992—1996 年期间出现了四年的就业繁荣，此后则出现紧缩。同样，拉尼、乌尼（2004）发现，最初的经济改革政策对大型和中小型制造业企业的就业产生了不利影响，但在随后的几年里有所改善。在另一项研究中，卡纳安、拉文德兰（2009）表明，尽管产出增长很快，但从 1980 年到 2004 年，就业增长却微不足道。但他们发现一些行业，如烟草、纺织、皮革、造纸、金属和非金属、化工、电气和非电气机械，在高产出增长的同时，也出现了高就业增长。学者们将无就业增长归因于资本强度增加和实际工资增长。

然而，从 2004 年到 2011 年，就业的绝对水平出现了大幅增长，之后略有下降。戈达尔（2011）认为，在第二阶段出现负就业增长之后，就业从 2003—2004 年度至 2008—2009 年度的平均年增长率为 7.5%。2011 年之后就业人数略有下降，主要原因是总体经济放缓，工业企业出现负增长，就业人数的大幅增长（2003—2011 年间）归因于劳动密集程度高于其他行业类别的私营企业的增长（Goldar，2011）。

图 4.4 显示劳动生产率不断提高，这证实了文献中关于资本强度不断加大的论点。同样，图 4.4 也显示就业率逐年下降。基于印度制造业创造就业的潜力，另一部分文献分析了贸易在印度制造业就业增长中的作用（Kambham-pati et al.，1997；Khambampati and Howell，1998；Goldar，2002；Hasan et al.，2003；Banga，2005；Sen，2008，2009；Raj and Sen，2012；Rajesh raj and Sasidharan，2015；Goldar，2009；Uma et al.，2012）。

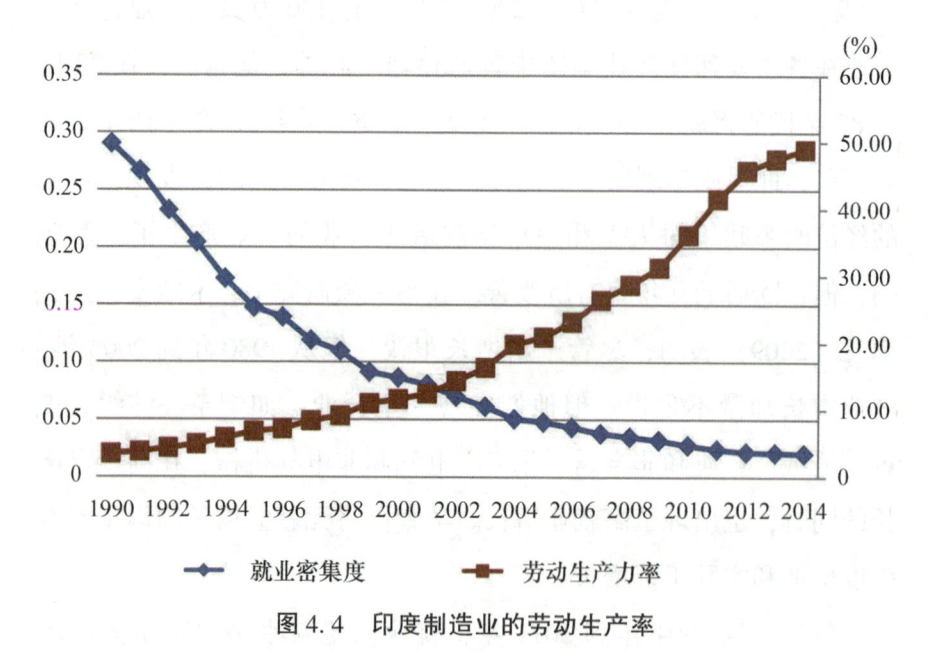

图 4.4 印度制造业的劳动生产率

来源：根据不同年份《年度工业调查》数据计算得出

虽然一些研究者认为，贸易自由化通过增加就业弹性来创造就业机会（Kambhampati et al., 1997；Goldar, 2002；Hasan et al., 2003；Deshpande et al., 2004；Banga, 2005），但也有少数研究者认为，自由化进程导致了就业规模缩小，转向了资本密集型生产（Raj and Sen, 2012；Rajesh raj and Sasidharan, 2015；Goldar, 2009；Uma et al., 2012）。关于制造业就业增长的现有研究主要集中在就业总量上，但一些学者认为，就业质量非常重要，尤其是在贸易自由化不断扩大的情况下，创造包容性就业机会对日益加剧的不平等产生了影响。

2. 就业质量

虽然最近有证据表明，制造业产品在商品中的占比不断增加，以及制造业出口创造了就业机会，但从公平和福利的角度来看，备受关注的问题是创造就业的质量。人们普遍认为，就业是提高工人社会和经济地位的关键，并为他们提供一种身份认同感，同时增进他们的健康和福祉。而且，劳动力市场的发展可能伴随着就业质量方面的挑战。因此，就业质量越来越受到学术界、决策者，特别是国际劳工组织等多边组织的关注。例如，如今国际劳工组织的关注点已不局限于就业数量，而是包括工人权利、创造就业、社会保护以及工人组织和雇主组织之间的社会对话，并呼吁促进男女获得体面和生产性工作的机会。在欧洲，"欧盟2020战略"将就业和工作质量确定为智能、可持续和包容性增长的基本要素。联合国欧洲经济委员会（2015）提出了多项就业质量指标，其中包括：（1）就业安全和道德；（2）就业收入和福利；（3）工作时间以及工作与生活的平衡；（4）就业安全和社会保障；（5）社会对话；（6）技能发展和培训；（7）雇用关系与工作动机。由于印度更加注重就业数量，因此就业质量方面的考虑尚未得到决策者的重视，而且我们找到的关于上述指标的数据库也非常有限。为此，我们收集了有关就业质量的三个方面的信息，即技术工和非技术工、合同工和非合同工，以及男工和女工。

图 4.5 显示了 1995—2014 年间创造就业的性质和质量情况。由于 1995 年之前关于不同性别就业情况的数据匮乏，研究将分析范围限制在 1995—2014 年，便于对数据进行比较。研究发现，技术工人在总就业人口中的比例多年来基本保持不变。女性在总就业人数中所占的比例从 1995 年的 9.97% 增加到 2002 年的 15.15%。然而，这一比例逐渐下降到 2012 年的 12.48%，之后略有改善。从公平和福利的角度来看，合同工的比例增长了近三倍，从 1995 年的 13.34% 增至 2004 年的 26.42%，并在 2014 年进一步增至 35.39%。

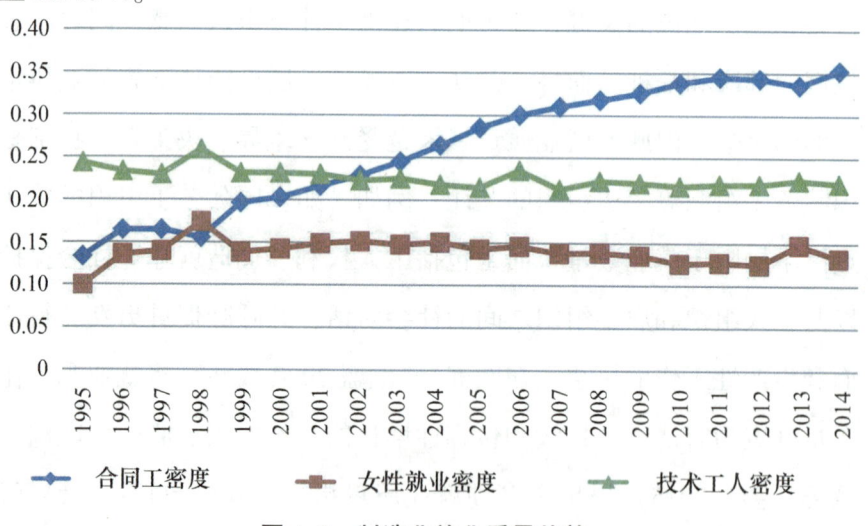

图 4.5 制造业就业质量趋势

来源：根据不同年份《年度工业调查》数据计算得出

从图中可以明显看出，如今超过三分之一的工人是通过合同雇用的，他们不享受任何社会福利保障。图表趋势清楚地表明，大型制造业企业创造就业的质量正在下降。伴随着就业质量下降，我们还发现工资在附加值中所占的比例在波动下降，而利润所占的比例则大幅上升（见图4.6）。不过，该图也显示了最近工资占附加值份额的增加和利润占附加值份额的下降情况。在工资份额增加的同时，工人的实际工资却在下降。如果正式工人的工资可以灵活下调，那么工资份额的增加可能是主要以较低工资率雇用合同工的结果。

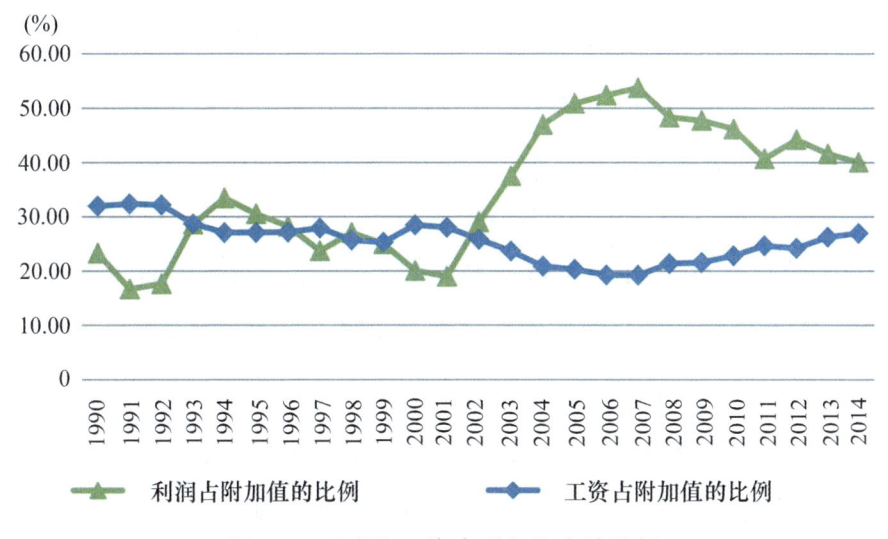

图 4.6 利润和工资在附加值中的份额

来源：根据不同年份《年度工业调查》数据计算得出

根据创造就业的三个阶段，我们将分析阶段分为两个分阶段：第一阶段（1996—2003年）和第二阶段（2004—2014年）。第一阶段代表无就业增长阶段，总就业增长率为负值（-0.56%），而产出增长率为8.39%。第二个阶段则是产出高增长（10.05%）和就业高增长（5.01%）阶段。正如前面所讨论的，总体就业增长模式一直备受争议。因此，我们把重点放在了就业增长的质量上。从表4.14可以看出，第一阶段的就业增长主要是由合同工（8.15%）和女性就业（5.22%）的增长所驱动的，而直接就业和男性就业的增长则为负值（分别为-1.96%和-3.04%）。在第二阶段，女性就业增长率（3.92%）与第一阶段（5.22%）相比有所下降，而男性就业增长率则有所提高（3.59%）。

分析印度制造业创造就业的性质和质量时，研究发现合同工的比例有所增加，因此有必要从工资和利润在附加值中所占的比例来分析其表现形式。从分配角度来看，不平等的根源可以通过利润份额和工人工资份额的变化来确定。图4.6显示了工资和利润在附加值中所占的份额。研究发现，工资占总附加值的比重自改革之初开始即呈下降趋势，从2007年开始略有上升。同样，利润份额从1994年起至2001年呈下降趋势，并在2001—2007年期间大幅上升。在考察期内，利润份额几乎翻了一番，随后从2007年开始呈下降趋势。工资和利润份额的变化趋势可以大致归因于：（1）生产技术向资本密集型生产模式转变；（2）劳动力质量的变化。虽然观察到的工资和利润份额变化趋势表明，不平等现象日益严重，但纳亚尔（2014）指出，利润主导型增长和工资主导型增长可以相互补充，而不是相互替代。

3. 出口和创造就业的龙头

从上一节的讨论中可以看出，制造业不仅具有创造就业的潜力，而且是出口收入的主要来源，制造业出口有助于创造就业机会。韦拉马尼（2016）指出，2010—2011年度至2012—2013年度创造的1330万个出口就业机会中，大部分（75%）是由制造业创造的。然而，也有人指出，在实现就业和创造出口这两个关键政策目标方面，各行业的地位并不一致。虽然出口和创造就业在某些行业是相辅相成的，但在另一些行业中，这两个政策目标可能是互不相容的。因此，传统的以显性比较优势为主的出口促进就业方式并不一定能促进就业。在当前不平等日益加剧的背景下，不平等与无就业增长脱不了干系，而制造业出口作为一项创造就业的战略被寄予厚望。因此，建立在出口和就业两大支柱基础上的出口战略的相关性再怎么强调都不为过。

因此，出口导向的总体衡量标准所掩盖的就业情况可能比它所揭示的更多。当我们从创造就业的角度来分析贸易对发展带来的影响时，重要的是要确定哪些产业能够创造更多的出口和就业机会。从公平和分配的角度来看，重要的不仅仅是创造就业，创造就业的质量也同样重要。这是因为，通过降低成本来提高竞争力的战略，在改变生产技术的同时，也会改变就业结构，导致合同工在劳动力中所占比例增加，并对创造的就业质量产生影响。因此，一个与此相关的问题是出口促进就业所产生的就业质量问题。然而，除了萨哈等人（2013）和班纳吉、韦拉马尼（2017）的研究之外，关于印度贸易与就业的研究并未充分关注通过出口创造的就业质量问题。最后，在印度这样一个庞大而多元化的经济体中，利用静态比较优势固然重要，但同样重要的是需要建立动态比较优势，并从长远角度定位这些产业，形成以就业为导向的出口战略。

为了确定出口驱动型创造就业产业，我们根据各产业在整个制造业创造就业和出口方面的表现，将所有三位数制造业产业划分为四个相互排斥的类别。第一类是出口就业龙头产业，即就业率和出口强度均高于行业平均水平的产业。这类产业虽然劳动强度较高，但同时也是高度出口导向型产业，因此，它们不仅因其劳动强度而具有创造就业的潜力，而且还因其出口竞争力较高而具有规模效应。第二类是出口龙头-就业落后产业，指出口强度高于行业平均水平，但所表现的就业率低于行业平均水平。这种表现可以归因于资本密集型生产的增加，而且主要通过增加出口的规模效应来创造更多的就业机会。第三类是出口落后-就业龙头产业，即出口强度低于行业平均水平，而就业率高于行业平均水平。就这些产业而言，尽管创造就业的能力很强，但却不具备出口竞争力。因此，提高这些行业的出口竞争力对于创造更多就业机会非常重要。最后一类是出口就业落后产业，其特点是出口强度和就业率均低于行业平均水平。这些行业的资本或技术强度较高，更倾向于国内市场。虽然促进出口有助于在所有行业创造就业机会，但就创造就业而言，促进出口对出口-就业龙头和出口落后-就业龙头产业的回报可能更高。不过，还不能就此下定论，因为出口强度越高，并不一定总能带来更高的出口水平，同样，劳动力水平越高，也未必能带来更多的就业机会。此外，如前文所说，由于所创造就业的质量不同，更多的就业机会并不一定总能带来公平和福祉方面的有利结果。在下文中，我们将在上述分类的基础上，对三位数级别产业进行定位和绘制，一方面考察它们对出口和就业的相对贡献，另一方面考察它们所创造就业的质量。我们将从总体层面开始论述，然后再进行更细分的分析。

4. 实证数据：总体分析

表4.1按我们确定的四个类别列出了印度制造业的产业分布

(3位数级别)。很明显,在1990年,略高于25%的产业是出口就业龙头产业,高于36%的产业是出口落后-就业龙头产业。1991年,两类就业强度较高的产业占印度制造业产业总数的63%以上。到2000年,这一比例进一步上升至69%以上,此后略有下降,2014年达到67%以上。尽管这两类产业的份额近来有所下降,但高就业密度似乎是印度绝大多数制造业的标志。该表还突出了印度制造业另外两个有趣的特征。首先,出口龙头-就业落后产业的份额大体上稳步增长,这一点从该类行业所占份额就可见一斑,从1990年的3.63%左右以上增至2014年的16.36%以上,增长了四倍多。这表明印度制造业的资本金投入不断提高。我们注意到的转变是否还涉及向动态比较优势的战略转变,这是我们在本部分后面要讨论的一个相关问题。其次,在1990年,很大一部分(34.54%)产业在出口和就业方面处于落后地位,这表明它们的劳动力强度较低,更多面向国内市场。令人鼓舞的是,这类产业的数量大体上在稳步下降,2014年的比例仅为16.36%。这表明印度制造业的出口导向日益增强。

表4.1 制造业产业(3位数级别)出口和就业情况分布(百分比)

年份	出口就业龙头产业	出口龙头-就业落后产业	出口落后-就业龙头产业	出口就业落后产业
1990	14 (25..45)	2 (3.63)	20 (36.36)	19 (34.54)
1991	15 (27.27)	1 (1.81)	20 (36.36)	19 (34.54)
1992	12 (21.81)	2 (3.63)	22 (40.00)	19 (34.54)
1993	9 (16.36)	3 (5.45)	23 (41.81)	20 (36.36)
1994	10 (18.18)	2 (3.63)	22 (40.00)	21 (38.18)

续表

年份	出口就业 龙头产业	出口龙头- 就业落后产业	出口落后- 就业龙头产业	出口就业 落后产业
1995	13 (23.63)	1 (1.81)	21 (38.18)	20 (36.36)
1996	13 (23.63)	2 (3.63)	21 (38.18)	19 (34.54)
1997	13 (23.63)	1 (1.81)	20 (36.36)	21 (38.18)
1998	10 (18.18)	4 (7.27)	22 (40.00)	19 (34.54)
1999	9 (16.36)	3 (5.45)	22 (40.00)	21 (38.18)
2000	13 (23.63)	1 (1.81)	25 (45.45)	16 (29.09)
2001	11 (20.00)	3 (5.45)	23 (41.81)	18 (32.72)
2002	12 (21.81)	2 (3.63)	23 (41.81)	18 (32.72)
2003	13 (23.63)	1 (1.81)	27 (49.09)	14 (25.45)
2004	17 (30.90)	2 (3.63)	25 (45.45)	11 (20.00)
2005	12 (21.81)	3 (5.45)	26 (47.27)	14 (25.45)
2006	13 (23.63)	6 (10.90)	25 (45.45)	11 (20.00)
2007	12 (21.81)	5 (9.09)	26 (47.27)	12 (21.81)
2008	13 (23.63)	6 (10.90)	23 (41.81)	13 (23.63)
2009	14 (25.45)	5 (9.09)	23 (41.81)	13 (23.63)
2010	13 (23.63)	5 (9.09)	24 (43.63)	13 (23.63)
2011	14 (25.45)	4 (7.27)	25 (45.45)	12 (21.81)
2012	14 (25.45)	5 (9.09)	26 (47.27)	10 (18.18)
2013	13 (23.63)	7 (12.72)	24 (43.63)	11 (20.00)
2014	12 (21.83)	9 (16.38)	25 (45.47)	9 (16.38)

注：括号中的数字表示占行业数量的比重

来源：根据不同年份《年度工业调查》数据计算得出

5. 对出口和就业的贡献

从出口强度和产业数量的角度进行分析，虽然具有指示性，但并不一定能反映出其真正的贡献。因此，我们现在不妨来看看不同产业类别在出口和创造就业方面的贡献。表 4.2 展示了 1990—2014 年期间四个类别产业在出口和就业方面占比的变化趋势。1990 年，出口就业龙头产业就业占制造业就业总数的 7% 以上，后逐年上升到 2014 年的 19% 以上；在出口方面，虽然它们的份额逐年波动，但在 2014 年的贡献率超过 20%。因此，我们得到的数据是，在我们认定为出口就业龙头的制造业中，有 22% 的行业 2014 年占就业人数的 20% 以上，占出口额的 19%。至于出口落后-就业龙头产业，虽然它们的出口份额在 2007 年增加超过 21%，但随后有所下降，2014 年仅略大于 18%，至于对就业的贡献，则继续保持在 58% 以上的高水平。由此看来，2014 年，出口就业龙头产业和出口落后-就业龙头产业合计占总就业人数的 78% 以上，而它们只占总出口的 38% 左右。从创造就业的角度来看，任何能提高国际竞争力的做法都必将带来丰厚的就业红利。该表格还显示，出口龙头-就业落后产业现在推动了制造业出口，因为它们在出口总额中所占的份额从 1990 年不到 7% 增加到了 2014 年的 50% 以上。众所周知，出口龙头-就业落后产业不适合创造就业机会，因为它们的就业份额 2014 年仅占制造业就业总人数的 8% 左右。

表4.2 出口和就业占制造业总份额的比例

年份	出口就业龙头产业		出口龙头-就业落后产业		出口落后-就业龙头产业		出口就业落后产业	
	就业	出口	就业	出口	就业	出口	就业	出口
1990	7.38	55.47	2.17	6.91	58.16	16.23	32.29	21.38
1991	23.91	62.46	2.08	7.37	37.78	5.73	36.22	24.45
1992	6.63	33.69	2.63	27.06	59.03	17.41	31.71	21.84
1993	7.25	29.80	2.89	30.23	57.67	17.07	32.19	22.90
1994	23.00	40.70	2.84	28.41	39.59	6.03	34.58	24.85
1995	27.95	63.05	1.99	7.73	37.76	6.57	32.30	22.66
1996	24.28	56.16	5.29	12.23	38.35	7.19	32.08	24.43
1997	25.48	57.21	2.12	8.40	39.43	9.20	32.98	25.19
1998	23.89	39.95	7.01	32.61	41.60	8.77	27.49	18.67
1999	24.76	39.02	3.89	30.76	39.52	8.73	31.83	21.49
2000	28.09	59.69	1.86	6.40	45.77	11.86	24.28	22.06
2001	25.35	36.64	3.82	25.01	39.88	9.79	30.96	28.56
2002	25.89	34.09	2.33	22.03	45.50	13.41	26.28	30.47
2003	27.43	31.81	1.59	20.42	53.70	20.29	17.27	27.48
2004	33.03	51.88	4.57	11.84	50.41	15.76	11.99	20.52
2005	16.14	21.99	6.08	29.48	60.77	21.31	17.01	27.21
2006	19.74	20.00	7.78	46.68	57.61	20.28	14.87	13.04
2007	16.92	18.28	5.64	43.56	60.07	21.07	17.37	17.09
2008	17.32	16.89	5.88	43.57	59.76	21.16	17.03	18.38
2009	25.07	27.34	5.36	44.47	52.17	12.73	17.40	15.45
2010	14.17	16.01	5.57	46.42	62.20	21.49	18.07	16.09
2011	17.01	18.42	4.80	46.18	59.24	19.45	18.94	15.95
2012	24.12	23.48	6.64	48.11	54.47	15.62	14.77	12.79
2013	25.05	22.62	7.77	51.03	53.22	14.96	13.96	11.38
2014	19.21	20.10	8.22	50.51	58.81	18.05	13.76	11.33

至于出口就业落后产业，它们在出口和就业中所占的份额波动下降——就业从 1990 年的 32% 以上降至 2014 年的 13% 左右，同期的出口从 21% 以上下降到 11% 左右。从上述讨论来看，任何增加就业的战略方法都应该侧重于出口就业龙头产业、出口龙头-就业落后产业。通过扩大出口规模，第三类产业也有助于增加就业。

如前所述，如果在创造更多就业机会的同时没有提高就业质量，那么增加就业并不一定有助于实现公平和福祉。因此，我们探讨了四类产业在创造就业质量层面的合理性。

6. 就业质量

合同工强度

就业质量的一个重要维度是合同工强度（Ramaswamy，1999；Sharma，2006；Neethi，2008；Saha et al.，2013）。合同工就业就其本质而言被认为是低质量的，因为与正式工不同，他们享有的社会保障是有限的。表 4.3 列出了整个制造业和我们确定的四个类别产业的合同工强度（以合同工占工人总数的比例表示）的数据。与之前的研究结果一致，表 4.3 显示，就整个制造业而言，合同工的比例增加了三倍左右，从 1992 年的 11.35% 增加到 2014 年的 35.29%。这说明印度制造业工人总数的三分之一以上是合同工，无权享受任何社会保障福利，这表明整个制造业的就业质量急剧恶化。与整个制造业的趋势相反，在出口就业龙头产业中，合同工强度仅为 21%。

表4.3 不同产业类别和制造业的合同工强度（百分比）

年份	出口就业龙头产业	出口龙头-就业落后产业	出口落后-就业龙头产业	出口就业落后产业	整体制造业
1992	4.20	24.67	12.56	9.03	11.35
1995	7.07	22.20	18.36	12.47	13.34
1998	9.13	33.33	15.77	16.88	15.55
2001	10.13	25.06	27.98	23.14	21.64
2004	15.26	40.24	32.83	26.43	26.42
2007	18.43	35.45	32.95	35.91	31.02
2010	18.36	38.00	34.21	44.29	33.81
2013	27.65	38.86	32.07	47.33	33.57
2014	21.03	38.82	37.66	43.76	35.29

来源：根据不同年份《年度工业调查》数据计算得出

在2014年占出口总额50%以上的出口龙头-就业落后产业中，合同工的强度与后面两类产业类似，高于整体制造业。顺便一提，值得注意的是，在出口就业落后产业中，合同工的强度比例最高。这些行业整体的合同工强度从1992—1993年度的11%增加到2000—2001年度的21%以上，到2014—2015年度，这一比例增加到35%以上。这表明无论这些行业是以出口为导向还是以国内市场为导向，使用合同工（可能是为了节省劳动力成本）似乎已经成为一种主要的竞争力建设策略。萨哈等人（2013）的报告中也有类似的发现，其中进口竞争行业雇用了更多的合同工。从某种程度上来说，工资虽然是生产者的成本，但也是工人的收入，因而也是行业需求的来源。除出口就业龙头产业外，所有类别的产业普遍采用这种沉浸式能力建设战略，其影响需要进一步研究。也许，现在是反思可持续竞争力相关问题的时候了。而要获得可持续的竞争力,除了创新,几乎没有其他捷径可走。

7. 女性劳动力强度

我们考虑的第二个就业质量指标是女性就业强度。表4.4表明,就整体制造业而言,女性劳动力强度并没有明显增加,相反,女性在工人总数中的比例从1998年的17%左右下降到2014年的13%左右。各行业似乎在合同工和女性劳动力之间做出了选择,因为我们发现合同工强度低的行业女性就业强度高。然而,我们发现女性劳动力强度方面存在显著的群体间差异。2014—2015年,出口就业龙头产业中的女性就业强度最高,女性占劳动力的26.95%,而整体制造业的女性就业强度仅为13.34%。而在出口落后-就业龙头和出口龙头-就业落后的产业中,女性劳动力强度(分别为11.48%和9.16%)仅略低于整体制造业的女性劳动力强度(13.34%)。但在出口就业落后产业中,女性劳动力强度是最低的,而且随着时间的推移呈下降趋势。

表4.4 不同产业类别和制造业中的女性劳动力强度(百分比)

年份	出口就业龙头产业	出口龙头-就业落后产业	出口落后-就业龙头产业	出口就业落后产业	整体制造业
1995	10.88	9.54	12.73	5.27	9.97
1998	17.09	13.40	22.86	9.94	17.41
2001	19.25	16.44	16.36	8.32	14.89
2004	19.86	5.89	15.48	1.91	15.04
2007	28.46	6.41	12.93	3.59	13.78
2010	30.94	5.67	11.03	4.67	12.61

续表

年份	出口就业龙头产业	出口龙头-就业落后产业	出口落后-就业龙头产业	出口就业落后产业	整体制造业
2013	23.31	8.24	14.63	3.74	14.80
2014	26.95	9.16	11.48	3.29	13.34

来源：根据不同年份《年度工业调查》数据计算得出

8. 技术型劳动力强度

表 4.5 统计了监督和管理人员在总就业人数中所占比例的技术型劳动力强度数据。技术型劳动力占比的增加，一方面可以作为以技能为导向的技术变革的指标，另一方面可以作为工人就业率下降的指标。然而，表中的数据表明，制造业整体上并没有发生技能偏向型就业的重大转变，因为在所考察的时期内，技术工人占比仍保持在 22%—24% 之间。然而，对于出口就业落后产业而言，技术型劳动力强度高于行业平均水平。但很明显的是，随着时间的推移，技术型劳动力的比例明显下降（从 1990—1991 年度的 29.39% 降至 2014—2015 年度的 23.02%），这表明普通工人所占比例增加，正如我们已经注意到的，这与合同工强度的增加相吻合。从表 4.5 中还可以看出，在出口龙头-就业落后产业中，技术型劳动力强度是较高的，在考察的时间段内仅略有下降（从 27.43% 降至 25.16%），这表明它们的出口竞争力至少在一定程度上是由技能和技术驱动的。在其他两个类别产业（出口就业龙头产业和出口落后-就业龙头产业）产业中，技术型劳动力强度所占比例基本保持不变，这表明低劳动力成本仍然是印度制造业竞争力建设的主要驱动力。

利用出口和创造就业的四个类别对印度制造业创造就业质量的

三个方面进行分析,研究发现了两个有趣的模式。第一,与技术工人相比,出口就业龙头产业为非技术工人提供了更多的就业机会,雇用的女性劳动力比例更高,合同工数量更少。这清楚地表明,出口驱动型就业产业不仅创造了更多的就业机会,而且就业质量也很高。第二,与资本密集型产业相比,从出口龙头-就业落后产业的技能强度、合同工强度和女性就业强度来看,这一类产业也有较高的就业质量。因此,在这些创造就业的行业中,促进出口导向将进一步提高就业的数量和质量。

表4.5 不同类别产业和制造业的技术型劳动力强度(百分比)

年份	出口就业龙头产业	出口龙头-就业落后产业	出口落后-就业龙头产业	出口就业落后产业	整体制造业
1990	22.71	27.43	19.14	29.39	22.89
1993	20.71	26.43	20.55	30.56	23.95
1996	17.09	24.42	22.03	29.42	23.33
1999	17.06	26.47	22.27	28.59	23.16
2002	17.10	22.94	21.17	29.26	22.28
2005	17.69	25.70	20.36	27.55	21.48
2008	18.38	25.58	22.01	25.85	22.24
2011	18.22	26.07	21.54	25.22	21.89
2014	19.71	25.16	22.07	23.02	22.00

9. 对公平的影响

分析制造业的出口与就业关系时,我们最关注的问题是如何通过出口创造就业,从而解决包容性发展方面的不足。为了进一步解决这一问题,我们研究了上文所确定的不同类别产业的分配情况。在此,我们关注的重点是工资和利润在附加值中的占比。在讨论分配问题之前，鉴于研究发现制造业的深度和附加值份额随着时间的推移一直在下降，因此我们将首先讨论我们所确定的四类产业产出中附加值的份额。

据观察，各产业类别的附加值趋势显示出某种令人鼓舞的趋势，即与整体制造业相比，出口就业龙头产业的附加值份额相对较高（表4.6）。2014年，出口就业龙头产业的份额最高，其次是出口落后-就业龙头产业（21.07%）。尤其值得注意的是，这两类产业的份额几乎都保持在21%左右。至于出口龙头-就业落后产业，尽管它们的附加值份额目前低于制造业的平均水平，但仍显示出小幅增长。最后，研究发现，出口就业落后产业的附加值份额急剧下降，从1990年的20.99%降至2014年的13.07%（表4.6）。总体而言，我们倾向于推断，虽然由于一体化、全球化的不断加强，制造业的附加值份额有所下降，但研究仍发现少数几个行业能够为国内经济创造更多附加值。

表4.6 不同类别产业和制造业的附加值份额（百分比）

年份	出口产业龙头产业	出口龙头-就业落后产业	出口落后-就业龙头产业	出口就业落后产业	整体制造业
1990	22.32	8.91	23.49	20.99	21.37
1991	22.10	6.98	26.25	19.86	20.96
1992	22.03	8.59	21.63	22.37	21.34
1993	25.40	13.24	23.48	22.97	22.75
1994	23.99	11.24	25.67	22.85	23.05
1995	18.76	9.16	25.15	24.32	22.81
1996	22.31	10.11	26.00	24.23	23.22
1997	20.65	9.11	20.97	22.19	21.09
1998	21.33	9.69	24.71	24.44	22.44

续表

年份	出口产业龙头产业	出口龙头-就业落后产业	出口落后-就业龙头产业	出口就业落后产业	整体制造业
1999	20.28	12.79	25.40	21.14	21.48
2000	19.87	7.29	22.04	18.84	19.55
2001	19.24	11.89	24.55	17.70	19.17
2002	19.79	18.94	21.32	17.87	19.09
2003	19.17	11.54	22.27	17.73	19.44
2004	19.17	15.39	21.30	17.37	18.66
2005	20.09	15.16	21.26	18.81	19.34
2006	20.34	15.63	22.46	19.46	19.40
2007	20.69	17.11	22.32	19.87	20.08
2008	21.09	15.96	22.64	15.87	18.77
2009	25.68	13.21	21.18	17.36	18.54
2010	21.40	14.03	22.37	13.74	17.65
2011	20.20	9.32	21.85	12.60	15.74
2012	24.95	11.53	20.87	13.32	16.67
2013	24.29	10.96	19.65	14.28	16.17
2014	21.84	13.52	21.07	13.07	16.87

来源：根据不同年份《年度工业调查》数据计算得出

关于经常被视为公平指标的利润和工资方面的附加值分配问题，研究发现，利润份额多年来呈现波动上升的趋势，在2007年达到53.75%的最高水平，此后有所下降，在2014年为40.08%。相应的，工资所占比例波动下降，在2007年降到最低水平19.24%，此后有所上升，在2014年增加到26.95%（表4.7）。然而，工资总额所占比例的增加并不意味着工人的处境有所改善。从表4.8中可以明显看出，不仅在整体制造业，而且在四个类别产业中，工人工资在工资总额中所占的份额都在波动下降。工资总额在附加值中份额的增加，须归因于专业人员和管理人员在工资总额中所占份额的增加。如果专业人员或管理人员在劳动力中所占的份额没有增加，那么他们在工资总额中所占比例的增加则说明他们的工资增长率较高（表4.7）。总的来说，新出现的趋势似乎是专业人员（高技能人员）和资本家在获益，而工人的权益则在受损。尽管出现了上述令人沮丧的趋势，但利润和工资总额在四个类别中的分配仍有一些令人鼓舞的亮点。首先，对于出口就业龙头产业而言，工资份额明显高于其他类别。工资所占份额在1993年至2014年几乎翻了一倍（表4.8）。相应地，尽管利润所占份额在近年呈上升趋势，但仍是较低的。第二类更有利的公平结果是，出口落后-就业龙头产业的工资份额在近几年有所增加，这大概是以利润为代价的。引人注目的是出口龙头-就业落后产业的利润和工资分配情况，其中利润份额明显高于行业平均水平；而有时工资甚至不到行业平均水平的50%（表4.8）。更重要的是，这类产业的工资份额多年来整体呈下降趋势。观察到的工资份额变化趋势与我们已经讨论过的就业及其质量的变化趋势是分不开的。相比较而言，创造更多就业机会且就业质量更高的产业类别往往具有更好的分配结果。

表4.7 不同产业类别和制造业中工人工资占工资总额的比例（百分比）

年份	出口就业龙头产业	出口龙头-就业落后产业	出口落后-就业龙头产业	出口就业落后产业	整体制造业
1992	69.20	69.06	71.51	59.90	65.84
1993	66.72	62.51	68.05	57.79	63.33
1994	75.39	64.14	63.93	58.57	63.61
1995	74.48	58.85	63.25	57.29	62.95

续表

年份	出口就业龙头产业	出口龙头-就业落后产业	出口落后-就业龙头产业	出口就业落后产业	整体制造业
1996	72.74	63.30	62.14	56.32	61.68
1997	70.64	59.61	62.64	56.01	61.48
1998	70.06	65.90	60.14	52.90	59.38
1999	70.09	55.89	58.23	53.63	58.48
2000	67.65	58.25	57.06	52.44	57.69
2001	68.06	53.78	58.15	50.91	56.71
2002	67.52	63.08	57.03	50.50	56.71
2003	66.37	64.46	51.86	51.97	55.04
2004	59.97	48.32	53.11	54.48	55.11
2005	60.77	50.91	54.87	49.58	53.73
2006	59.51	53.58	52.80	48.69	52.78
2007	57.58	54.05	51.86	46.03	51.21
2008	55.93	48.17	49.93	44.41	48.99
2009	47.57	48.53	54.65	45.35	49.81
2010	55.32	47.77	50.29	45.10	49.19
2011	56.04	46.08	48.68	47.49	49.07
2012	46.23	46.44	51.18	48.18	48.97
2013	45.98	47.61	51.38	46.95	48.73
2014	51.49	46.05	46.37	49.76	47.73

来源：根据不同年份《年度工业调查》数据计算得出

表4.8 不同类别产业和制造业的利润和工资在附加值中所占份额（百分比）

年份	出口就业龙头产业		出口龙头-就业落后产业		出口落后-就业龙头产业		出口就业落后产业		整体制造业	
	利润	工资	利润	工资	利润	工资	利润	工资	利润	工资
1993	49.31	22.22	51.65	16.43	18.93	35.02	31.64	21.96	28.63	28.71
1994	28.13	29.16	47.13	17.92	25.07	31.39	38.13	20.77	33.43	27.07
1995	11.58	37.17	34.05	18.08	25.39	36.56	37.71	20.66	30.55	27.12
1996	12.35	31.29	32.77	17.64	22.53	33.43	35.07	19.28	28.26	27.16
1997	7.19	35.19	37.05	18.27	13.34	37.54	32.06	19.47	23.70	27.89
1998	8.09	32.41	42.20	18.98	17.15	30.42	35.67	17.32	27.09	25.72
1999	-0.33	33.78	45.37	19.45	20.90	28.23	32.13	19.11	24.99	25.28
2000	9.90	33.99	28.99	19.67	20.18	30.03	23.61	22.07	20.08	28.47
2001	1.45	37.18	34.95	22.50	20.30	28.20	21.77	23.04	19.03	28.03
2002	10.95	35.56	41.30	21.50	22.37	30.34	36.79	18.51	29.02	25.84
2003	12.51	35.11	37.46	32.18	33.74	25.75	48.28	15.61	37.54	23.69
2004	25.74	33.18	45.71	14.37	39.33	24.04	63.61	11.27	46.99	20.89
2005	33.24	34.32	48.32	15.45	40.65	24.57	63.38	12.96	50.88	20.33
2006	31.52	32.30	67.69	8.58	44.09	22.53	56.87	16.84	52.40	19.30
2007	30.67	35.19	71.84	7.88	44.00	22.60	58.27	16.35	53.75	19.24
2008	26.97	34.81	67.71	9.81	44.05	21.62	45.66	21.75	48.35	21.38
2009	45.99	25.95	62.90	10.15	39.08	22.25	49.84	21.00	47.73	21.59
2010	26.62	37.71	63.14	10.80	44.61	22.29	40.81	24.68	46.18	22.83
2011	20.56	38.49	56.56	12.90	41.93	23.05	35.49	25.05	40.73	24.66
2012	46.84	27.55	66.93	9.78	37.47	25.81	32.38	26.51	44.22	24.20
2013	44.71	29.54	62.30	12.53	30.84	28.89	36.63	26.77	41.61	26.28

续表

年份	出口就业龙头产业		出口龙头-就业落后产业		出口落后-就业龙头产业		出口就业落后产业		整体制造业	
	利润	工资	利润	工资	利润	工资	利润	工资	利润	工资
2014	24.80	43.22	65.00	11.48	33.92	30.68	29.60	24.43	40.08	26.95

来源：根据不同年份《年度工业调查》数据计算得出

这一论点可以通过对利润在总附加值中所占份额的分析中得到进一步证实。分析表明，与其他行业相比，出口驱动型就业产业和具有出口潜力的就业产业的利润份额相对较低。这进一步证实了与出口导向型资本密集型产业和国内导向型资本密集型产业相比，出口导向型产业创造了公平增长。从创造就业和公平的角度来看，促进具有出口潜力的产业发展非常重要。

10. 类别分析

从出口和就业促进产业定位的战略角度来看，总体层面的分析并不能提供足够的帮助，主要是因为在四个类别中，不同产业之间必然存在差异。因此在本部分中，研究重点是确定每个类别中具体的行业。这种识别对于制定出口导向型的就业促进政策具有重要意义。为了确定多年来的产业以及从一个类别到另一个类别的变化情况，本研究选择了三个时间点，比较多年来保持在同一类别的产业和从一个类别变为另一个类别的产业。就政策而言，确定从一个类别转变为另一个类别的产业也很重要。表4.9列出了基于就业和出口强度的产业分布情况。为便于分析，本研究将从代表出口就业龙头以及出口落后-就业龙头产业的第一列开始。第一类别包括以印度比较优势而闻名的行业，如纺织品（171、172、173）和皮革、金属制品、电气和电子元件。

表4.9 产业分布

	就业龙头	就业落后
1990年		
出口龙头	172、173、181、191、192、223、289、319、321、332、342、343、351、369	151、314
出口落后	153、154、155、160、171、201、202、221、222、261、269、273、281、292、293、315、322、331、352、361	152、182、210、231、232、233、242、243、251、252、271、272、291、311、312、323、341、353、359
2001年		
出口龙头	171、172、173、181、191、192、221、289、319、332、353	151、331、369、370
出口落后	154、155、160、182、201、202、210、222、223、251、252、261、269、273、281、292、293、315、321、342、343、352、361	152、153、231、232、233、242、243、271、272、291、311、312、314、322、323、341、351、359
2014年		
出口龙头	172、173、181、191、192、221、289、292、319、331、351、353	151、232、233、243、272、293、322、332、369
出口落后	154、155、160、171、182、201、202、210、222、223、242、251、252、261、269、273、281、291、311、315、321、342、343、352、361	152、153、231、271、312、314、323、341、359

注：由于篇幅有限，我们只报告了新兴工业化国家分类（NIC）代码。与国家工业分类相对应的行业名称详见本章附录（二）。

2014年出口就业龙头行业有：其他纺织品（172）、针织和钩编织物（173）、服装（毛皮服装除外）（181）、制革与鞣制（191）、鞋类（192）、其他金属制品（289）、专用机械（292）、计算机和其他电子设备制造（319）、医疗器械和仪器（331）、船舶和船只建造与维修（351）、航空航天（353）等。同样，出口落后和就业龙头行业有：其他食品（154）、饮料（155）、烟草（160）、纺纱纺织品（171）、毛皮加工染色（182）、锯木与刨木（201）、木制品（202）、纸制品（210）、印刷（222）、记录媒体（223）、其他化学制品（242）、橡胶制品（251）、塑料制品（252）、玻璃制品（261）、非金属制品（269）、金属铸造（273）、结构金属制品（281）、通用机械制造协会以及会计和计算机机械制造（291）、电动机（311）、电灯（315）、电子阀及部件（321）、汽车车身（342）、汽车零部件（343）、铁路机车（352）、家具（361）。下面，我们将通过利润份额、工资份额和附加值来介绍每个类别中行业分布的情况及其就业质量的趋势，讨论其对公平的影响。

（三）出口就业龙头产业

本研究列出了每个产业在该类别以及整个制造业中的相对出口和就业份额（见表4.10）。从总体上看，这些产业的出口和就业强度高于整体制造业，但每个类别下的所有行业对就业和出口创造的贡献可能并不均衡。鉴于这种合理的行业间差异，本研究根据行业对该类别的相对贡献来确定龙头产业，并给出就业质量和其他指标的趋势，这些指标从分配的角度来看具有重要意义。在本研究的分析中，龙头行业指就业或出口贡献率超过10%的行业。鉴于它们在这同类别中的较好表现，对整体制造业的贡献也很大（表4.10），通过这种方法，本研究确定了6个龙头行业，如其他纺织品（172）、针织和钩编织物（173）、服装（毛皮服装除外）（181）、其他金属制品（289）、专用机械（292）、航空航天（353）。这些行业在出口和创造就业方面作出了重大贡献。根据经济合作与发展组织的分类，除了最后三个行业外，上述其他行业都属于低技术行业。因此，可以推断出，对于这一类别中的大多数行业来说，出口和就业都是基于其静态比较优势的。其中，服装业占该类别出口的24.41%、就业的28.11%。从服装业就业质量的趋势来看，技术工人的强度（15.25%）低于该类别平均水平（19.71%），这表明该行业有能力吸收大量非技术劳动力。同样，合同工人强度也低于整个类别的平均水平，这进一步表明，服装行业有潜力创造高质量的就业机会，而不像许多其他行业主要通过雇用合同工来创造就业。值得注意的是，服装业近50%的工人是女性（48.83%），是整个产业类别平均水平的近两倍。在该行业的分配方面，研究发现其附加值和工资占附加值的比例高于整个类别的平均水平，而利润所占的比例则远远低于该类别的平均水平。针织和钩编织物（173）在创造就业的质量和分配方面也有类似的趋势。研究发现这两个行业的合同工就业强度在同类所有行业中最低，而女性就业强度则远远高于同类行业平均水平。这两个行业不仅就业质量更好，而且与该类别的其他龙头行业相比，工资在附加值中所占份额以及利润在附加值中所占份额方面的表现也更为出色。

其他倾向于通过出口创造就业的行业有其他金属制品（289）、专用机械（292）和航空航天（353）。根据经合组织的分类，这些行业因其较高的研发强度、知识创造和创新潜力，被视为高科技或中等科技行业。因此，它们有可能从动态比较优势中获益。然而，它们在就业质量和公平方面的表现并不令人满意。同时，需要注意的是，在航空航天这样高技能劳动密集型的行业中，合同工的比例相对较低，在附加值中所占的份额较高。专用机械的情况也大致相同。然而，这些行业在工资占附加值的比例和女性劳动力强度方面的表现却不尽如人意。

表4.10 2014年就业-出口龙头细分行业分布情况（百分比）

国家工业分类	出口份额	就业份额	技术工人强度	合同工强度	女性就业强度	毛附加值份额	工资份额	毛附加值利润份额
类别平均值	20.10	19.21	19.71	21.03	26.95	21.84	43.22	24.80
其他纺织品（172）	12.98（2.6）	12.03（2.31）	17.25	21.82	15.83	19.89	21.84	26.16
针织和钩编织物（173）	5.71（1.14）	10.79（2.07）	12.69	7.84	37.96	19.51	35.84	16.75
服装（毛皮服装除外）（181）	24.41（4.9）	28.11（5.4）	15.25	11.85	48.83	26.14	32.75	16.66
制革与鞣制（191）	4.85（0.97）	3.85（0.73）	17.56	28.78	18.60	15.09	29.04	-34.28
鞋类（192）	5.04（1.01）	9.03（1.73）	13.69	17.84	37.67	19.43	30.21	19.96
其他金属制品（289）	11.68（2.34）	15.79（3.03）	21.83	34.55	4.54	22.40	17.02	36.90
专用机械（292）	11.87（2.38）	12.34（2.37）	33.90	30.23	2.01	22.60	11.94	35.40
其他电气设备（319）	1.89（0.38）	2.41（0.46）	27.36	39.31	7.35	18.95	15.79	29.30
医疗器械和仪器（331）	0.64（0.12）	4.10（0.78）	33.70	28.64	16.71	34.17	8.57	44.81

续表

国家工业分类	出口份额	就业份额	技术工人强度	合同工强度	女性就业强度	毛附加值份额	工资份额	毛附加值利润份额
船舶和船只建造与维修（351）	7.68（1.54）	0.97（0.18）	20.45	74.50	0.29	7.29	86.29	-681.78
航空航天（353）	12.70（2.55）	0.53（0.1）	34.98	19.87	3.17	40.19	12.15	45.33

来源：根据不同年份《年度工业调查》数据计算得出

（四）出口龙头-就业落后产业

如上所述，这类产业代表了创造就业能力低和就业质量差的产业。在这一类别9个行业中，研究发现有4个行业的就业或出口份额超过10%（表4.11）。然而，这些行业合计占印度制造业出口的50%以上。根据经合组织的分类，这一类产业的独特之处在于它们属于中等科技或高科技产业，唯一例外的是食品加工业，它属于低科技产业。虽然属于技术密集型产业，但我们可以确定9个行业中有4个行业的就业或出口份额超过10%。这表明这些行业具有获得动态比较优势的潜力。然而，研究发现，这4个行业中有2个行业的合同工强度低于该类别平均水平和制造业总体平均水平。石油产品行业占该类别出口的41.40%，占制造业出口总额的20.91%，该行业雇用了63.66%的合同工，几乎是制造业平均水平的两倍。相应地，这个行业中女性参与率几乎可以忽略不计。在所有其他行业中，石油行业的利润比例最高（84.56%），这反映在其最低的工资份额（1.84%）上。相反，占出口25.15%和就业22.69%的其他制造业（369）的合同工强度仅为20%左右，低于该类别平均水平和制造业总体平均水平。不仅合同工强度较低，其他制造业的女性就业强度也高于该类别平均水平和制造业总平均水平,其中对就业贡献最大的是基本化学品行业26.16%,其次是食品加工行业、其他制造业行业和基本金属行业。

表4.11 2014年出口龙头-就业落后细分行业分布情况(百分比)

国家工业分类	出口份额	就业份额	技术工人强度	合同工强度	女性就业强度	毛附加值份额	工资份额	毛附加值利润份额
类别的平均值	50.51	8.22	25.16	38.82	9.16	13.52	11.48	65.00
食品加工(151)	9.28(4.68)	23.04(1.89)	22.48	38.62	17.81	5.81	14.46	32.83
石油产品(232)	41.40(20.91)	8.65(0.71)	27.22	63.66	1.26	14.51	1.84	84.56
基本化学品(233)	11.26(5.69)	26.16(2.15)	30.22	46.92	1.76	13.94	9.40	35.00
人造纤维(243)	1.16(0.58)	2.32 L(0.19)	21.46	26.83	2.42	19.71	9.55	44.52
基本金属(272)	6.03(3.04)	9.92(0.81)	24.40	42.84	2.06	18.86	5.83	58.79
家用电器(293)	3.41(1.72)	4.06(0.33)	24.17	38.75	9.05	20.40	6.96	63.71
电子元件(322)	0.92(0.46)	2.81(0.23)	32.10	52.34	7.37	18.72	10.71	31.80
光学仪器(332)	1.35(0.68)	0.30(0.02)	47.41	12.53	20.44	29.46	10.95	40.51
其他制造业(369)	25.15(12.7)	22.69(1.86)	21.00	20.38	14.63	8.08	16.56	33.70

然而,在所有这些行业中,大部分合同工的工作强度高于行业平均水平,但工资在附加值中所占份额却低于同类别平均水平。总的来说,现有证据表明,虽然这些行业通过加强产品、流程和其他

方面的创新，在科学、技术和创新潜力上具有国际竞争力，但它们目前的比较优势取决于低劳动力成本优势。从长远来看，这种战略不一定具有可持续性，因此怎么强调改变战略的必要性都不为过。同时，也有证据表明，有必要采取适当的制度干预措施，以确保创新能力所带来的更高附加值能够共享，从而使劳动力不被剥夺。

（五）出口落后-就业龙头产业

我们发现，这类产业的数量最多，表明其就业潜力巨大，但缺乏出口竞争力。就出口而言，有四个行业的相对出口份额超过了该类别平均水平的10%。这些行业包括：其他食品（154）、纺纱纺织品（171）、其他化学品和汽车零部件（343）。提到就业份额，不得不提其他食品（154）和非金属制品（269）行业。首先，我们注意到有两个行业的出口份额和就业份额均高于10%，即纺纱纺织品和其他化学品。在出口份额和就业份额较高的行业的就业质量和分配方面，研究发现存在显著差异。低技术劳动力的纺纱纺织业具有合同工强度低、女性工人强度高、工资在附加值中份额高、利润份额低等特点。从公平的角度看，这些特征都是非常可取的。这表明纺纱纺织业在利用静态比较优势的同时，还能确保较高的出口以及较高的就业数量和质量。相反，就其他化学品行业而言，其较高的出口业绩与高技术型劳动力强度、高合同工强度、较低的工资在附加值中的占比和较高的利润有关。

此外，这一类产业包括高科技、中等技术和低技术产业，也是具有动态和静态比较优势潜力的产业。因此，针对这类产业的战略方针应包括促进出口和促进创新，同时应采取措施，以确保公平分配（表4.12）。

表 4.12 2014 年就业龙头-出口落后细分行业分布情况（百分比）

国家工业分类	出口份额	就业份额	技术工人强度	合同工	女性就业强度	毛附加值份额	工资份额	毛附加值利润份额
类别平均值	18.05	58.81	22.07	37.66	11.48	21.07	30.68	33.92
其他食品（154）	4.73（0.85）	10.65（6.26）	20.13	18.11	30.71	14.22	19.14	17.85
饮料（155）	0.71（0.12）	2.06（1.21）	23.26	51.57	6.48	21.75	10.08	43.97
烟草（160）	0.5（0.09）	5.64（3.31）	4.39	72.83	16.94	38.18	11.37	74.08
纺纱纺织品（171）	18.14（3.27）	15.86（9.32）	15.25	12.69	17.11	14.70	24.92	1.69
毛皮加工染色（182）	0（0）	0.01（0）	12.79	44.50	15.93	28.25	36.75	31.84
锯木与刨木（201）	0.06（0.01）	0.09（0.05）	29.69	8.05	10.51	10.98	24.44	32.06
木制品（202）	0.56（0.1）	1（0.59）	23.68	25.60	6.08	18.55	16.16	28.89
纸制品（210）	1.92（0.34）	3.1（1.82）	21.83	27.67	8.24	15.95	16.86	15.65
印刷（222）	0.28（0.05）	2.18（1.28）	36.54	20.26	7.83	26.68	13.80	26.52
记录媒体（223）	0（0）	0.02（0.01）	37.23	29.33	10.12	33.90	17.93	40.14
其他化学品（242）	36.98（6.67）	13.04（7.67）	33.91	42.43	13.03	28.11	7.29	56.03
橡胶制品（251）	5.08（0.91）	2.39（1.4）	20.61	33.66	4.52	21.81	15.76	46.15
塑料制品（252）	5.08（0.91）	5.28（3.11）	23.79	33.09	7.58	17.66	12.22	35.94

续表

国家工业分类	出口份额	就业份额	技术工人强度	合同工	女性就业强度	毛附加值份额	工资份额	毛附加值利润份额
玻璃制品（261）	1.3（0.23）	0.87（0.51）	19.05	42.12	2.63	21.49	17.20	-2.12
非金属制品（269）	4.79（0.86）	11.94（7.02）	17.94	61.68	4.27	25.76	12.82	31.77
金属铸造（273）	0（0）	2.94（1.73）	21.92	44.25	1.24	14.66	20.52	7.07
结构金属制品（281）	2.63（0.47）	2.88（1.69）	25.48	49.29	0.78	18.49	19.58	24.27
电子资本货物（291）	0.75（0.13）	5.36（3.15）	32.16	34.92	1.73	24.70	11.84	34.81
电动机（311）	3.77（0.68）	2.67（1.57）	29.58	34.09	6.52	20.47	17.87	29.14
电灯（315）	0.48（0.08）	0.61（0.36）	20.11	45.44	12.76	17.91	29.43	9.63
电子阀及部件（321）	1.3（0.23）	1.02（0.6）	26.17	30.09	17.27	21.28	19.71	21.36
汽车车身（342）	0.13（0.02）	0.75（0.44）	24.64	50.99	0.83	20.04	22.54	0.88
汽车零部件（343）	9.14（1.65）	8.32（4.89）	20.96	48.54	3.73	19.49	19.32	21.16
铁路机车（352）	0.23（0.04）	0.43（0.25）	23.39	41.37	0.74	19.18	15.63	35.78
家具（361）	1.31（0.23）	0.73（0.43）	28.44	26.50	3.92	21.13	15.65	25.77

（六）就业-出口落后产业

如前所述，出口就业落后类别的产业（表4.13）不仅创造的就业少，而且就业质量低。按照类似的方法来确定行业，从9个行业中确定了4个出口或就业相对份额超过10%的行业。其中，基础钢铁行业占该类产业出口的 34.53%，占就业的 36.71%。不仅创造就业的能力低，且合同工强度（47.81%）也高于该类别平均水平。相应地，在基础钢铁行业中，工资在附加值中的份额也低于该类别平均水平。另一个行业是粮食加工制品业，占出口的 25.43%，占就业的 21.52%，合同工和强度低于这一类别产业的平均水平。然而，与其他行业相比，该行业的附加值是最低的。运输设备和机动车辆行业可能是例外，这些行业属于高科技行业，在出口和就业份额方面占有一席之地，同时与该类别的其他行业相比具有显著的增值能力。尽管如此，这一类别产业的就业质量普遍较低。因此，似乎有必要采取战略干预措施，帮助它们建立动态比较优势，同时从制度上确保公平分配。

表 4.13 2014 年出口就业落后细分行业分布情况（百分比）

国家工业分类	出口份额	就业份额	技术工人强度	合同工	女性就业强度	毛附加值份额	工资份额	毛附加值利润份额
类别平均值	11.33	13.76	23.02	43.76	3.29	13.07	24.43	29.60
乳制品（152）	1.22 (0.13)	7.91 (1.08)	25.45	43.93	4.22	7.16	16.54	31.30
粮食加工制品（153）	25.43 (2.88)	21.52 (2.96)	26.62	37.99	7.79	7.36	13.00	21.00
可口可乐系列产品（231）	0.06 (0)	1.57 (0.21)	21.32	33.62	2.78	14.49	20.15	25.86
基础钢铁（271）	34.53 (3.91)	36.71 (5.05)	20.30	47.81	0.75	13.61	13.96	10.94
电气和控制设备（312）	6.86 (0.77)	5.11 (0.7)	21.36	45.91	7.07	11.15	12.59	28.03

续表

国家工业分类	出口份额	就业份额	技术工人强度	合同工	女性就业强度	毛附加值份额	工资份额	毛附加值利润份额
蓄电池、原电池和电池组（314）	0.62（0.07）	2.82（0.38）	18.50	40.47	9.92	19.29	11.84	41.11
电视和无线电接收器（323）	1.91（0.21）	1.44（0.19）	30.05	50.86	6.74	14.15	6.15	30.66
机动车辆（341）	22.34（2.53）	10.3（1.41）	27.80	34.49	0.80	17.43	7.76	52.49
运输设备（359）	6.99（0.79）	12.57（1.72）	20.47	48.22	1.64	18.72	11.80	56.10

四、结论

越来越多的人达成共识，虽然全球化背景下的增长战略使得许多发展中国家走上了高速发展之路，但由于各种程度的不平等日益加剧，这种增长的回报并没有体现在共同繁荣上。人们通常认为，导致这种不理想结局的一个根本原因是劳动力在国民收入中所占比例的下降，因此有必要将"减少不平等"作为可持续发展目标的核心关切之一。在全球化贸易和投资驱动增长的背景下，国际竞争使国内工人更容易受到影响，从而降低了他们的议价能力。鉴于市场主导模式（华盛顿共识提出的模式）未能带来公平的发展成果，人们越来越关注重新配置公平和可持续的增长与发展战略。在此背景下，促进包容性就业已成为提高包容性和可持续性经济增长的关键战略。最近的经济调查（2018—2019）和印度政府（2018）强调了这一战略的相关性，呼吁建立以创造包容性就业为重点的制造业发展战略。鉴于制造业出口在创造就业机会方面的潜力，人们对出口寄予厚望，并将其作为创造就业带动包容性增长的一种手段。然而，尽管出口具有创造就业的潜力，但在灵活的放松管制的劳动力市场背景下，创造就业的质量是一个非常重要的问题，因为这关系到平等和工人福祉。因此，必须找到在国际市场上具有竞争力的产业或行业，使之在数量和质量两个方面为创造就业作出贡献。

现有的关于贸易和就业的文献主要侧重于总体层面的就业数量分析，而本研究不仅关注了就业的数量，还关注到创造就业的质量。此外，研究认为，虽然总体分析为贸易与就业之间的因果关系提供了有用的见解，但从政策角度来看，它未能找到对出口竞争力和创造就业至关重要的具体行业。因此，基于总体分析的"一刀切"政策很可能无法提供包容性就业机会，需要针对行业特点制定合适的政策。本研究利用产业相对于制造业总量的就业强度和出口强度，确定了四个产业类别：（1）出口就业龙头产业；（2）出口龙头-就业落后产业；（3）出口落后-就业龙头产业；（4）出口就业落后产业。从政策的角度来看，这种分类策略使我们能够找到具有或不具有出口潜力的就业产业，这对于制定适当的出口和就业促进政策至关重要。在确定了四个类别之后，本研究分析了各类别所产生就业的性质和质量及其对公平的影响。受限于联合国欧洲经济委员会（2015）确定的劳动力质量各方面数据的可用性，本研究重点关注了三个方面：（1）间接就业（合同工）；（2）女性就业；（3）技术就业。本研究重点关注工资和利润在附加值中所占的份额，以揭示劳动力质量在这四个已确定的产业类别中对公平的影响。

根据本研究对四个产业类别的总体分析结果，出口就业龙头产业和出口落后-就业龙头产业占制造业创造的总就业人数的60%以上，且呈上升趋势。然而，它们对出口的贡献在下降，在最后一年仅占37.26%。在创造就业的质量方面，研究发现四个产业类别之间存在相当大的差异。工作的非正规化现象在增加，这在总体水平和所有四个类别中表现为合同工强度增加了三倍。然而，与其他三个类别和总体制造业相比，出口就业龙头产业的非正规化程度要低得多。同样，女性就业比例虽然在2004年之前有所上升，但在这四种产业类别中均呈下降趋势。与其他两个类别相比，女性就业比例在出口就业龙头产业（其比例是制造业平均水平的两倍）和出口龙头-就业落后产业类别中最高。在本研究考察期间，技术型就业强度基本保持不变，但在出口就业龙头和出口龙头-就业落后类别产业技术人员就业比例相对较低。从总体分析来看，女性就业率较高行业的合同工强度较低，这表明合同工和女性劳动力之间存在平衡协调的关系。对附加值中工资份额和利润份额的趋势和模式进行的分析表明，从公平影响的角度来看，利润份额在增加而工资份额在减少，最近的趋势出现了轻微的逆转。然而，观察到的趋势逆转主要是由于专业管理人员在工资总额中的份额增加，这意味着工人并非真正的受益者。在四种类别的产业中，出口龙头-就业落后产业的利润份额最高，工资份额最低，而出口就业龙头产业的工资份额最高，利润份额较低。总体而言，分析表明，与总体制造业及其他两类产业相比，出口就业龙头产业、出口落后-就业龙头产业创造了更高质量的就业。此外，对附加值中工资和利润的分析进一步证明，创造了更高质量就业的行业是分配更公平的行业，它突出了就业质量在收入公平分配中的作用。

通过分类分析，本研究找到了在数量和质量方面都具有出口和就业潜力的具体产业，以及这些产业的比较优势性质。研究发现，出口就业龙头产业创造的就业大部分是来自纺织、服装、鞋类等传统的静态比较优势行业。食品等众所周知的高就业强度的行业似乎也属于出口落后-就业龙头类别的产业。在一定程度上，如果这些产业也能创造较高的平等就业，那么任何旨在提高其国际竞争力的干预措施都可能有助于让其实现更具包容性或公平性的发展。

从长远发展的角度来看，像印度这样的大经济体必须采取"两条腿走路"的战略，同时获得静态和动态的比较优势。值得注意的是，第二类产业（出口龙头-就业落后产业）在2014—2015年占制造业出口总额的50%以上，属于中高科技产业。研究还发现，在其他两类产业（出口就业龙头产业、出口就业落后产业）中，也存在少数中高科技产业。然而，现有证据表明，这些因其高科技基础而获得动态比较优势的大多数产业在就业质量方面表现不佳。尽管这些产业有潜力在其深厚的科学、技术和知识基础上建立动态比较优势，但目前的战略似乎是在低劳动力成本优势的基础上建立竞争力。因此，本研究提出了适当的干预措施，帮助其建立基于产品、工艺和其他创新的动态比较优势。此外，还需要适当的制度干预，确保创新所带来的附加值和制造业的深度发展有助于创造高质量的就业机会，从而提高国际竞争力，推动共同繁荣。如果可以有效地利用信息和通信技术方面的能力，本研究呼吁的以产业或企业为导向的战略干预措施就可以在没有寻租风险的情况下实施。

附录

表4.14 产出、就业和贸易的年均增长率（百分比）

	1996~2003	2004~2014	1996~2014
产出增长率	8.39	10.05	9.26
非附加值增长率	5.78	8.99	7.47
资本存量增长率	4.93	11.12	8.19
出口增长率	10.60	14.75	12.78
进口增长率	10.76	14.04	12.48
总就业增长率	-0.56	5.01	2.37
非技术就业增长率	-0.19	4.96	2.52
直接工人	-1.96	3.60	0.97
合同工人	8.15	8.14	8.14
男性工人	-3.04	3.59	0.45
女性工人	5.22	3.92	4.54

表4.15 国家工业分类

国家工业分类	类型	国家工业分类	类型
151	肉类、鱼类、果蔬、油脂的生产、加工和保存	269	非金属矿物制品制造业
152	乳制品制造（生乳生产归入0121类）	271	基础钢铁制造
153	粮食加工制品、淀粉和淀粉制品、预制动物饲料	272	基本贵金属和有色金属制造
154	其他食品制造	273	金属铸造（包括铸造成品或半成品的各种商品）

续表

国家工业分类	类型	国家工业分类	类型
155	饮料制造	281	结构金属产品制造、储罐、水箱和蒸汽机
160	烟草制品制造（烟草相关产品也包括在内，烟叶初加工属于此类）	289	其他金属制品制造、金属加工服务
171	纺织、纺纱、精加工	291	00—通用机械制造+办公、会计和计算机机械制造
172	其他纺织品制造	292	专用机械制造
173	针织和钩编织物及制品制造	293	非指定其他家用电器制造业
181	服装制造，毛皮服装除外（包括非原产国材料制成的服装）	311	电机、发电机、变压器制造
182	毛皮加工染色、毛皮制品制造	312	配电和控制装置制造（用于开关或保护电路的电气设备）
191	皮革鞣制和加工、箱包手袋、鞍具和马具制造	314	蓄电池、原电池和电池组
192	鞋类制造	315	电气灯具及照明设备制造
201	锯木和刨木	319	电子计算机及其设备制造
202	木材、软木、稻草和编织材料产品制造	321	电子阀、电子管等电子元件制造
210	造纸和纸制品制造	322	电视、线路电话、无线电发射机和设备
221	出版（包括与印刷无关的出版），出版业涉及金融、技术、艺术家等方面	323	电视和无线电接收器、录音或录像或复制设备及相关产品制造
222	印刷和服务活动	331	33—医疗器械以及用于测量、检查、测试、导航和其他用途的器具制造

195

续表

国家工业分类	类型	国家工业分类	类型
223	复制录制的媒体（包括从母版复制唱片、录音带、录像带和计算机磁带，以及再版）	332	光学仪器及摄影设备制造
231	焦炉产品制造（本类包括主要用于生产焦炭或半焦炭的焦炉作业）	341	汽车制造
232	成品油制造	342	汽车车身制造、挂车和半挂车的制造
241	33 基本化学品制造+核燃料加工	343	机动车及其发动机零部件制造（制动器、变速箱、车轴、车轮、悬挂减震器）
242	其他化工产品	351	船舶和船只建造与维修
243	人造纤维制造（包括人造或合成长丝及非长丝纤维）	352	铁路、有轨电车、车辆制造
251	橡胶制品制造	353	航空航天器制造
252	塑料制品制造	359	各种其他未明确分类的运输设备制造
261	玻璃和玻璃制品制造	361	家具制造
		369	其他未分类的制造业

参考文献

Ahsan RN, Mitra D(2014).Trade liberalization and labor's slice of the pie: evidence from Indian fifirms. J Dev Econ 108: 1—16.

Atkinson AB, Piketty T, Saez E(2011).Top incomes in the long run of history.

J Econ Lit, 49(1): 3—71.

Balakrishnan P, Babu MS(2003). Growth and distribution in Indian industry in the nineties. Econ Polit Wkly, 38(38): 3997—4005, 4001—4005.

Banerjee P, Veeramani C(2017). Trade liberalisation and women's employment intensity: analysis of India's manufacturing industries. Econ Polit Wkly, 52(35): 37—47.

Banga R(2005). Impact of liberalisation on wages and employment in Indian manufacturing industries. Indian Council for Research on International Economic Relations.

Banga R, Das A(2010). Role of trade policies in growth of Indian manufacturing sector. MPRA Paper No. 35198, Munich, Germany.

Bhalotra SR(1998). The puzzle of jobless growth in Indian manufacturing. Oxford Bull Econ Stat, 60(1): 5—32.

Bhalotra SR(2003). The impact of economic liberalization on employment and wages in India. Paper submitted to the International Policy Group, International Labour Offifice, Geneva.

Brander JA, Spencer BJ(1981). Tariffs and the extraction of foreign monopoly rents under potential entry. Can J Econ, 371—389.

Brander JA, Spencer BJ(1985). Export subsidies and international market share rivalry. J Int Econ, 18(1—2): 83—100.

Chandrasekhar CP(1996). Explaining post—reform industrial growth. Econ Polit Wkly, 31(35/37): 2537—2539, 2541—2545.

Chaudhuri S(2002). Economic reforms and industrial structure in India. Econ Polit Wkly, 37(2): 155—162.

Chaudhuri S(2015). Import liberalisation and premature deindustrialisation in India. Econ Polit Wkly, 50(43): 60—69.

Chaudhuri S, Ravallion M(2006). Partially awakened giants: uneven growth in China and India, WPS 4069. World Bank Publications.

Deshpande Lalit K, Sharma Alakh N, Karan Anup K & Sarkar Sandip(2004). Liberalisation and labour: labour flexibility in Indian manufacturing, Institute for Human Development, New Delhi.

Fallon PR, Lucas RE(1993). Job security regulations and the dynamic demand for industrial labor in India and Zimbabwe. J Dev Econ, 40(2): 241—275.

Francis S(2015). India's manufacturing sector export performance: a focus on missing domestic inter—sectoral linkages, vol 182. ISID working paper.

Freeman C (2011). Technology, inequality and economic growth. Innovation Dev, 1(1): 11—24.

International Institute for Labour Studies(2011). World of work report 2011: making markets work for jobs. International Labour Organization (ILO), Geneva, Switzerland.

International Institute for Labour Studies (2012). World of work report 2012 "better Jobs for a Better Economy". Geneva, Switzerland.

Goldar B(2000). Employment growth in organised manufacturing in India. Econ Polit Wkly, 35(14): 1191—1195.

Goldar B(2002). Trade liberalization and manufacturing employment: The case of India. International Labour Organization(ILO).

Goldar B(2009). Impact of trade on employment generation in manufacturing in India. Institute of Economic Growth, New Delhi.

Goldar B(2011). Growth in organised manufacturing employment in recent years. Econ Polit Wkly, 46(7): 20—23.

Gupta P, Kumar U(2010). Performance of Indian manufacturing in the post reform period. MPRA Paper No. 24898, Munich, Germany.

Gupta P, Hasan R, Kumar U(2008). What constrains Indian manufacturing? ERD working paper series, No. 119, Asian Development Bank, Manila, Philippines.

Gupta P, Hasan R, Kumar U(2009). Big reforms but small payoffs: explaining the weak record of growth and employment in indian manufacturing, MPRA Paper No. 13496, Munich, Germany.

Hasan R, Mitra D, Ramaswamy KV(2003). Trade reforms, labor regulations and labor—demand elasticities: empirical evidence from India (No. w9879). National Bureau of Economic Research.

Kambhampati U, Howell J(1998). Liberalization and labour: the effect on formal sector employment. J Int Dev, 10(4): 439—452.

Kannan KP, Raveendran G(2009). Growth sans employment: a quarter century of jobless growth in India's organised manufacturing. Econ Polit Wkly, 44(10): 80—91.

Karmbhampati U, Krishna P, Mitra D(1997). The effect of trade policy reforms on labour markets: evidence from India. J Int Trade Econ Dev, 6(2): 287—297.

Mani S(1995). Economic liberalisation and the industrial sector. Econ Polit Wkly, 30(21): M38—M50, M45—M50.

Nagaraj R(2000). Organised manufacturing employment. Econ Polit Wkly, 35(38): 3445—3448.

Nagaraj R(2003). Industrial policy and performance since 1980: which way now? Econ Polit Wkly, 38(35): 3707—3715.

Nagaraj R(2004). Fall in organised manufacturing employment: a brief note. Econ Polit Wkly, 39(30): 3387—3390.

Nagaraj R(2011). Industrial performance, 1991—2008: a review. India Development Report 2011, Oxford University Press, New Delhi, p69—p80.

Nagaraj R(2017). Economic reforms and manufacturing sector growth. Econ Polit Wkly, 52(2): 61—68.

Nambiar RG, Mungekar BL, Tadas GA(1999).Is import liberalisation hurting domestic industry and employment? Econ Polit Wkly, 34(7):417—424.

Nayyar D(2014).Why employment matters: reviving growth and reducing inequality. Int Labour Rev, 153(3):351—364.

Nayyar D(2016).Structural transformation in the world economy: on the significance of developing countries (No. 2016/102). WIDER Working Paper.

Neethi P(2008).Contract work in the organised manufacturing sector: a disaggregated analysis of trends and their implications. Indian J Labour Econ 51(4):559—573.

Pal P, Ghosh J(2007).Inequality in India: a survey of recent trends. DESA Working Paper No. 45, United Nations Department of Economic and Social Affairs, New York, US.

Palma JG(2011).Homogeneous middles vs. heterogeneous tails, and the end of the 'inverted—U': it's all about the share of the rich. Development and Change, 42 (1), 87—153.

Raj SNR, Sen K(2012).Did international trade destroy or create jobs in indian manufacturing? Eur J Dev Res, 24(3):359—381.

Raj SNR, Sasidharan S(2015).Impact of Foreign Trade on Employment and Wages in Indian Manufacturing. South Asia Economic Journal, 16(2), 209—232.

Ramaswamy KV(1999).The search for flexibility in Indian manufacturing: new evidence on outsourcing activities. Econ Polit Wkly, 34(6):363—368.

Rani U, Unni J(2004).Unorganised and organised manufacturing in India: potential for employment generating growth. Econ Polit Wkly, 39(41):4568—4580.

Rodrik D (1997).Has globalization gone too far? Institute for International Economics, Washington, DC.

Rodrik D(2016).Premature deindustrialization. J Econ Growth, 21(1):1—33.

RIS(2006).Towards an employment—oriented export strategy: some explorations, Report for the Ministry of Commerce and Industries, Government of India.

Saha B, Sen K, Maiti D(2013).Trade openness, labour institutions and flexibilisation: theory and evidence from India. Labour Econ, 24: 180—195.

Sarkar S, Mehta BS(2010).Income inequality in India: pre—and post—reform periods. Econ Polit Wkly, 45(37): 45—55.

Sen A(1983).Development: which way now? Econ J, 93(372): 745—762.

Sen K(2008).International trade and manufacturing employment outcomes in India: a comparative study (No. 2008/87). Research paper/UNU—WIDER.

Sen K(2009).International trade and manufacturing employment: is India following the footsteps of Asia or Africa? Rev Dev Econ, 13(4): 765—777.

Sharma AN(2006).Flexibility, employment and labour market reforms in India. Econ Polit Wkly, 41(21): 2078—2085.

Stiglitz JE(2002).Globalization and its discontents, W.W. Norton & Company: New York.

Stiglitz J(2013).The global crisis, social protection and jobs. Int Labour Rev, 152(s1): 93—106.

Uma S, Joseph KJ, Abraham V(2012).Impact of trade liberalisation on employment: the experience of India's manufacturing industries. Indian J Labour Econ (4).

Veeramani C(2012).Anatomy of India's merchandise export growth, 1993—94 to 2010—11. Econ Polit Wkly, 47(1): 94—104.

UNCTAD(2013).The impact of trade on employment and poverty reduction. Accessed from https://doi.org/unctad.org/meetings/en/SessionalDocuments/cid29_en.pdf.

Veeramani C(2016).Inter—linkages between exports and employment in India. Occasional Paper (179), EXIM Bank of India.

第五章　巴基斯坦的制造业与创造就业

赛义德·阿明·贾维德、阿比德·盖尤姆·苏勒里

一、背景

随着生产力的提高，创造就业机会一直是世界各国经济政策的核心关注点。在这方面，工业化已成为创造就业机会的主要政策，制造业作为创造就业的重要行业，在全世界受到越来越多的关注。由于发展中国家人口增长导致失业人数不断增加，经济复苏往往伴随着失业，不断创造就业机会就变得更加重要。本研究认为，巴基斯坦的制造业有可能成为经济增长和创造就业机会的关键驱动力，但这种驱动的实施取决于能否恢复该国贸易部门的对外竞争力。

第一，发展中国家的农业部门已经出现了大量的变相失业。而且，年轻人对在农业部门从事生产率低的工作不感兴趣（IFAD，2014）。第二，制造业生产率的提高可以为各种技能和专业创造高薪工作岗位（ILO，2010）。第三，许多大型制造企业同时也是服务公司，如销售公司和设计公司等，因此，制造业不仅可以通过生产

商品创造就业，还可以通过开发服务来创造就业（Lanz and Maurer, 2015）。第四，制造业可以带动服务业的发展，但服务业不能带动制造业。第五，制造业推动了技术变革。与服务业相比，制造业更容易推动贸易发展。

具体来说，可以通过卡尔多（1967）的四个基本概念来理解，即制造业是促进经济增长和就业的途径。根据卡尔多假说，制造业不仅具有规模收益递增的特点，而且具有动态收益递增的特点（Thirlwall, 1983）。动态收益递增是制造业的一个典型特征，制造业的产出增长率会引起制造业的增长，同时也会促进整体经济生产力的提高。生产性经济体能产出更多（超过自身需求）。因此，生产性经济体有能力雇用更多的劳动力从事技能型工作，这反过来又会提高他们的效率，进一步增加产出，以容纳更多的未就业劳动力。卡尔多假说在南亚地区是成立的（Das, 2004）。

研究表明，印度经济增长和创造就业的核心驱动力是制造业（Madheswaran et al., 2007; Nagaraj, 1994）。巴基斯坦的情况也是如此（Khan, 2005）。其他行业（如服务业）的发展和增长取决于需求的增长，而需求的增长是由国内生产总值的增长引起的，国内生产总值的增长则是由制造业的高速增长带动的（Zalk, 2014）。然而，这一机制似乎不适合巴基斯坦（Haider, 2010）。

根据世界银行和增长与发展委员会的数据（2008），自第二次世界大战结束以来，一些国家在 25 年多的时间里实现了前所未有的增长（年均 7%），其原因在于制造业的增长。以近期的印度和越南为例，这两国在工业部门快速增长的基础上实现了经济的高速增长（Zalk, 2014）。研究表明，这些国家的快速工业化源于有效的汇率和资本配置政策、基础设施和技能提升以及企业部门的改善，这为制造业产品的多样化提供了必要条件（Amsden，2003；Reinert，2008；Studwell，2013）。

最近，南亚国家的资本迅速积累，这与其经济正增长有很大关系。南亚国家附加值的显著增长表明，这些国家在工作、生活和投资方面的转型，是增长奇迹的源泉（Nabi et al.，2010）。事实证明，制造业在经济发展过程中仍发挥着重要作用（Levinson，2013）。

在这种背景下，考虑到南亚国家长期面临失业问题，需要建立一个通过制造业加速经济增长和就业的框架。在南亚，制造业创造的就业机会低于其应有的水平。在本章中，我们认为制造业或可成为巴基斯坦经济增长和创造就业的关键驱动力。

接下来，本文提出纺织业是巴基斯坦制造业的支柱产业，需要给予特别关注。最后，本文强调了制造业的问题、挑战和前进的方向，认为巴基斯坦正面临一些机遇，将迎来制造业的美好未来。本文认为，就制造业带来的增长收益以及其创造就业的能力而言，最终结果取决于能否恢复巴基斯坦贸易行业的外部竞争力。

二、巴基斯坦制造业的发展历程

巴基斯坦多样化经济分为三大行业，即农业、工业和服务业。工业又分为采矿和采石业、制造业、发电和天然气输送业以及建筑业。制造业中，规模较大的有15个组别，其中最主要的是纺织业。

基于其前向和后向关联，制造业是巴基斯坦经济增长和创造就业的主要来源。例如，2016—2017财年，制造业对国内生产总值的贡献率为13.5%，对就业总人数的贡献率为13.8%。对制造业分类的进一步观察显示，大规模制造业对国内生产总值的贡献率为10.7，其次是小规模制造业，对国内生产总值的贡献率为1.8%。2016—2017财年，屠宰业在国内生产总值中所占份额为0.9%，而采矿和采石业对国内生产总值的贡献率为2.9%。

巴基斯坦的工业增长一直不稳定。20世纪50年代前中期，制造业的年均增长率约为16%，1958年放缓至7%。在非计划期间（1970—1977年），制造业产出的平均增长率进一步降至每年2.3%，但在1977—1982年间反弹至9.9%。

在第六个五年规划（1983—1988年）期间，制造业的增长速度仍略低于前一阶段，年平均增长率为7.7%，后在1989年和1992年期间下降到5.4%。1993年，制造业在国内生产总值中的份额为17.3%，其中大型制造业的份额为61%，而小型制造业的份额仅占39%。同期制成品在出口中的份额为64%，其中主要份额来自低技术驱动的棉花、纺织品和服装领域。

20世纪90年代至2016年，巴基斯坦的经济结构发生了重大变化。值得注意的是，农业在国内生产总值中的份额从25%左右大幅下降至20%左右，而采矿和采石业所占份额从0.7%大幅上升至2.9%。制造业所占份额从17%左右下降到13%左右。批发和零售业所占份额从16%增加至约19%。同样，运输、通信、银行和保险业所占份额也呈现上升趋势（表5.1）。

表 5.1 1982—2016 财年按行业分列的巴基斯坦国内生产总值
（按现行要素成本计算的百分比）

行业	年份				
	1982	1987	1992	1993	2016
农业、林业和渔业	31.6	26.3	25.6	25.0	20.4
采矿和采石	0.4	0.7	0.7	0.7	2.9
制造业	15.1	16.7	17.5	17.3	13.5
公用事业	2.2	2.3	3.3	3.7	1.8
建筑业	4.5	4.4	4.2	4.2	2.7
批发和零售业	15.1	15.7	17.0	16.1	18.5
运输和通信	9.4	8.7	8.4	10.3	13.3
银行和保险	2.5	3.2	3.1	2.9	3.4
住宅服务业	4.5	4.9	4.4	4.4	6.6
公共行政和国防	7.3	9.9	8.4	7.8	7.6
其他服务	7.3	7.4	7.5	7.6	10.2

来源：巴基斯坦经济调查

然而，最重要的是，没有数据表明主要经济部门对就业的贡献有较大改善。图 5.1 显示了包括农业、工业和服务业在内的不同经济部门的就业分布。可以看出，这三个部门的就业占比在过去 10 年内没有明显变化，似乎是停滞不前。这表明，在创造就业方面，巴基斯坦的经济结构没有实现从传统农业向现代工业的转型。

作为第三大经济产业，制造业对就业的贡献不容乐观。2010 年，制造业对就业的贡献率为 13%，而该产业中固定投资占国内生产总值的份额随着时间的推移在急剧下降（见表 5.2）。显而易见的是，随着制造业在国内生产总值中的份额逐渐变大，它对劳动力

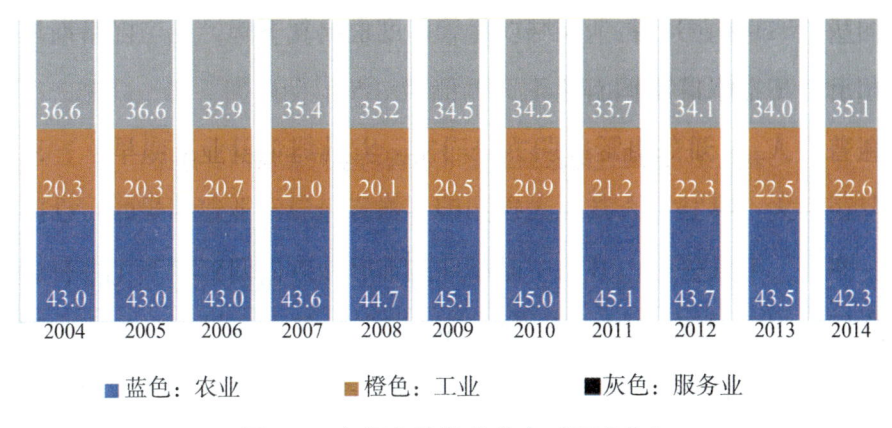

36.6	36.6	35.9	35.4	35.2	34.5	34.2	33.7	34.1	34.0	35.1
20.3	20.3	20.7	21.0	20.1	20.5	20.9	21.2	22.3	22.5	22.6
43.0	43.0	43.0	43.6	44.7	45.1	45.0	45.1	43.7	43.5	42.3
2004	2005	2006	2007	2008	2009	2010	2011	2012	2013	2014

■ 蓝色：农业　　　■ 橙色：工业　　　■ 灰色：服务业

图 5.1　各行业的就业分布（百分比）

就业的贡献却从 2005 年的 13.6% 下降至 2010 年的 13%。总体而言，在 2000—2010 年度，制造业在国内生产总值中的份额远超它对就业所做贡献率的份额。此外，表 5.2 显示，制造业在固定投资中的份额从 2000 年的 23% 大幅下降至 2010 年的 16.2%。这对创造就业机会有所影响，需要仔细研究导致这种下降的原因。

表 5.2　制造业占各部分比重（百分比）

制造业	年份		
	2000	2005	2010
国内生产总值	14.7	18.3	18.5
就业份额	11.5	13.6	13.0
固定投资占比	23.0	22.0	16.2

来源：联邦统计局（巴基斯坦）

有必要将孟加拉国和印度进行对比研究。表 5.3 显示，2016 年，巴基斯坦的制造业在国内生产总值中所占比重最低。最重要的是，随着时间的推移，巴基斯坦制造业在国内生产总值中的份额从 1995 年的 16.31% 下降到 2016 年的 13.41%；而在此期间，孟加拉国从15.29%上升到17.61%。尽管印度也出现下降，但与巴基斯坦相比，其总体降幅要小得多。

表5.3 区域性国家制造业（占国内生产总值的百分比）

国家	年份		
	1995	2007	2016
巴基斯坦	16.31	14.03	13.41
孟加拉国	15.29	16.73	17.61
印度	17.30	18.30	16.58

来源：巴基斯坦经济调查和世界发展指标数据

同期，大规模制造业有着1.71%的小幅增长。2011—2012年度，制造业略有复苏（增长3.56%）。2012—2013年度，大规模制造业的增长率为4.26%，并在2013—2014年度增加到4.5%——这很可能是由于与前几年相比能源供应得到改善。最后，主要由于棉纱出口的减少和天然气的短缺，以及其他原因，2014—2015年度制造业的增长率下降到2.5%。此外，巴基斯坦卢比实际有效汇率的升值，使本已疲软不堪的贸易部门因失去国际竞争力而雪上加霜。

尽管制造业的增长受到诸如电力短缺和所需投入供应不足等主要因素制约，但大规模制造业在2015—2016年度仍以5%的速度增长。根据巴基斯坦最新经济调查（2016—2017年），大规模制造业实现了令人振奋的5.1%的年增长。

然而，令人担忧的是，在提供就业方面，制造业所占的份额不断下降。图5.2显示，农业部门继续成为吸收劳动力的主力军，尽管这一比例随着时间的推移有所下降。相比之下，服务行业的就业份额不断增加，工业的就业份额也呈现持续增长的趋势。这凸显了

(%)

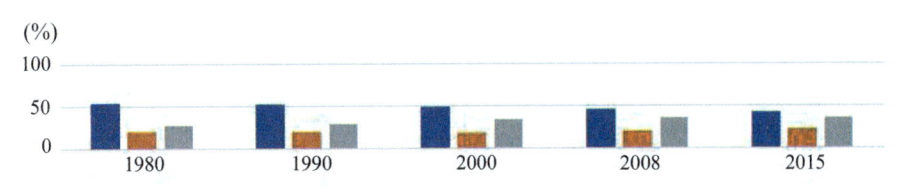

■ 蓝色代表农业领域的就业人数（占总就业人数百分比）
■ 黄色代表工业领域的就业人数（占总就业人数百分比）
■ 灰色代表服务行业的就业人数（占总就业人数百分比）

图 5.2　巴基斯坦各部门的就业情况

来源：巴基斯坦经济调查和世界发展指标数据

巴基斯坦经济转型所面临的结构性弱点之一。

经济从农业转向服务业，但并没有使工业得到加强。理解这一点非常重要，因为这可能是导致大量劳动力失业的原因之一。正如本文开篇讨论的那样，与服务业相比，制造业有能力提供一系列技能型就业岗位，有更大的空间吸纳更多的劳动力。非技术性和半技术性的工作岗位，更是如此。绕过制造业，一方面会减少创造就业的空间，另一方面会削弱经济增长的基础。

制造业内部附加值

前面的讨论引出了一个问题：不同子行业的附加值在整个制造业中所占的份额是多少？图5.3给出了答案。就制造业的附加值而言，纺织和服装业的表现优于其他子行业，而机械和运输装备在制造业附加值中的份额仍然垫底。显而易见，纺织业对制造业整体业绩的贡献最大。鉴于此，巴基斯坦制造业业绩的改善在很大程度上取决于纺织业的表现。制造业近期的业绩下滑也可归结为纺织业表现不佳。纺织品出口的下降会影响整个制造业的增长率、附加值和创造就业。鉴于其在巴基斯坦经济中的关键作用，下一节将详细介绍巴基斯坦的纺织业。

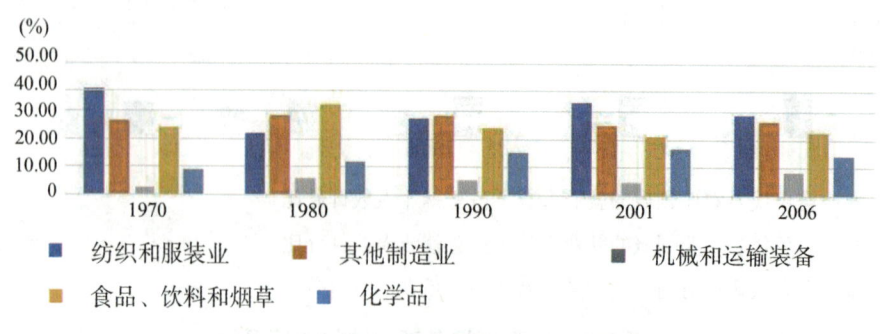

```
(%)
50.00
40.00
30.00
20.00
10.00
 0
      1970      1980      1990      2001      2006
```

■ 纺织和服装业　　■ 其他制造业　　■ 机械和运输装备
■ 食品、饮料和烟草　　■ 化学品

图 5.3　各行业占制造业附加值的百分比

来源：世界发展指标数据库

三、纺织业

巴基斯坦的纺织业对出口总额的贡献率达到 60%，占制造业总额的 46%。最重要的是，制造业中有 38% 的工人从事纺织业（Economic Survey，2006—2007）。在亚洲，巴基斯坦在大型纺织品出口国中排名第八。该行业对国内生产总值的贡献率平均为 6%，并为大约 1500 万人提供就业，占全国总劳动力（4900 万劳动力）的 30%。

巴基斯坦是仅次于印度和中国的亚洲第三大纺纱产能国。纺纱产能对全球的贡献率为 5%。通过回顾该行业对经济的贡献，可以评估其对整个经济和社会的重要性，如图 5.4 所示。

巴基斯坦独立后不久，就把发展制造业作为重中之重，在以棉纺织业为主导的工业化战略基础上，重点发展纺织业和农业基础产业。在 20 世纪 60 年代和 70 年代，巴基斯坦还通过财政激励和保护政策支持人造纤维产业。

由于成功实施了以纺织业为主导的工业化战略，巴基斯坦在 20

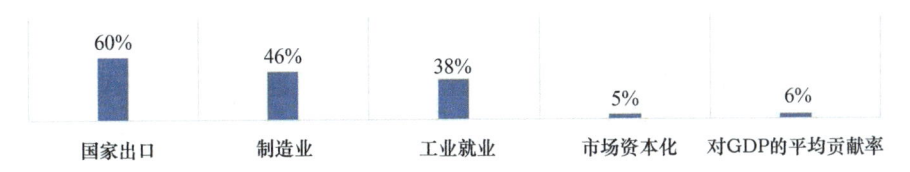

60%	46%	38%	5%	6%
国家出口	制造业	工业就业	市场资本化	对GDP的平均贡献率

图 5.4 纺织业对经济的贡献

来源：巴基斯坦国家银行、财政部和巴基斯坦针织品制造商和出口商协会

世纪 60 年代被视为全球增长最快的经济体之一。直到 20 世纪 90 年代，纺织业一直是巴基斯坦工业化战略的重中之重，尽管这种以纺织业为主导的工业化在 20 世纪 70 年代因国有化战略出现了短暂的中断。

图 5.5 显示了一段时间内纺织业的增长情况。很明显，在经历了 2000 年代初的下滑之后，纺织业在 2000 年代中期迎来了令人瞩目的增长。但这种增长并未持续下去，慢慢变成了负增长。此后略有复苏，但直到最近，纺织业平均增长率仍低于 1%。总体而言，

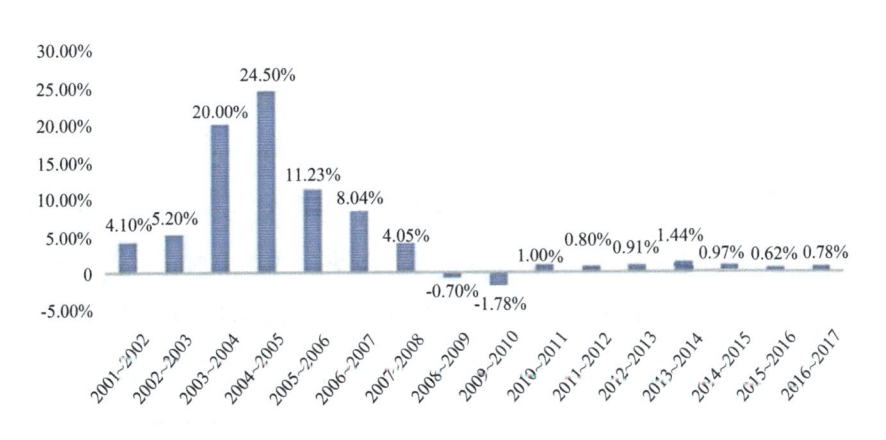

年份	增长率
2001—2002	4.10%
2002—2003	5.20%
2003—2004	20.00%
2004—2005	24.50%
2005—2006	11.23%
2006—2007	8.04%
2007—2008	4.05%
2008—2009	-0.70%
2009—2010	-1.78%
2010—2011	1.00%
2011—2012	0.80%
2012—2013	0.91%
2013—2014	1.44%
2014—2015	0.97%
2015—2016	0.62%
2016—2017	0.78%

图 5.5 2001—2017 年纺织业增长情况

来源：巴基斯坦经济调查

在本报告所述期间，纺织业增长出现了急剧下降。

除其他因素外，巴基斯坦出口的长期下降也导致了纺织业的表现不佳。纺织业是对外贸易的主要贡献者之一。近年来出口量大幅下降，图5.6显示了2006—2017年纺织品的出口额（以十亿美元为单位），很明显，纺织品出口额在2008—2009年度处于低位，而在2010—2011年度，则创下了历史新高。

2006-2007	2007-2008	2008-2009	2009-2010	2010-2011	2011-2012	2012-2013	2013-2014	2014-2015	2015-2016	2016-2017
11.137	10.921	9.697	10.365	13.907	12.450	13.138	13.700	13.476	12.553	9.340

图5.6 纺织品出口额（十亿美元）（2006年7月至2017年3月）
来源：巴基斯坦经济调查

巴基斯坦纺织业面临的主要问题包括：纺织业的发展长期落后于需求、对人造纤维工业的高度保护以及纺织业在纺织政策制定中的主导地位。2011年孟加拉国服装出口额为200亿美元，比巴基斯坦同期出口额高出三分之二。尽管1971年孟加拉国脱离巴基斯坦独立时，其国内还没有棉纺厂，但其服装出口量的增长仍让人印象深刻。纺织品结束配额制度后，巴基斯坦的纺织品和服装出口额从2005年的97亿美元增至2012年的119亿美元。与世界纺织品和服装出口相比，巴基斯坦的份额从2005年的2.46%下降至2012年的2.17%。其中一个原因是，由于不友好的政府政策以及由此导致的巴基斯坦纺织和服装业结构竞争力不强，使巴基斯坦没有从2005年纺织品和服装贸易开放中获益。由表5.4可见，巴基斯坦出口的纺织品和服装多是低、中等附加值的产品。

表 5.4 巴基斯坦与世界纺织品和服装出口结构

产品	进出口商品编码	纺织品和服装在巴基斯坦出口中所占份额（%）		纺织品和服装在全球出口中的份额（%）	
		2005	2012	2005	2012
低附加值棉纱	5204-07	12.6	18.9	2.4	2.7
中间附加值棉织物	5208-12	21.5	21.9	6.8	5.4
人造纤维和织物	54	2.5	0.3	9.3	8.3
针织面料	60	0.7	0.3	5.1	5.5
纺织制品	63	31.8	27.6	8.5	9.9
高附加值针织服装	61	17.1	16.8	31.2	36
机织服装	62	13.8	14.2	36.7	32.3

来源：哈米德等人（2014）

在纺纱领域，巴基斯坦的低、中档棉纱出口的附加值非常低。相比之下，2005年至2012年，纱线在纺织品和服装出口中的份额明显增加。然而，这种增长是以牺牲中间附加值项目为代价的，其中包括纺织制品（从31.8降至27.6）以及人造纤维和织物（从2.5大幅降至0.3）。从全球出口来看，针织服装比机织服装增长更快，而在巴基斯坦，情况正好相反，机织服装超过了针织服装的出口增长。

巴基斯坦纺织品和服装主要销往欧盟和美国市场，2005年欧盟和美国的份额分别占纺织品和服装出口总量的21.93%和36.28%（见表5.5）。

2005年（配额制度结束）至2012年期间，由于巴基斯坦局势动乱，出口美国的纺织品和服装从31亿美元大幅下降至21亿美元。相比之下,同期对欧盟的出口额从 21 亿美元增加至 34 亿美元,使欧盟成为巴基斯坦纺织品和服装的首选市场。巴基斯坦纺织品和服装的第三大市场是中国,其市场份额从 2005 年的 3% 左右上升至 2012 年的 15% 左右。2012 年棉纱对出口增长的贡献率约为 63.75%。

表 5.5　巴基斯坦纺织品和服装出口的主要市场(百分比)

产品	2005 年			2012 年		
	欧盟	美国	中国	欧盟	美国	中国
棉纱	6.19	9.52	16.77	3.99	1.02	63.75
棉织物	13.16	14.67	2.74	17.72	4.43	12.30
纺织制品	25.01	48.49	0.04	35.27	40.76	0.70
针织服装	24.56	62.39	0.06	32.78	54.68	0.25
机织服装	42.22	39.83	0.02	57.40	28.35	0.40

来源:哈米德等人(2014)

四、纺织业的就业情况

由于多种原因,在巴基斯坦很难找到与纺织业有关的就业统计数据。首先,随着时间的推移,纺织业的产能下降,就业前景受到严重损害,限制了新劳动力的加入。其次,政府没有开展全面调查,向利益相关者提供有关生产、就业和纺织业活动的其他重要方面的最新信息。旁遮普省政府规划与发展部统计局在 2014 年开展了一项研究,报告中提供的数据如图 5.7 所示。数据显示,纺织业的总就业人数在一段时间内也是停滞不前的。

这种情况可以用平均工作时长来解释,很可能是企业为了达到

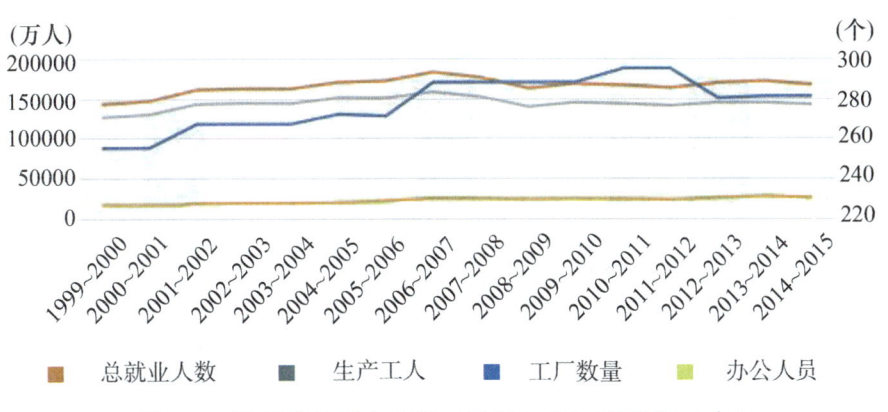

图 5.7 纺织业的就业情况（数量）和工厂数量（右）

来源：旁遮普工业生产和就业月度调查

生产目标而调整每天的工作时数（多班制），而不是雇用新的劳动力。人均年工作时数在印度最高，其次是中国，而巴基斯坦的人均年工作时数最低（见图 5.8）。

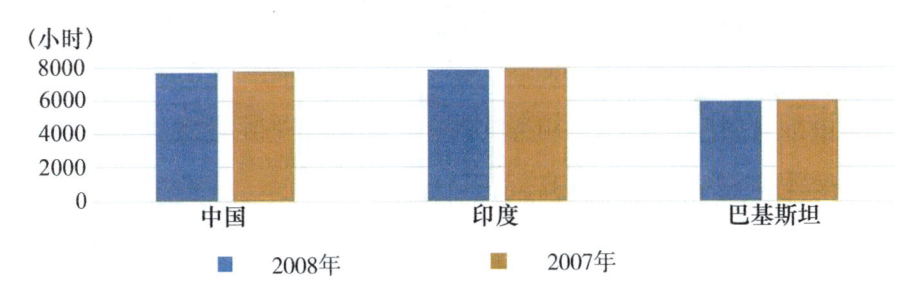

图 5.8 人均年工作时数（按全日制工作量计算）

来源：全巴基斯坦纺织厂协会提供的巴基斯坦纺织品统计数据

此外，在产能利用率方面，中国和印度每年使用的有效纱锭较多，巴基斯坦最少（见图 5.9），这可能反映出纺织行业的工业产能未得到充分利用。

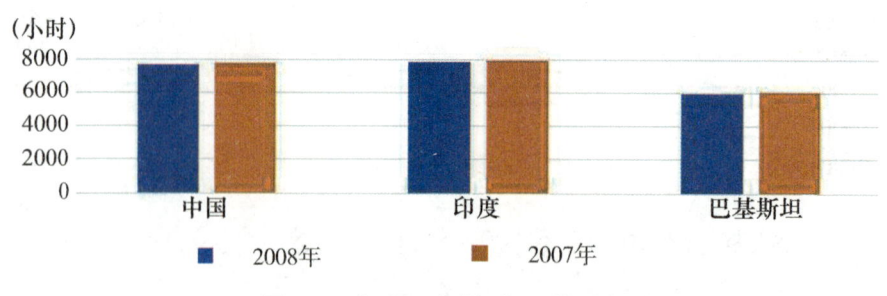

图 5.9 每个工作锭/年工作时数

来源：全巴基斯坦纺织厂协会提供的巴基斯坦纺织品统计数据

每年使用工作织机的情况也类似（见图 5.10）。

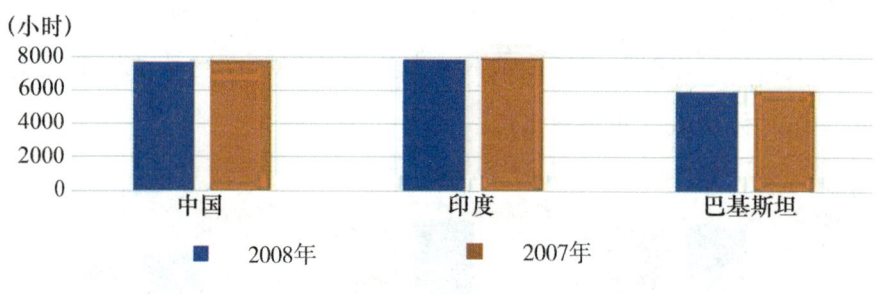

图 5.10 每台工作织机的工作小时数/年

来源：全巴基斯坦纺织厂协会提供的巴基斯坦纺织品统计数据

然而，对谢赫乌普拉纺织业的个案研究显示，这个位于拉合尔乡村的纺织业中心，雇主为避免外包漏洞、罚款和赔偿会少报就业人数。在这种情况下，现行的制造业普查可以发现一些新的趋势和数据。

五、纺织行业面临的问题与挑战——更广阔的视角

出口下降与就业机会减少有关。出口需求的下降会造成生产供应过剩（需求下降）。因此，需要雇用的劳动力就会减少。此外，

本土需求是有上限的，贸易部门才是投资和创造就业的主力军。不幸的是，巴基斯坦的贸易部门业绩不佳，这导致了包括纺织业在内的制造业就业表现不佳。

尽管政府在《2015—2018年战略贸易政策框架》中宣布了多项促进措施，如成立进出口银行，将出口再融资机制的加价率从2010年的9%降至目前的3%，在商务部成立服务贸易发展理事会，以及将长期融资机制（LTFF）从11.4%降至6%，但出口额持续下滑（2016年7月至2017年3月期间出口总额下降3.06%），且在随之而来的2017—2018年度中下降了1.67%。所有数据都表明，政府的监管政策是失败的。卢比部分被过高估值，这对该国的出口构成了最严峻的挑战。

纺织品制造业面临的挑战（其中一些是整个制造业共同面临的）包括：能源和其他资源的短缺；融入全球价值链困难，如精密化程度不高；产品缺乏多样化；缺乏精密化而导致增长停滞；技术升级乏力；简化的税收制度。

上述挑战表明，这个占主导地位的行业面临着一个巨大的难题——极度缺乏竞争力。首当其冲的是缺乏满足生产需求的电力。这个问题已经存在几十年了，不过，在不久的将来，这个问题似乎会得到解决。发电量较低的问题可以通过中巴经济走廊对能源部门的大量投资得到解决。然而，目前的能源危机已经对纺织业产生了严重的负面影响。缺电导致产量大幅下降，浪费严重，整体发展迟缓，能源分配不均，使得经济发展更不平衡。

巴基斯坦国内较高的生产成本是导致其国际竞争力下降的另一个因素。以合理的价格向工业部门持续供应天然气和电力等能源是必不可少的，但在巴基斯坦这类能源价格太高。与邻国的每度电电价相比，如孟加拉国（7.3 美分）、中国（8.5 美分）、印度（9 美分），巴基斯坦电价（14 美分）是最高的。而天然气价格百万英热单位相对于区域竞争国家也很高，如孟加拉国（1.90 美元）、印度（4.20 美元）、斯里兰卡（3.66 美元）、越南（4.33 美元）、巴基斯坦（7.32 美元）（《国家报》）。

同样，巴基斯坦高昂的经营成本也是降低出口竞争力的因素之一，包括最低工资的提高、7%的社会保障税、6%的雇员养老福利税、0.2%的出口和进口文件印花税、0.25%的出口发展附加税、2%的世界自然基金会电力税和每单位 1.5 卢比的线路损耗/盗窃税。运费，包括战争和恐怖袭击后的保险费、由于货运账单没有折扣而导致的进出口空运费的上涨，也加剧了巴基斯坦出口的下降。

在当前环境下，纺织业达到精细化成熟水平是一项艰巨的任务，几乎不可能完成。究其原因，与缺乏多样化和附加值有关。几十年来，纺织品的产品组合一直保持不变，处于低附加值的阶段。此外，由于政策的失败或执行不力，缺乏技术投资，导致产品设计陈旧，无法进入高端市场。由于该行业没有增加其附加值链的长度，其精细化并未随着时间的推移而得到改善。因此，诸如服装纺织品领域的规模仍然很小，几乎全部集中在天然纤维和相关材料上。然而，世界的重心已经转向可以创造更高价值的合成纤维布料和服装。

过去十年，纺织品制造业几乎没有表现出任何增长潜力。为了说明这一点，我们研究了该行业的附加值问题。问题本身在于未能打入更高级别的市场。全球价值链使其他国家提高了总体生产标准、质量和技术含量。这推动了生活质量和水平的全面提高。

总体而言，巴基斯坦的政策执行有一段相当负面的历史，因此技术改进政策的主要问题是实施。具体问题可归纳如下：在巴基斯坦，对前沿技术往往是浅尝辄止，没有进行测试，因为政策无法正确估计改变现状所需的技术要求、复杂程度、传播范围和技术类型。最重要的是，这些举措虽带来了修修补补的成功，但随后出现的问题和逆转更令人沮丧。其中一个逆转的例子就是滥用技术补贴。

发展中国家的财政问题十分严重，巴基斯坦的情况也是如此。往坏了说，它的税收系统已经崩溃，往好了说即十分低效。建立税收制度是为了提取部分收入用于政府支出，然而巴基斯坦的税收制度具有逆进性，对小企业来说往往过于苛刻。这打击了人们工作的积极性，从而影响高质量产品的产出。税收制度的复杂性，也给企业带来了难题，对规模较小的中小型企业来说更是如此。总而言之，税收制度的滞后会间接但显著地影响营商的便利性。

必须承认，纺织业近年来的竞争力并不强。这就像劳动生产率低下、创业不利、能源危机、创新不足等问题一样需要加以解决。巴基斯坦选择实行进口替代的政策。我们不应该因为暂时的挫折而放弃一项从长远来看对巴基斯坦有利的好政策。当然，我们需要建立更多的合资企业，提升竞争力，应用新技术，开拓更多市场，让制造业投资更多元，让制造业经营更便利，等等。概括起来，巴基斯坦的纺织品制造业存在以下核心问题。

——出口竞争力不足。纺织品占了出口的绝大部分，因此极为重要。如前所述，出口竞争力的缺乏导致了人口的增长和发展方面出现严重问题。出口竞争力只能通过提高先进性和技术含量来实现，而机器可以实现这一目的。

——汇率被高估。实际汇率升值导致价格竞争力下降，该国的出口产品对世界其他国家而言价格昂贵。出口产品价值低的问题依然存在，但卢比的升值进一步损害了巴基斯坦的国际价格竞争力。巴基斯坦国家银行的数据显示，巴基斯坦卢比在过去 5—7 年（REER 2010=100）升值了约 25%。从历史上看，巴基斯坦为了政治利益一直高估巴基斯坦卢比（Javed et al.，2016），没有考虑其对出口的破坏性影响。除政治利益外，对这种汇率态度的另一个原因可能是该国的内向型增长政策。当前，巴基斯坦似乎正朝着出口导向型增长的方向发展，因此货币政策需要朝着支持出口的方向调整，而不是被财政问题所左右。巴基斯坦已经面临着其他形式的竞争力不足，包括多样化不足、生产成本高、劳动生产率低，因此有效的汇率管理就变得非常重要。

——技能劳动力缺乏和劳动生产率低下。可以进口机械设备，但是这些设备的使用需要很多技能，这种技能人才少之又少。巴基斯坦在人力资源的数量、质量和培训设施方面都存在不足。此外，与其他南亚国家一样，巴基斯坦的技能发展一直侧重于就业能力而非生产力。要创新，必须将重点转移到技能培养上。然而，这对职业培训机构可能会是一个严峻的挑战。

纺织业创造就业的途径

纺织业创造就业取决于其增长速度和产能的提高，而这种增长和提高又取决于融资渠道（宽松的条件和环境）、有效的基础设施网络、高效的运输和本地技能型人才库。此外，国家能力、有关当局的承诺、增值所需的现代技术，产品在国际市场的竞争力，所有这些因素都会为创造就业机会带来光明前景，而缺乏这些则会减少就业。

纺织行业的快速复苏必然离不开多管齐下的综合战略，比如对现有动力织机进行升级，将传统纺织品转变为技术纺织品，从而提高布料的价格。此外，政府需高度关注无组织的纺织部门，因为它们像有组织的纺织部门一样资源不足。这种转型将降低经营成本，从而提高无组织部门的生产能力。为了应用新技术，纺织业应与费萨拉巴德国立纺织大学的技术纺织中心协同努力。

政府应为纺织业的发展提供政策支持，为老旧机器的更换提供资金保障，这将有助于提高中小型企业的生产质量和数量，最终为中小型企业带来更多的就业机会；应将重点从出口原棉纱线转向时装出口，同时实现棉花产业链的多样化；应将聚酯纤维与棉花混合，这样可以生产出多种产品。政府必须重视这一行业，因为它是外汇收入的来源，并为大众提供就业机会。

为了提高纱线行业的产能，并在国际市场上与印度和中国竞争，巴基斯坦需要解决电力供应问题，因为巴基斯坦面临着该地区最高的能源成本。大多数纺织业单位只使用了装机容量的50%，为实现满负荷生产，政府必须确保未满负荷生产的企业获得不间断的电力供应。此外，为了保证纺织业顺利运转并提高产量以创造更多就业机会，政府应立即支付纺织品出口商的退税，并确保其政策的连续性。

巴基斯坦需要为向重点市场出口纺织品的商人提供一定比例的退税。在巴基斯坦出口商获得普惠制贸易地位期间，印度政府已为其出口商实施了这一措施，以增加对重点市场的产品出口。巴基斯坦市场充斥着印度纱线和织物，因为巴基斯坦被顺带纳入了重点市场。

纺织业的所有弊病（包括生产力低下、本地技能低下、能源危机、缺乏提高生产力和盈利能力的研发、政策不确定和不一致、政治不稳定等）都与国家能力、政治领导力、体制改革和现任政府为国家利益服务的决心密切相关。所有发达国家都在进行充满活力和创新的机构改革，以制定和执行法律，改善人民的福祉。然而，巴基斯坦的体制结构效率低下，行政和财政部门已经陷入混乱的状态，贪腐分子对国家财富巧取豪夺。为确保包括纺织业在内的所有经济部门的生产力和盈利能力，对现有政府机构进行彻底改革势在必行。

除此以外，要有一个真正的、鼓舞人心的、务实的领导班子，制定替代性战略，解决困扰所有经济部门（尤其是纺织部门）的弊病。一项摒弃一切政治利益（去政治化）的审慎政策可以提高纺织部门的生产力，从而确保为大众提供更多的就业机会。

六、纺织制造业的未来

为确保纺织业的未来，还需要做很多工作。这并不只是确保不间断供应能源的问题，还是怎样以更低的成本供应能源的问题；也不仅是培养技能的问题，还是怎样培养创新技能的问题。需要制定一套全面的制造业政策，解决结构性问题。从过去的情况来看，这项任务并非易事，但是希望还是有的。中巴经济走廊为巴基斯坦提供了这样的机会。因为巴基斯坦在纺织业方面拥有明显的比较优势，所以巴基斯坦应该优先考虑纺织业，以解决纺织制造业的结构性问题，并提高巴基斯坦纺织业在中巴经济走廊中的价值。能源的供需缺口将很快得到解决，这将为巴基斯坦工业部门带来新的生机。然而，从现在开始，政府需要制定政策，确保以更低的成本供应能源，否则生产成本的进一步增加可能会抵消能源供应改善带来的收益。

不断变化的劳动力市场，以及中巴经济走廊和中亚区域经济走廊带来的一些重大机遇，可为工业部门提供更好的人力资本开发机会。这种转变促使我们探讨一些至关重要的问题，包括技能差距、技能不匹配和机构重组等问题。然而，这方面的成功取决于有效利用各种技能，以提高劳动生产率，而不是像过去那样仅仅提高就业能力。

然而，最重要的是，制造业（和纺织业）的未来取决于巴基斯坦如何有效地走向以出口促进为主导的增长和发展之路。必须最大限度地挖掘纺织品的出口潜力。一个完善的产品多样化计划可以对未来整个工业部门的经济增长作出重大贡献。这就需要在政策制定方面进行大规模的范式转变，包括技术提升、进一步融入全球价值链以及技能和劳动生产率的提高。

问题在于这些都是长期、长效的方法，因此短期的方案看起来更有吸引力些。纺织品的比较优势确实存在，但这种优势往往被能源不足、产品质量低下和缺乏价格竞争力抵消掉。从本质上讲，经济增长与出口有关，而出口又与注重先进性和融入全球价值链的改革政策有关。巴基斯坦需要立即把重点放在国际竞争力的短期来源——汇率管理上。

巴基斯坦很少有与纺织业相关的就业统计数据，这主要是因为随着时间的推移，纺织业产能下降，严重损害了就业前景，限制了新劳动力的进入。纺织业就业数据匮乏的另一个原因是，政府没有开展全面调查，没有向利益相关者提供有关生产、就业和纺织业活动等其他重要方面的最新信息。自 2006—2007 年以来，纺织业总就业人数呈下降趋势。

自 2013—2014 年以来，中国减少了对巴基斯坦纱线的进口，因此巴基斯坦需要为其纱线寻找新的市场，以保持其在国际市场上的竞争力，使纱线行业继续为大众提供就业机会。为了使纺织业顺利运转并提高产量，创造更多的就业机会，政府应该立即支付纺织出口商的退税，并确保其政策的连续性。

大多数纺织企业仅以 50% 的装机容量工作。为了实现满负荷生产，政府必须做出承诺，克服电力问题，为低于满负荷生产的企业提供不间断的电力供应。纺织业的满负荷生产将创造更多的就业机会，未来纺织业将继续在制造业中占据中心地位。中巴经济走廊的建设将使该行业更加多样化，技术水平和复杂程度得到提升，并为该行业带来更多高技能劳动力。如前所述，这将有助于纺织业克服许多由来已久的问题。此外，中巴经济走廊将使投资水平达到前所未有的高度，快速巨变的变革力量呼之欲出。

技术变革是世界经济的一部分，越早实施以技术为基础的改革政策和激励措施，效果就会越好。正如所讨论的那样，必须把重点放在中小企业身上，因为它们在创造就业方面潜力最大，需要制定"三管齐下"的政策，确保提高价格竞争力（有竞争力的汇率）、降低生产成本（营商便利）和改善人力资本（技能发展）。

参考文献

Amsden AH (2001). The rise of "the rest": challenges to the west from late-industrializing economies. Oxford University Press.

Das DK (2004). The economic dimensions of globalization. Palgrave Macmillan, Houndmills, Hampshire, UK.

Haider A (2010). Can sectoral re-allocation explain the jobless growth? Empirical evidence from Pakistan. Pak Dev Rev 49: 705—718.

Hamid N, Nabi I, Zafar R (2014). The textiles and garments sector: moving up the value chain. Lahore J Econ, 283—306.

International Fund for Agricultural Development (IFAD) (2014). Youth and agriculture: key challenges and concrete solutions.

International Labour Office (ILO) (2010). A skilled workforce for strong, sustainable and balanced growth: a G20 training strategy.

Javed SA, Vaqar A, Ali W (2016). Political economy of exchange rate misalignment: a synthesis of lessons for Pakistan, monetary policy, brief#55. https://sdpi.org/publications/files/political-economy-ofexchange-rate-misalignment-a-synthesis-of-lessons-for-pakistan-pb-55.pdf.

Javed SA, Vaqar A, Ali W (2016). Exchange rate and external competitiveness: a case of Pakistan, monetary policy series. http://sdpi.org/publications/files/exchangerateandexternalcompetitiveness.pdf.

Kaldor N (1967). Strategic factors in economic development. New York State School of Industrial and Labor Relations, Cornell University, Ithaca.

Khan JI (2005). Intra-model employment elasticities (a case study of Pakistan's small-scale manufacturing sector). Labour Econ, 10(1): 141—153.

Lanz R, Maurer A (2015).Services and global value chains: some evidence on servicification of manufacturing and services networks. WTO staff working paper no. ERSD-2015-03.

Levinson M (2013).Job creation in the manufacturing revival.Congressional Research Service.

Madheswaran S, Liao H, Rath BN (2007).Productivity growth of Indian manufacturing sector: panel estimation of stochastic production frontier and technical inefficiency. J Dev Areas, 40: 35—50.

Nabi I, Malik A, Hattari R, Husain T, Shafqat A, Anwaar S, Rashid A (2010).Economic growth and structural change in south Asia: miracle or mirage? Working Paper 10/0859, International Growth Centre.

Nagaraj R (1994).Employment and wages in manufacturing industries: trends, hypothesis and evidence. Econ Polit Wkly, 29: 177—186.

Reinert ES (2007).How rich countries got rich... and why poor countries stay poor.

Studwell J (2013).How Asia works: success and failure in the world's most dynamic region.

Thirlwall AP (1983).A plain man's guide to Kaldor's growth laws. J Post Keynes Econ, 5: 345—358.

World Bank, Commission on Growth and Development (2008).The growth report: strategies for sustained growth and inclusive development.

Zalk N (2014).What is the role of manufacturing in boosting economic growth and employment in South Africa? Econ3x3. www. econ3x3. org. Accessed 11 Feb 2014.

第六章 出口导向型制造业：斯里兰卡经济和就业增长的可行动力

维斯瓦纳坦·苏布拉马尼亚姆

一、引言

本文对斯里兰卡实现的实质性和公平增长的战略进行了回顾，为那些有兴趣了解亚洲新兴国家发展动态的人士描绘了一幅引人注目的图景。从更广泛的视角来看，这个岛国现在的发展困境与南亚后殖民时代遇到的发展困境完全不同。它在将人类发展指标提高到与先进国家相媲美的标准方面取得了显著成功，然而其利用资源的方式与其微薄的收入水平极不相称。

近些年，斯里兰卡的发展故事一直被区域伙伴经济体的飞速发展所掩盖。例如，2017年和2018年，南亚国家的国内生产总值增长率分别为6.9%和7.3%，而在类似的窗口期，斯里兰卡经济的年增长率则分别为4.5%和4.8%，低于平均水平（IMF 2017a, b）。鉴于目前的情况，斯里兰卡如此乏力的增长幅度尤其令人担忧。斯里兰卡刚走出一场破坏发展前景的灾难性内战，从理论上讲，该国应该正处于"和平红利"中，经济会持续加速增长，应该远远超过5%（Fonseka et al., 2012）。

当代劳动力人口构成的变化也使斯里兰卡处于不利地位。与大多数南亚国家不同的是，斯里兰卡处于人口红利的不利地位。换句话说，斯里兰卡已经过了人口反向依赖比率的最高峰，现在很快就会面临减轻人口老龄化对经济的不利影响的挑战（World Bank, 2011）。鉴于这种困境，斯里兰卡无法继续依靠劳动力成本差异进行竞争，因为劳动人口的老龄化终将导致工资水平的提高。因此，斯里兰卡应通过提高劳动力生产效率，而不是提升劳动力成本，来维持（若不能提升）劳动力竞争力水平。

在这种情况下，斯里兰卡必须实施一系列政策，在推动经济增长的同时，确保建立一个可持续的劳动力生成机制，以适应老龄化和更昂贵的劳动力市场。在这方面，斯里兰卡的地理位置优势可以发挥作用。斯里兰卡毗邻快速发展的新兴经济体（如印度），位于连接重要经济走廊的战略海上航线上。对于希望瞄准多个高价值市场的生产商而言，这是一个理想的枢纽。然而，简要回顾过去的历史就会发现，斯里兰卡在实施有助于出口导向的自由化改革方面喜忧参半。自由化浪潮中取得的进步已经被民族主义改革引起的经济不确定性抵消掉了。

本文认为，斯里兰卡要获得最大利益，便要逐步而坚定地发展以出口为导向的制造业，其中重点是打造先进的高价值出口系列产品。通过扩大出口潜力和提高供应能力来激发可行的增长势头。同时，这样的政策将促使更多企业向资本密集型生产流程转变，从而提高劳动生产率。

本文的结构如下。首先，本文概述了斯里兰卡的自由化改革经历，并回顾了该国的制造业发展。接着，本文分析了该国的劳动力市场，并简要概述了各种扭曲现象，特别是与青年失业、技能不匹配、女性失业和公共部门偏好有关的现象。最后，本文探讨了斯里兰卡与南亚地区的互动，重点是利用正在迅速发展的印度中产阶级，将其作为一个可行的市场，最大限度地挖掘出口潜力。

二、集群式自由化改革

20世纪后半叶，斯里兰卡的发展轨迹深受殖民地时代殖民统治者颁布的决议的影响。1832年，科尔布鲁克-卡梅伦委员会将自由放任主义的信条引入斯里兰卡，并建议建立具有名义监管范围的开放型经济。通过推动私营企业参与、加大外国投资，以及国家机构提供行政服务，加快经济发展，大力推行外向型发展战略（Waidyanatha，2001）。

在殖民地时期，第二产业（包括制造业）主要集中在家庭产业，如篮子编织、手工织布和木工等。由于私营企业家（主要是英国企业家）不愿将投资从利润丰厚的作物种植业转向这些全球需求稀少的本土产业，因此这一产业很少受到关注。独立前，斯里兰卡尽管相对孤立，但拥有双重开放式经济，其特点是由少数人利益控制的以出口为导向的种植园经济和为大部分本地居民服务的自给自足的农业与传统家庭工业并存（Amjad et al.，2015）。

1948年，斯里兰卡独立，但没有立即缓解这种资本和资源分配上的差异。国际市场上高昂的商品价格意味着大量的收入流入，掩盖了经济结构中的失衡。斯里兰卡（当时的锡兰）的人均收入大幅提高，随之而来的稳定为制定能够被广为接受的国家福利措施奠定了基础。在此期间，斯里兰卡的表现超过了其区域合作伙伴，甚至被许多人戏称为"亚洲的最佳选择"（Wriggins，1960）。然而，斯里兰卡继续作为一个外向型经济体发挥作用，出口产品种类极少，主要是一些简单的商品。因此斯里兰卡的发展与其出口商品，即茶叶和橡胶，在迄今稳定的国际市场上的表现密不可分。

20世纪60年代，必需品价格的长期下跌对斯里兰卡的经济造成了严重影响。出口收入减少导致增长萎缩，并引发了国际收支危机。为此，斯里兰卡加大了进口限制，来解决往来账户失衡的问题。随着经济困境的持续，政府的应对措施是大力加强市场准入壁垒。这种反复的干预逐渐导致经济重心从出口导向转向进口替代。

在转向进口替代的过程中，政策制定者努力刺激本土工业生产国内市场所需的消费品，从而使不发达的制造业受到重视。仅在1960年到1963年期间，就有超过1000家中小型企业投入运营，而在此之前的15年中，只有500家企业投入运营（Dias，1987）。此外，在20世纪60年代的后5年里，实际制造业产出增长了9.5%，是当时最高的增长纪录（Athukorala and Rajapathirana，2000）。

遗憾的是，这种增长并没有持续。斯里兰卡资源基础有限，投资能力薄弱，使得制造企业没有足够的经济实力来支撑其生产过程。此外，斯里兰卡的国内市场相对较小，不足以维持大规模的资本密集型生产过程。更重要的是，进口替代机制无法缓解斯里兰卡严重的国际收支赤字。

现有文献表明，限制性的贸易政策注定要失败，因为政策制定者没有考虑到已有和计划中的制造企业的投入构成。国内市场生产轻型消费品的行业严重依赖进口原材料（Athukorala and Rajapathirana，2000）。此外，国内企业缺乏建立和提供资本密集型生产流程的技术知识。其中，制造企业在生产过程中极其依赖进口机械和专业知识（Dias，1987）。在国际市场上，斯里兰卡的出口收入仍广泛依赖三种传统种植作物。直到1977年，进入保护主义时代近20年，斯里兰卡的制造业仅占总出口的15%（Vidanapathirana，1993）。

在1977年大选期间，人们开始关注工业发展停滞、消费水平下降以及对初级产品出口的持续依赖等问题。坚定的反现任政府力量使中右翼政府上台执政，该政府致力于解除对贸易政策的限制。因此，斯里兰卡推行了一系列根本性的自由化政策改革，标志着与几十年来的进口替代政策彻底决裂（Yiping et al.，2013）。这些改革措施的主要目标是实现由廉价但熟练的劳动力驱动的出口驱动型增长，并由外国投资来维持。

自由化带来了许多积极的影响。经济增长率从先前2.9%的平均水平增至自由化后的6%以上（Yiping et al.，2013）。斯里兰卡经济结构发生了显著变化，从依赖种植园的土地密集型出口组合逐渐转向偏劳动密集型、以制造业为导向的商品组合。在这些改革的推动下，制造业在商品贸易总额中所占的份额从20世纪70年代中期的5%上升至2000年的70%以上，而农产品出口（主要是茶叶、橡胶和椰子产品）所占的份额则从1975年的78.7%下降至2016年的8%。

大量外国投资涌入劳动密集型行业，为斯里兰卡的制造业发展提供了更多动力。纺织和服装业很快成为最重要的制造业出口部门，到2016年，约占制造业总量的60%，占出口收入的45%以上。该行业的快速增长是由于《多种纤维协定》（1977年）对发达国家的服装出口实行了严格的配额限制。自由化改革之后，斯里兰卡在非技术和半技术劳动力方面具有比较优势，同时拥有一个几乎未被动用过的配额池（Athukorala and Ekanayake, 2014），因而成为服装业投资的理想目的地。

不幸的是，这种经济的快速增长只是暂时的，因为新政府无法保持自由化的势头。新政府继续将资金用于大规模投资项目，而效率低下的国有企业仍在运营。在斯里兰卡北部和东部地区，武装力量与叛军之间的冲突升级，问题进一步恶化。普遍存在的政策不确定性和挥之不去的社会经济问题阻碍了制造业取得长足进步。制造业产能的利用率从1977年的60%增长到1980年的70%，但在接下来的数年里都停滞不前（Kelegama, 1992）。此外，规划和管理方面的失误也造成了结构性产业发展的缺陷。正如卡乐伽玛（1992）指出的，斯里兰卡的经济脆弱不堪，严重受到"不稳定的增长势头、不平衡的经济增长以及不充分的出口导向"的影响。

随后，为了重振经济，斯里兰卡在1989年重新开始了自由化改革。这项决议常被称为"第二次自由化改革浪潮"，涉及工业化和经济政策的全面改革。黄益平等人（2013）详细介绍了这些战略。他们指出，"改革浪潮涉及宏伟的私有化计划、大幅简化关税结构、取消对往来账户交易的外汇管制和宽松的外国投资法规，以重整外向型经济"。同时，改革的重点还包括实施更加公平的发展模式。例如，1990年通过的《工业促进法》注重促进工业多样化，加强制造业的地域发展。

重要的是，第二次自由化改革浪潮深刻影响了人们对外向型经济作用于社会经济发展的认识。正如邓纳姆、卡乐伽玛（1997）所说："这样的改革在整个政治领域形成了事实上的共识，即在一个拥护市场的开放自由的经济政策体系中，经济增长是可以实现的。"这些举措塑造了未来几十年斯里兰卡的发展轨迹。

2004年，统一人民自由联盟进入政治领导层之后，斯里兰卡的制造业经历了进一步的变革。新政府的主要目标是通过彻底打败武装叛乱分子来结束内战。在国际援助的支持下，这场军事行动为武装部队取得了巨大且看似持久的胜利，阻碍斯里兰卡发展的一大障碍由此迎刃而解。影响投资者信心的社会经济不确定性（尤其是对制造业）已经得到缓解，斯里兰卡北部和东部的大部分地区现已开放，可以开始开发活动。在政治稳定的背景下，斯里兰卡有望进入加速增长期。

然而，斯里兰卡独立后，对改革的热情没有持续下去，这似乎是斯里兰卡的一个普遍趋势。冲突的停止为以民粹主义和民族主义言论为幌子的国家干预和进口替代计划的重新出现铺平了道路。政府在农村地区实施了大规模的基础设施建设计划，国有企业的地位也有上升的迹象。这些企业继续大量消耗国家资源，并阻碍了私营企业的发展，特别是在制造业领域。

自2004年以来，一系列税费征收严重阻碍了自由化的势头。珀塞尔和艾哈珊（2011）基于大量研究得出结论称，斯里兰卡的总保护利率（关税和平行关税）在2002年至2004年初期略有上升，在2004年至2009年间翻了一番。同时，斯里兰卡对农业的平均保护率从 28.1% 提高到 49.6%，而对工业产品的平均保护率从 10.7% 提高到 24.1%。总体而言，进口保护率从 13.4% 增长到 27.9%。由于进行了多次权宜之计的贸易改革，斯里兰卡的保护主义结构变得错综复杂，以至于这个岛国可以被归类为"关税体系复杂性的世界纪录保持者"（Pursell and Ahsan，2011）。作者认为，关税飙升的原因是政府官员更多地使用准关税来保护国内产业，同时通过一些非直接机制为国库积累财政收入（Pursell and Ahsan，2011）。

因此，人们十分期待现任政府能够采取一些新措施，使斯里兰卡重新走上自由化的道路，并确保通过外国投资提高工业实力。遗憾的是，实际行动明显有别于选举时所做出的承诺——许多方面并未得到显著改善。斯里兰卡的经济仍然处于不稳定状态，国家的作为（和不作为）使问题进一步复杂化。对外借贷激增，贸易赤字恶化，外国投资减少和通货膨胀将严重影响消费者的福利。

三、制造业的表现

在独立之初，斯里兰卡拥有优于大多数亚洲国家的经济实力（World Bank，2004）。然而，70 年后，这个岛国发现自己落后于如今拥有强大经济实力的大陆伙伴。斯里兰卡落后的一个主要原因或许是未能充分刺激制造业生产力的提高。如上节所述，断断续续的自由化改革、政策推进的不一致，也阻碍了制造业的发展。本部分概述了斯里兰卡的制造业，并进一步强调了劳动的创造能力。

如图 6.1 所示，制造业一直不稳定，也未能实现高于全国平均水平的持续增长。持续增长期间所获得的动力被软弱无力的表现所抵消（总体表现）。2004年以来，制造业的增长一直被经济增长所掩盖。制造业的发展一直受到内战的影响，直到2009年内战结束。敌对行动的停止带来随后一段时期内经济的小幅增长。

图 6.1　国内生产总值与制造业增长率对比（1960—2015年）

来源：斯里兰卡中央银行年度报告（Athukorala and Rajapathirana, 2000)

表6.1呈现了过去40年斯里兰卡国内生产总值以及各产业占比的变化情况。显然，农业在国内生产总值中的占比显著降低，特别是在1995年至2015年的20年间出现了大幅下降。与印度的经历相似，斯里兰卡的工业构成（包括制造业）实现了跨越式发展，与此同时，服务业的大幅增长弥补了农业部门的衰退。如上所述，制造业增长乏力导致国内生产总值的增长微乎其微。在这40年间，制造业占比仅增加2.3%。相比之下，服务业在同期增长了14.1%。

表 6.1　各产业在国内生产总值中的构成（百分比）

年份	1975	1980	1985	1990	1995	2000	2005	2010	2015
农业（%）	30.4	27.6	27.7	26.3	23.0	19.9	12.7	8.0	8.2
工业（%）	26.4	29.6	26.2	26.0	26.5	27.3	30.2	26.6	27.3
服务业（%）	43.2	42.8	46.1	47.7	50.5	52.8	57.3	54.6	57.3

续表

年份	1975	1980	1985	1990	1995	2000	2005	2010	2015
制造业 a（%）	13.1	18.3	18.2	17.4	20.4	15.8	16.3	17.3	15.4

来源：斯里兰卡中央银行年度报告

注：制造业 a 是工业的一个组成部分

图 6.2 描述了制造业细分行业占制造业总产出的百分比。斯里兰卡中央银行年度报告显示，2002 年至 2014 年，"食品、饮料和烟草"是制造业附加值贡献最大的行业，其附加值占制造业的比重从 2002 年的 37% 稳步上升至 2014 年的 51%。这些产业主要面向国内市场。同时，外向型产业的附加值增长缓慢。例如，在过去十年中，最大的外向型行业——纺织和服装行业的附加值份额一直停滞在 20% 至 25% 之间。

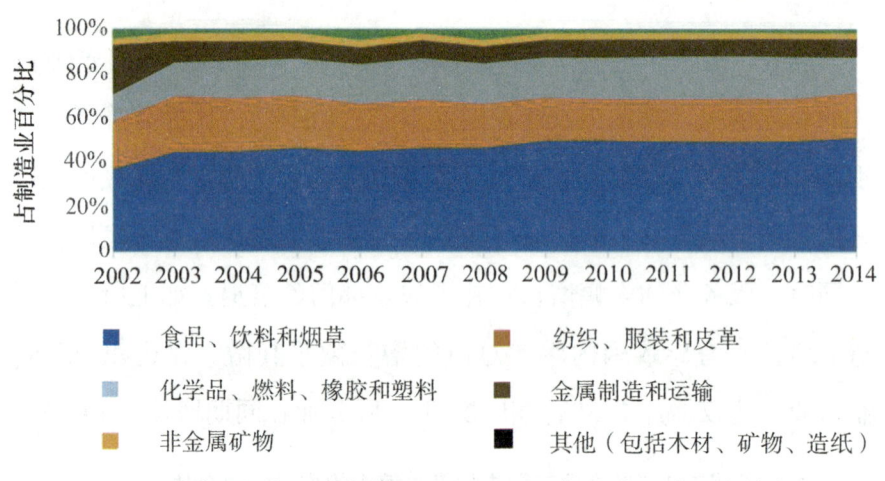

图 6.2 制造业子部门附加值（2002—2014 年）在制造业中的占比

来源：斯里兰卡中央银行年度报告

表 6.2 列举了 1991 年至 2016 年 25 年间斯里兰卡特定年份出口的产业分类。如表所示，在这一时期，出口总额增长了约 407%。然而，仔细研究就会发现，这种增长是断断续续交错出现的，高速

增长期产生的动能被停滞期所消解。例如，1991年至1996年间，出口总额翻了一倍，但在随后的5年中仅增长了17.6%。同样，虽然2006年至2011年间出口增长了53%左右，但随后几年的业绩下滑导致出口值下降了2%左右。2016年的出口总额为103.1亿美元，较之前有所下降。

表6.2 特定年份商品出口额和构成的产业分类

行业	出口额（百万美元）						构成占比（%）					
	1991	1996	2001	2006	2011	2016	1991	1996	2001	2006	2011	2016
农业	808	1089	1107	1498	2568	2370	40	27	23	22	24	23
工业	1226	3006	3710	5383	7991	7940	60	73	77	78	76	77
总计	2034	4095	4817	6881	10559	10310						

来源：斯里兰卡中央银行年度报告

在此期间，农业在商品出口中的份额明显下降。下降的原因可能是农产品市场的动荡，以及资本逐渐从种植园三巨头（茶叶、橡胶和椰子）流出。此外，下降也可以归因于价值链的升级。例如，国内种植的天然橡胶已被用于满足当地橡胶制品制造商的需求（EDBSL，2012）。

图6.3显示了世纪之交以来，斯里兰卡的主要出口产品。显而易见，这个岛国的出口产品仍然非常单一，仅有两种产品（均来自服装行业）的出口收入超过了10亿美元。截至2016年，斯里兰卡约59%的出口收入都来自服装行业。由此可以推测，斯里兰卡对种植园的严重依赖已经转为对服装出口的依赖。从好的方面看，加工橡胶产品——特别是充气轮胎和工业手套——在过去十年的后半段实现了出口收入的迅速增长。天然橡胶价格的急剧下降导致农产品出口萎缩，这也是后来出口下降的原因。

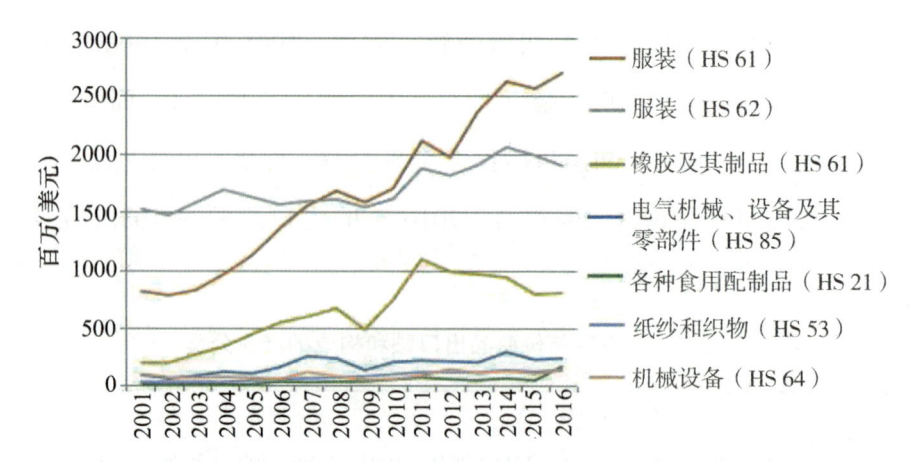

图 6.3　按 2 位数进出口商品编码的初级制造业出口（2001—2016 年）

来源：联合国商品贸易统计数据库 https://comtrade.un.org/data/

如图 6.4 所示，西方世界，如美国和欧盟，是斯里兰卡生产产品的主要市场。这并不奇怪。斯里兰卡的服装业以订单为导向，迎合西方富裕经济体的品位和偏好。因此，鉴于该行业在制成品出口总量中的主导地位，出口目的地必然向西方国家倾斜。然而，可以推断的是，

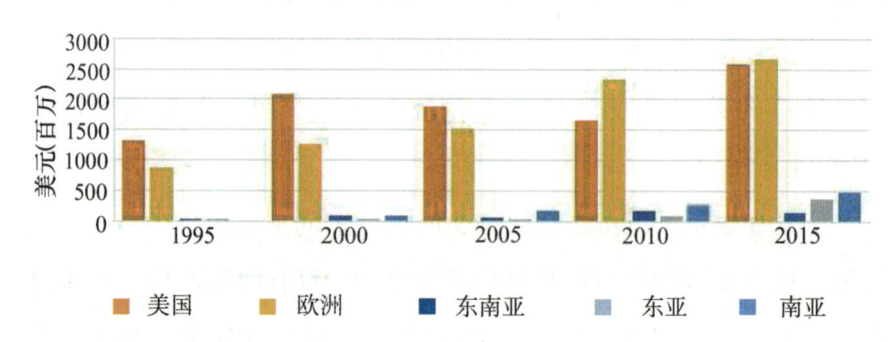

图 6.4　制成品主要出口目的地（特定年份）

来源：2016 年联合国贸易与发展会议，贸易与发展会议统计数据库，商品贸易矩阵——产品组，出口额（千美元）/年，http://unctadstat.unctad.org/wds/TableViewer/tableView.aspx

自世纪之交以来,斯里兰卡已越来越多地转向亚洲市场。出口到这些目的地的主要产品包括充气轮胎、电子产品和特定的服装产品。

从表6.3可以看出,斯里兰卡未能开发出一个全面的"出口产品篮子"。该表比较了与部分竞争国家相比的"出口产品数量"总量(3位数国际贸易标准分类)和"多样化指数"下的出口多样化情况。在这方面,"多样化指数"计算的是"一个国家的贸易结构与当代世界结构的绝对偏差",指数越高,说明与世界模式的差距越大(UNCTAD,2012)。由于马来西亚和越南过去的经济结构与斯里兰卡相似,并实行以制造业为驱动的外向型发展战略,因此这两个国家被当作参照国。

在1995年至2015年的20年间,斯里兰卡的出口投资组合扩大了13%。相比之下,马来西亚和越南的出口篮子分别扩大了2%和26%。然而,从表6.3可以看出,斯里兰卡在扩大其出口组合多样化方面略有退步。20年来,该指数降低了0.019个百分点。相比之下,马来西亚和越南的出口多样化举措分别下降了0.077和0.119个百分点。

表6.3 多样化的比较

国家	出口产品数量		多样化指数(%)	
	1995	2015	1995	2015
马来西亚	248	254	0.517	0.440
斯里兰卡	173	196	0.749	0.730
越南	199	251	0.670	0.551

来源:2016年联合国贸易与发展会议,贸易与发展会议统计数据库,按经济体划分的产品集中度和多样化指数 http://unctadstat.unctad.org/wds/TableViewer/tableView.aspx

此外，由于产品多样性不足，斯里兰卡的制造业也面临着高技能劳动力和技术密集型产业匮乏的问题。图6.5比较了斯里兰卡当前和过去的劳动力、资源和技术密集程度。如图所示，制造业出口各组成的变化并不大。在20年里，"中等技能和技术密集型"产业得到了扩展，但这种变化不足以改变对劳动力和资源密集型产业的依赖。

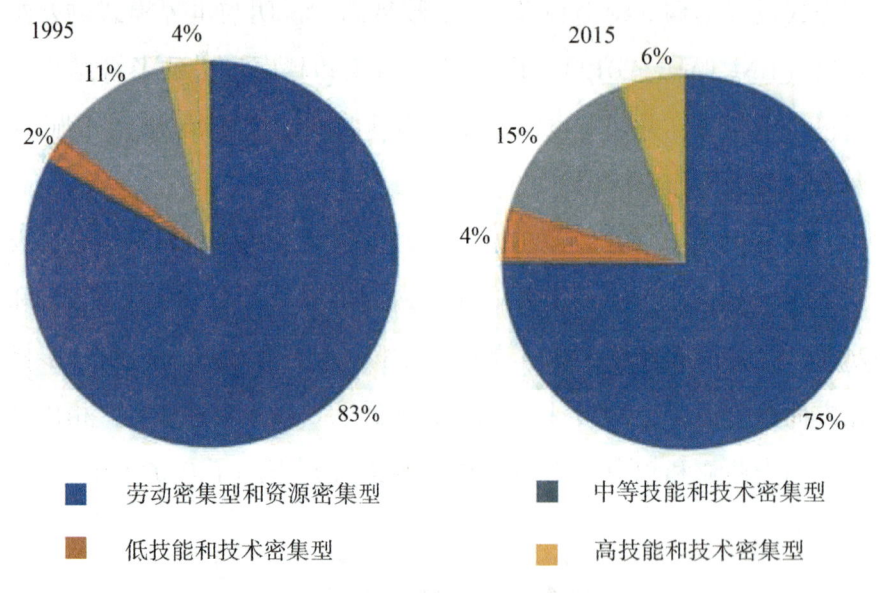

图6.5 制造业出口劳动力、资源和技术密集度对比（特定年份）

来源：2016年联合国贸易与发展会议，贸易与发展会议统计数据库，商品贸易矩阵——产品组，出口额（千美元）/年，http://unctadstat.unctad.org/wds/TableViewer/tableView.aspx.

服装出口占主导地位是这方面缺乏进展的一个主要原因。事实上，斯里兰卡的主要服装制造商在向新的利润丰厚且技术密集型的行业扩张方面取得了巨大进展，但是较低层次的服装业还没有取得足够的进展来引发明显的变化。

为了进一步扩大制造业，所有行业的利益相关者都应该尝试进入更高价值的细分市场。

四、劳动力市场：概述

对斯里兰卡劳动力市场的研究揭示了一些与其他南亚国家不同的难题。虽然斯里兰卡在独立后迅速发展了社会经济，但在消除阻碍行业流动和某些劳动力市场扭曲和不足方面却收效甚微。特别是，斯里兰卡的劳动力受到僵化的劳动法、技能不匹配、对公共部门的依赖以及妇女就业率不高等问题的困扰。

如前文所述，有迹象表明，斯里兰卡正在向类似新加坡的行业驱动型发展转变。然而，政策制定者应牢记，这种模式不会像制造业那样创造就业机会。钱德拉西里（2011）证实了这一点，他认为制造业保持着最高的劳动力需求弹性。考虑到斯里兰卡相对较弱的制造业基础，在尽可能短的时间内吸引高价值劳动力发展制造业，成功机会更大。

（一）劳动力市场：概况

表6.4提供了2016年斯里兰卡劳动力市场统计数据。

如表6.4所示，根据世界发展指标数据库的数据，斯里兰卡的劳动人口参与率接近54%，略低于南亚55%的平均水平（World Bank，2017）。虽然总失业率徘徊在自然失业率附近，但参与率中明显的性别差异尤其令人担忧，下文将对此进行详细阐述。

从较长时间跨度来审视斯里兰卡劳动力的行业分类，可以发现其变化趋势与经济优先项的波动趋势一致。例如，在独立后的几十年里，农业是就业的主要提供者。然而，随着国内对工业（包括制造业）的重视，加上农业生产的波动，导致更多劳动力从农业流向制造业。与此形成鲜明对比的是，服务业的劳动力构成在自由化初期略有恶化，但自 20 世纪初以来又大幅增加。从图 6.6 中可以看出上述变化。

表 6.4 2016 年斯里兰卡劳动力市场概况

指标	总数	男性	女性
人口（15 岁及以上）	15,468,203	7,168,508	8,299,695
不同年龄段的劳动力	8,354,841	5,369,143	2,985,698
劳动力参与率（%）	54	75	36
就业人口	7,830,976	5,097,798	2,733,178
就业率（%）	94	95	92
失业人口	347,994.32	144,966.86	203,027.46
失业率（%）	4.20	2.70	6.80
非劳动力人口	7,113,362	1,799,365	5,313,997
平均工资（美元）	190.4		

来源：斯里兰卡统计局（2017）

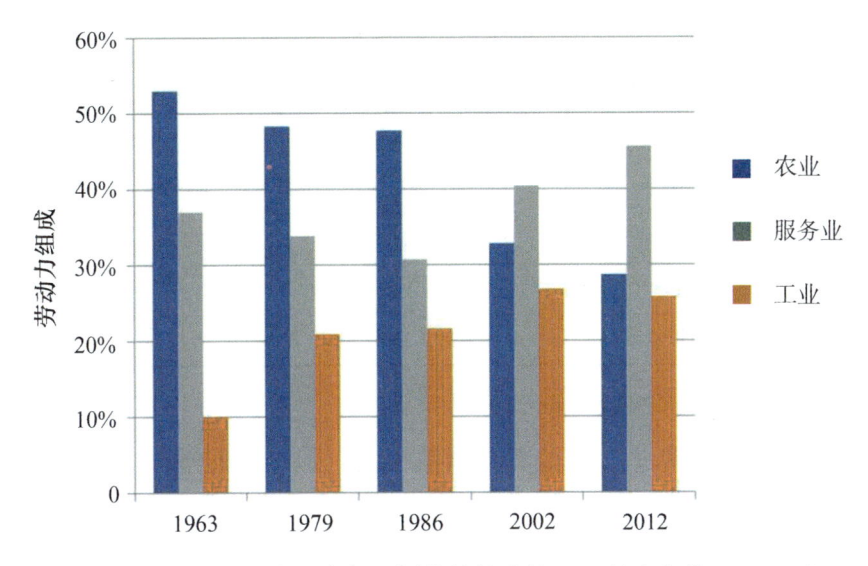

图 6.6 按经济部门划分的就业情况（特定年份）

来源：斯里兰卡中央银行，2016 年年度报告

（二）青年失业问题

斯里兰卡一直是亚洲教育进步的典范。由于数十年来在一些重点政策上取得了成功，这个岛国的人口识字率很高，且没有明显的性别差异。全国调查显示，截至 2015 年，斯里兰卡综合识字率为 93.2%，估计 94.1%的男性和 92.4%的女性具备基本语言能力（Central Bank of Sri Lanka，2017）。此外，斯里兰卡的平均受教育年限约为 10.8 年，大大高于南亚 5.5 年的平均水平（UNDP，2015）。斯里兰卡的这些数据与发达国家旗鼓相当，从区域角度来看，其取得的进步尤其具有示范意义。

表 6.5　细分行业就业与附加值（2012 年）

产业	就业人数	附加值（10 亿斯里兰卡卢比）
服装	266,750	177.9
食品和饮料	115,890	208.4

续表

产业	就业人数	附加值（10亿斯里兰卡卢比）
橡胶和塑料制品	52,413	62.9
纺织业	40,711	43.3
家具、制造业	20,330	22.0
其他	127,160	
总计	623,254	

来源：人口普查和统计局（2015年）

然而，尽管斯里兰卡的教育指数很高，但却未能解决工作人口中年轻群体长期失业的问题。2012年细分行业就业情况见表6.6。虽然许多南亚国家也面临着类似挑战，但从问题的复杂性和持续性来看，斯里兰卡的问题似乎更为尖锐。例如，虽然2016年的总失业率在4.2%左右徘徊（见表6.4），但2015年25—29岁公民的失业率高达9.7%（见表6.6）。此外，2015年的人口普查数据显示，该时期的总人口中，33%被归类为经济非活跃人口（人口普查和统计局，2016）。

表6.6 部分年龄组的失业率

年龄段	1990年	1995年	2000年	2005年	2010年	2015年
20—24	40.3%	38.2%	44.4%	24.6%	20.0%	19.8%
25—29	19.3%	20.1%	18.4%	9.5%	9.8%	9.7%

来源：斯里兰卡统计局《劳动力调查》

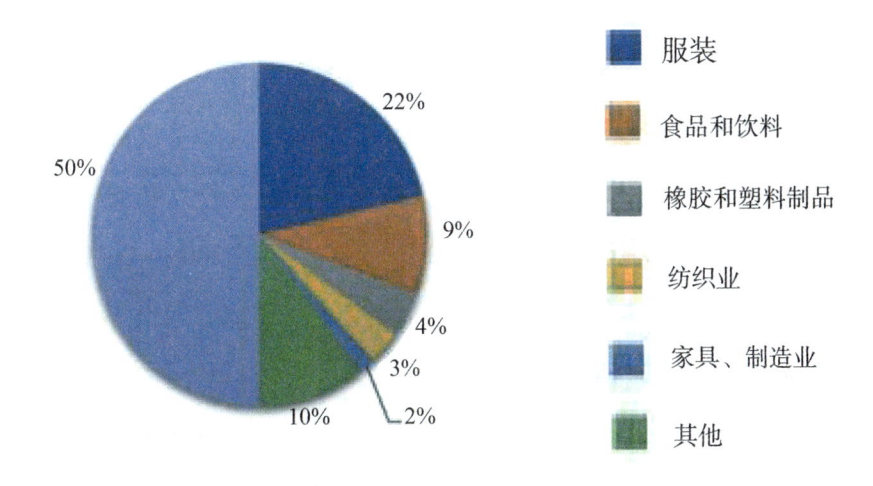

图 6.7　制造业的就业构成

来源：斯里兰卡劳工部《工业年度调查》

更为严重的是，统计数据显示，斯里兰卡的继续教育与就业存在脱轨的问题。截至 2015 年，完成高级阶段（高中）考试的公民的失业率为 9.2%，而未完成普通水平（初中）考试的公民的失业率为 2.7%。沃多皮维奇、威萨纳奇（2010）证实了合格劳动力面临的高失业状况，他们发现"在大学毕业后的前四年，失业的毕业生每年找到工作的比例仍然低于 20%"。因此，在斯里兰卡，教育进步似乎一直与中期失业相关。

人们已经对这种反常现象进行了深入研究，现有文献将这些差异归因于私营企业与劳动力市场预期的偏差。从供给角度大致推测，斯里兰卡的劳动力吸收率低，特别是在制造业部门，主要是因为（1）技能差距；（2）年轻人对在私营企业就业的热情下降。本文将对这些问题进行更详细的探讨。

(三) 技术不匹配

尽管斯里兰卡在提高中小学入学率方面取得了成功，但在提高教育质量方面没有取得足够的进展。世界银行的一项研究中已经提到了这一问题，该研究强调，"尽管与南亚邻国相比，斯里兰卡人接受教育的时间更长，但在教育质量和相关性方面似乎出现了问题"（Dundar et al., 2014）。国家对公共教育的资金投入不足使得这一情况更加复杂。据斯里兰卡中央银行报告，在2009—2019年间，国家教育支出平均占国内生产总值的1.935%，根据世界银行发展指标，低于全球和地区平均水平。

更为严重的是，在2014—2019年间，教育领域的支出一直被限制在国内生产总值的0.43%。这种拨款限制迫使当局不断放弃一些领域的发展，以平衡预算。其中，长期的投入不足严重影响了公共教育体系，而高等教育和职业培训机构首当其冲。自20世纪初以来，用于高等教育和职业培训的开支约占教育活动总开支的8%—10%。因此可以推断，在2013—2019年间，斯里兰卡在高等教育上的花费仅占国内生产总值的0.18%。斯里兰卡几乎没有私立大学，因此，如此微不足道的资金投入令人极为遗憾。这导致了能力提升举措的减少，反过来又加剧了限制中学教育向高等教育过渡的瓶颈。因此越来越多的年轻人发现自己在完成中学水平考试后，就不能再接受正规教育了。截至2014年，在参加中学水平考试的学生中，只有17%的学生能进入大学，另有30%的学生接受技术和职业培训。因此，仅在那一年，大约有14万青年（占新入职者的53%）进入劳动力市场，而他们仅接受过普通中等教育，缺乏特定的工作技能（Dundar et al., 2014）。

此外，对高等教育的考察，特别是对斯里兰卡高等教育的研究，揭示了阻碍技能发展的差异。教育标准的停滞不前和行业发展重点的不平衡，导致了所培养的毕业生具有的技能与期待员工具有的技能不匹配。例如，斯里兰卡的高等教育培养了大量社会科学和人文学科专业的学生。根据斯里兰卡统计局的报告，2014届毕业生中有57%来自"艺术"和"商业"相关专业。这些学科缺乏一定深度的定量和技术能力，而这些能力正是制造企业所需要的。

斯里兰卡的职业技术教育与培训服务是在中央高等职业教育委员会的主持下，由大量公共和私营机构提供的。与高等教育不同，职业技术教育与培训服务强调提供符合雇主期望的课程。因此，职业技术教育与培训的项目和学员受到了私营企业的欢迎，提高了劳动力质量。在斯里兰卡，超过20%的生产工人接受过培训，而在印度，只有不到10%的生产工人接受了培训，巴基斯坦和孟加拉国的这一比例则不到5%（Byiers et al.，2015）。由于职业技术教育与培训受到广泛赞誉，加上大学入学的限制，更多的年轻人选择职业技术教育与培训，而不是其他形式的高等教育。

然而，这些成功并不意味着职业技术教育与培训已经被普遍接受并成为高等教育的替代品。例如，尽管斯里兰卡政府精心策划了几次宣传活动来提高职业培训的形象，但职业技术教育与培训对公众的吸引力仍然非常有限。正如科拉莱奇、赫瓦帕蒂拉纳（2012）所说，"无论职业培训的就业前景如何，家长还是希望子女能尽可能地接受最高水平的教育，不管以后能否找到赚钱的工作"（Byiers et al.，2015）。

此外，一些批评者认为，职业技术教育与培训服务适合于需要大量低技能劳动力的劳动密集型行业。这种说法并非毫无根据，很大一部分培训项目都集中在有影响力的纺织和服装业，这些行业一直以来都是劳动密集型行业。有些人对这种强调表示不满，认为这一做法限制了对中高级技能的重视，从而导致精干的中层管理干部的短缺。国际劳工组织的报告证实了更高层次学习的短缺，指出只有2.2%的劳动力接受过中级技能培训（ADB，2016a，b）。

（四）女性劳动力参与率

对现有文献和数据的分析表明，在过去30年里，斯里兰卡与其地区伙伴一样，未能大幅提高其女性劳动力的参与率。由于这30年，斯里兰卡在促进教育平等方面取得了巨大进步，因此在促进女性就业上的表现令人费解。根据最新的人口普查（2012年），斯里兰卡13.6%的女性完成了高级水平考试，2.7%获得了大学学位。相比之下，10.9%的男性完成了同级别考试，2.6%获得了学位。尽管女性在高层次教育状况上略胜一筹，但她们在劳动力队伍中的参与度却很低。截至2016年，女性劳动力参与率仅在36%左右。虽然这比南亚其他国家的参与率要高，但仍低于世界（53%）和东亚（65%）的平均水平。更为复杂的是，女性的失业率历来比男性高得多。根据劳动力调查（2016年），女性失业率为6.8%，而男性为2.7%。

此外，人口普查统计显示，斯里兰卡约有74.7%的经济非活跃人口为女性。家庭责任是其不从事经济活动的根本原因。61.4%的受访女性表示，家务劳动使她们无法进入正式就业岗位。然而，这掩盖了这部分人口对经济的实际影响。在斯里兰卡，约24.2%的家庭由女性负责，这一比例在北部和东部饱受战争蹂躏的地区更加明显。据统计，许多人仍然处于失业状态，她们做一些非正式工作来维持家用。

在20世纪的大部分时间里，有关这个问题的文献较少，因为人们更多关注导致斯里兰卡失业问题的其他因素。然而，自世纪之交以来，人们对这种不平等现象的关注逐渐增加，研究成果也日益增多。这些研究表明，参与率的差异很大程度上是由一系列歧视倾向造成的，这与大南亚地区面临的情况相似。例如，以婚姻和家务为形式的僵化的社会规范阻碍了妇女参与正式就业，因为斯里兰卡的工作文化很少能适应外来的期望。历届政府都试图通过制定新的法律，要求企业提供带薪产假来纠正这种不平衡现象。然而，事实证明适得其反。正如马杜鲁瓦拉（2014年）所说，许多雇主认为，"在利润最大化的环境中，提供产假和育儿福利是额外的成本负担"。此外，那些休产假员工的职责往往会在员工中进行重新分配，从而增加了其他同事的负担。这在中低层干部中激起了敌意，并传播了对女性就业的负面看法（Maduruwala，2014）。这种负面情绪导致了对女性招聘的歧视，因为这一劳动力群体往往被认为成本过高，而且生产率较低。

（五）对公共部门的偏爱

根据现代标准，公共部门就业的吸引力一般低于私营部门，因为前者的薪酬水平较低。然而，在斯里兰卡，公共部门的工资"在较低的就业水平上超过了私营部门的工资"（Kelegama，2006）。考虑到更高的工作保障、养老金资格和较轻的工作压力等额外福利，应届毕业生更希望申请到公共部门的职位。卡乐伽玛（2016）指出，这种趋势常被称作"排队假说"，政府一直在迎合这种趋势，政府过去曾发起过各种计划招收毕业生进入公共部门工作。因此，未就业的毕业生更愿意等待"好"的公共部门就业机会，而不是私营部门中随时可得的"差"工作（Rama，2003）。私营企业，特别是制造业，受到这种现象的影响十分严重，由于招聘到的人数减少，导致熟练劳动力进一步短缺。

这种现象似乎是斯里兰卡进口替代时期的遗留问题。黄益平等人（2013）认为，这一时期对劳动力市场的不断干预强化了对国家作为"最后雇主"的依赖。此外，对外国投资的敌意阻碍了私营部门的劳动力回报，并进一步刺激了雇员就业偏好的转变。公共部门创造的就业机会很快就超过了私营部门，到1977年（自由化政策实施之初），仅制造行业的就业人数就超过了50%。此后，随着投资流入的增加，私营部门的劳动回报率也随之提高，随后的权宜性自由化举措逐渐削弱了公共部门的重要性。

然而，正如上文所述，2014年出现的统一人民自由联盟掌权后，自由化改革倒退，国家干预增加。这掀起了新一轮国有企业扩张的浪潮。2009年至2014年期间，国有企业的数量如雨后春笋般从107家增至245家，创造的就业人数从14.05万人增至"惊人的"26.16万人。政策研究所的一份报告（2016）证实了就业者中很大一部分是应届毕业生。该报告称，仅2014年，上届政府推出的"毕业生就业计划"就吸纳了51,420名毕业生进入公共部门工作（IPS，2016）。

此外，近年来大多数人不再认为公共部门就业工作满意度更高。斯里兰卡国家人力资源发展委员会进行的调查发现，由于长期的政治干预以及学位资格与职位需求的不匹配，已就业的毕业生（截至2013年）并未获得足够的就业满足感（NHRDC，2013）。

五、区域一体化——扩大与印度贸易,刺激制造业能力

南亚地区缺乏区域内贸易是有据可查的,在当代发展理论中这一现象已经被充分讨论。世界银行最近的调查显示,区域伙伴之间的区域内贸易和投资仅占南亚贸易和投资总额的5%和4%左右(Kathuria and Shahid,2017)。虽然促进一体化和互联互通的尝试屡见不鲜,但由于政局紧张持续不断、对区域机会的宣传不足,以及基础设施互联互通的缺乏阻碍了贸易和投资的流动,这些努力在很大程度上受到了影响。

此外,围绕南亚一体化的讨论也不能忽视印度在促进区域合作方面的重要性。印度人口多,地理位置优越,位于南亚中心,并且在过去三十年间发展迅速,这些奠定了它在南亚次大陆的影响力。理想情况下,可以利用印度在区域范围内的影响力,构建一个共生的南亚集团,使合作伙伴能够进入一个庞大的市场基地,共享重要资源,并加强无国界的技术转让。然而,事实并非如此。如上所述,各种因素在南亚国家之间形成了信任危机。此外,尽管印度在多个产品线上具有绝对的比较优势,增强了其对邻国市场的渗透(在双边层面上),但由于其无法遏制陈旧的保护主义机制,造成了不利于其区域伙伴贸易平衡的扭曲局面。鉴于建立一个流动的、富有成效的区域贸易区困难重重,许多南亚国家的利益已转向遥远的国际市场,以此最大限度地发挥出口潜力。斯里兰卡也不例外,从其贸易史来看,它从印度进口的商品越来越多,而对印度的出口总

额依然低迷。

对斯里兰卡千禧年后的贸易模式的研究表明，该国更倾向将西方市场作为可行的出口目的地。截至2015年，斯里兰卡对欧洲和美国的商品出口总额约占年出口的58%，而对南亚的出口，尽管地理位置相近，但仅占年出口的9.7%（Simoes and Hidalgo，2017）。相反，南亚一直是主要的进口来源地，该地区占同期进口总额的28%。然而，仅从印度的进口就占了2015年进口总额的26%，这表明斯里兰卡的区域内部贸易绝大部分都由印度—斯里兰卡双边伙伴关系占据。图6.8和图6.9进一步阐明了斯里兰卡与印度和南亚其他地区的贸易互动。显而易见，在这10年间，斯里兰卡对这两个地区的出口额和进口额似乎存在明显差异。

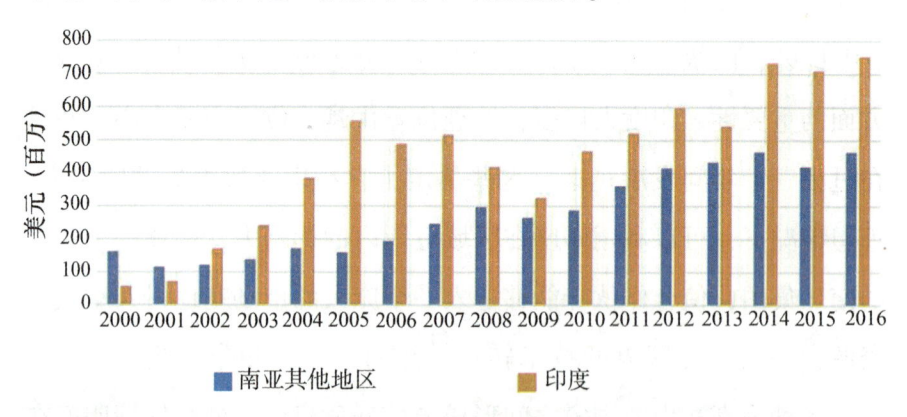

图6.8　2000—2016年期间对印度和南亚其他地区的商品出口总额

来源：2016年联合国贸易与发展会议，贸发会议统计数据库，商品贸易矩阵——产品组，出口额（千美元）/年。http://unctadstat.unctad.org/wds/TableViewer/tableView.aspx

这样的差异并不奇怪，因为印度与斯里兰卡在地理和文化上接近。印度半岛是斯里兰卡通往南亚大陆的门户，由于共同的宗教信仰、移民流动和可追溯到前殖民时代迅速发展的贸易关系，这两个

图 6.9　2000—2016 年期间从印度和南亚其他地区的商品进口总额

地区具有文化上的相似性。此外，两国因独特的地形不可避免地联系在一起，通常被人们称为"亚当桥"。这座"桥"是一些暗礁浅滩和小岛的总称，它在帕尔克湾形成了一个准地峡，阻止大型海上船只穿越印度半岛。在那里，两国从东部沿海地区前往西部沿海地区（反之亦然）的船只必须绕过斯里兰卡南部才能到达任何一方的海岸线。因此，建立健全、稳固的双边关系是维护两国经济和军事利益所必需的一项基本任务。

印度和斯里兰卡签署了《印度-斯里兰卡自由贸易协定》，该协定于 2000 年生效，被认为是南亚地区第一个此类协定（Kelegama and Karunaratne，2013）。此外，两国还在 2004 年签署了《南亚自由贸易框架协定》，但因贸易双方谨慎的贸易清单和成员国之间持续不断的冲突，而未能真正实现自由贸易（De Mel，2007）。截至 2016 年，印度是斯里兰卡的第二大进口来源国，仅次于中国，也是其第三大出口目的地，仅次于美国和欧盟（联合国，2017）。

然而，这些排名和条约掩盖了早先推断出的急剧增长的贸易不平衡。截至 2016 年，从印度进口的商品总额约为 38 亿美元，而同年的商品出口总额约为 7.5 亿美元。因此，2016 年的贸易赤字高达 30.7 亿美元。

虽然贸易赤字不一定是一种不利现象（因为进口可能包括国内市场无法获得的重要消费品和资源），但鉴于过去十年印度的出口渗透率增长乏力，贸易失衡的问题已经引起了广泛关注。而出口渗透的停滞是斯里兰卡持续依赖缺乏多样性和复杂性的低价值出口产品导致的（图 6.10）。例如，截至 2015 年，斯里兰卡向印度出口的主要产品为"咖啡、茶、马黛茶和香料"（HS 09）、"食用水果及坚果"（HS 08）和"动物饲料"（HS 23）等初级产品。这些产品在试图加速扩大出口渗透时范围有限，这是一个令人担忧的困境。在这种情况下，如果斯里兰卡想要最大限度地发挥贸易潜力，同时提高劳动力生产前景，最佳选择是扩大双边出口组合，包括更多满足印度人口需求的制成品。

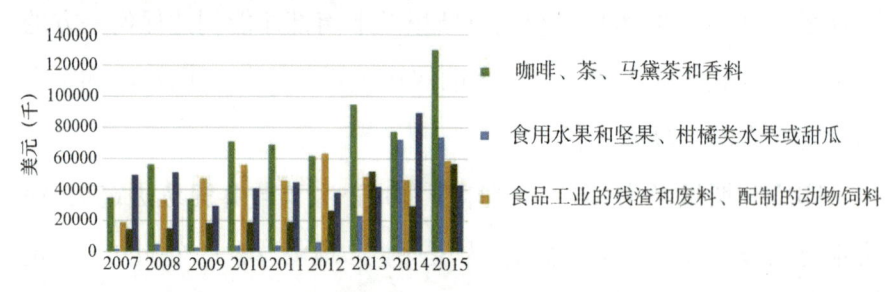

图 6.10 对印度的大量出口（2007—2015 年）

这一战略对斯里兰卡经济有双重好处。首先，国内生产商能够利用该国的消费者基础，斯里兰卡通常被誉为世界上增长最快的主要经济体之一（IMF 2017a，b）。在后自由化时代，印度的中产阶级如雨后春笋般涌现，这对印度尤其有利。最近一项研究表明，印度中产阶级的数量在 2004—2005 年度至 2011—2012 年度间翻了一番，目前几乎达到了总人口的一半（Krishnan and Hatekar，2017）。

在近在咫尺的快速新兴市场中瞄准如此庞大的消费者群体，不仅有助于斯里兰卡生产商获得更多收入，还能降低西方一些国家经济表现低迷所带来的风险。收入的增加反过来又会激励生产者提高供应能力，从而刺激劳动力的产生并改善经济增长前景。

此外，努力打入印度市场，有利于吸引必要的外国直接投资，以促进国内生产规模的扩大和技术转移。斯里兰卡的战略地理位置（坐落在印度的悬崖上，横跨多条重要海上航线），及其高效且受过良好教育的劳动力（与其他南亚国家相比），使其成为印度投资的理想之地，这些投资者希望在斯里兰卡建立生产中心，以满足印度和国际市场的需求。这一战略定位已得到证实。印度轮胎制造商锡特最初通过合资企业进入斯里兰卡，后来收购了斯里兰卡一家著名的轮胎制造商。该公司已经大大扩大了其消费者群体，现在向包括印度在内的全球 15 个国家供应充气和非充气轮胎（Athukorola，2014）。

然而，进军印度市场的潜在需求必须得到满足。如前所述，印度市场仍然受到陈旧的关税和非关税保护主义法律的保护。私营部门的利益相关者需要与政府密切合作，确定开放市场的具体方式。

六、未来展望

现任政府在竞选成功时做出了一项重要承诺：到 2020 年创造 100 万个就业岗位。近年来的研究表明，这一目标过于乐观。从 2011 年到 2014 年，就业总人数增加了 237,689 人，相当于每年增加了 78,230 人（IPS，2016）。因此，政府要想实现既定目标，就必须在尽可能短的时间内将就业增长率提高两倍。由于制造业劳动力弹性较高,加强对制造业的重视将有助于提高劳动生产率,促进目标的实现。

参考文献

ADB (2016a).Summary sector analysis: technical and vocational education and training. Asian Development Bank, Manila.

ADB (2016b).Country assesment programme evaluation—Sri Lanka. Asian Development Bank, Manila.

Amjad R, Chandrasiri S, Nathan D, Raihan S, Verick S, Yusuf A (2015). What holds back manufacturing in South Asia. Econ Political Wkly, 50(10):36-45.

Arunatilake N, Jayawardena P (2014).Explaining labor market imbalance in Sri Lanka. In: Gunatilaka R, Mayer M, Vodopivec M (eds).The challenge of youth employment in Sri Lanka. UNDP, New York, pp 69—90.

Arunatilake N, Jayasuriya S, Kelegama S (2001).The economic cost of the war in Sri Lanka. World Dev, 29(9): 1483—1500.

Athukorala P-C (2014).Intra-regional FDI and economic integration in South Asia: trends, patterns and prospects. South Asian Econ J, 1—35.

Athukorala P-C, Ekanayake R (2014).Repositioning in the global apparel value chain in the post MFA era: strategic issues and evidence from Sri Lanka. Institute of Policy Studies, Colombo.

Athukorala P-C, Rajapatirana S (2000).Liberalization and industrial transformation: Sri Lanka in international perspective. Oxford University Press, New York.

Byiers B, Krätke F, Jayawardena P, Takeuchi LR, Wijesinha A (2015).Manufacturing progress? Employment creation in Sri Lanka. Overseas Development Institute, London.

Central Bank of Sri Lanka (2017). Annual Report: 2016. Central Bank of Sri Lanka, Colombo.

Central Bank of Sri Lanka (Various Years). Annual Report. Colombo: Central Bank of Sri Lanka.

Chandrasiri S (2010). Effect of training and labor market outcomes. In R. Gunatilake, M. Mayer, & M. Vodovipec, The challenge of youth employment in Sri Lanka (pp 91—114). Washington DC: The World Bank.

Chandrasiri S (2013). Promoting employment intensive growth in Sri Lanka: ILO working paper series: no. 139 (pp. 1—58). Geneva: ILO.

De Mel D (2007). South Asia: towards a viable free trade area. South Asia Watch on Trade, Economics and Environment.

Department of Census and Statistics (2015). Annual survey of industries. Department of Census and Statistics, Colombo.

Department of Census and Statistics (2016). Annual Report: 2015. Department of Census and Statistics, Colombo.

Department of Census and Statistics (2017). Quaterly labor force survey. Department of Census and Statistics, Colombo.

Dias S (1987). Industrialization strategy in Sri Lanka–Changes in policy and promotional measures. Sri Lanka J Soc Stud, 51—82.

Dundar H, Millot B, Savchenko Y, Aturupane H, Piyasiri T (2014). Building the skills for economic growth and competitiveness in Sri Lanka. The World Bank, Washington DC.

Dunham D, Kelegama S (1997). Does leadership matter in the economic reform process? liberalization and governance in Sri Lanka, 1989—1993. World Dev, 179—190.

EDBSL (2012). Industry capability report: rubber products sector. Export Development Board of Sri Lanka, Colombo.

Fonseka D, Pinto B, Prasad M, Rowe F (2012). Sri Lanka: from peace dividend to sustained growth acceleration. The World Bank, Washington DC.

IMF (2017a). South Asia regional update. IMF, Washington DC.

IMF (2017b). World economic outlook. IMF, Washington DC.

Institute Advocata (2016). The state of state enterprises in Sri Lanka. Advocata Institute, Colombo.

IPS (2016). State of the economy 2016: sustainable financing for development. The Institute of Policy Studies, Colombo.

Kathuria S, Shahid S (2017). Boosting trade and prosperity in South Asia. In: De P, Rahman M (eds). Regional integration in South Asia: essays in Honor of Dr. M. Rahmatullah. KW Publishers, New Delhi, pp 7—35.

Kelegama S (1992). Liberalization and Industrialization: The Sri Lankan experience of the 1980s. The Institute of Policy Studies, Colombo.

Kelegama S (2006). Development under stress. SAGE Publications, New Delhi.

Kelegama S, Karunaratne C (2013). Experiences of Sri Lanka in the Sri Lanka-India FTA and the Sri Lanka-Pakistan FTA. UNCTAD, Bangkok.

Koralage KJ, Hewapathirane D (2012). Overcoming barriers to apprenticeship training in Sri Lanka. The Canadian Apprenticeship Journal, 27—37.

Krishnan S, Hatekar N (2017). Rise of the new middle class in India and its changing structure. Econ Political Wkly.

Madurawala S (2014). Female employment for inclusive growth: trends, issues and concerns of female labor force participation in Sri Lanka. The Institute of Policy Studies, Colombo.

NHRDC (2013). Recruitment of graduates into the public service and their contribution to productivity vis-a-vis their job satisfaction. National Human Resources Development Council of Sri Lanka, Colombo.

Pursell G, Ahsan F (2011).Sri Lanka's trade policies: back to protectionism. ASARC working paper.

Rama M (2003).The Sri Lankan unemployment problem revisited. Dev Econ 510—525.

Simoes A, Hidalgo C (2011).The economic complexity observatory: an analytical tool for understanding the dynamics of economic development. In: Twenty fifth AAAI conference on artificial intelligence.

UNCTAD (2012, March 22). UNCTAD indicators to analyze countries' trade performance. https://vi.unctad.org/news - mainmenu - 2/500 - unctadstat12. Accessed 06 June 2017.

UNDP (2015).Human development report. UN, New York.

United Nations (2017). UN COMTRADE analytics. Trade Data: https://comtrade.un.org/. Accessed 25 August, 2017.

Vidanapathirana U (1993).A review of industrial policy and potential in Sri Lanka. Sri Lanka Economic Association, Colombo.

Vodopivec M, Withanachchi N (2010).School-to-work transition of Sri Lankan university graduates. The World Bank, Washington DC.

Waidyanatha W (2001).Rationale for liberalization of Sri Lankan economy. Econ Rev.

World Bank (2004).Sri Lanka: development policy review. World Bank, Washington DC.

World Bank (2011).More and better jobs in South Asia. The World Bank, Washington DC.

World Bank (2017).World development indicators. World Bank, Washington

DC. Retrieved from World Bank.

Wriggins WH (1960).Ceylon: dilemmas of a new nation. Princeton: Princeton University Press.

Yiping H, Jian Chang, Athukorola P-C, Jayasuriya S (2013).Economic policy shifts in Sri Lanka: the post – conflict development challenge. Asian Economic Papers, 12(2):1—28.

第七章 南亚的经济增长与就业

阿吉特·K. 戈斯

一、引言

人们都说,南亚国家实现了相当快的经济增长,但这种增长在很大程度上不创造就业,所以它们现在面临着严峻的就业挑战。其实事实并非如此。不是所有南亚国家都实现了快速的经济增长,也不是所有国家的经济增长都未增加就业。我们可以说,这些国家的经济增长对就业状况的改善比实际情况要好得多。

但这意味着什么呢?正如我们将在下文中看到的,所有国家的就业增长实际上都与劳动力增长持平,但这不意味着就业条件的改善或恶化。要理解其中的原因,我们需要认识到南亚的经济结构——既有正式或有组织的产业,也有非正式或无组织的产业。正式产业提供良好的工作,但只雇用了一小部分劳动力。大部分劳动力在非正规部门就业,该部门存在大量剩余劳动力,许多工人就业不足,生产率非常低。由于一些人认为找工作是徒劳无益的,便不去找工作,所以劳动力参与率也往往很低。在这种情况下,经济增长只有在减少剩余劳动力存量(包括许多目前没有就业的潜在劳动力)时,才能改善就业条件。而这就要求将非正规部门中就业不足和生产率低下的劳动力转移到正式部门或非正规部门中生产率更高的工作岗位上。正是由于存在这种劳动力转移,南亚国家的经济增长表现相当糟糕。

为什么即使经济增长迅速,就业状况仍未能快速改善?答案在于增长模式的不恰当。在仍处于早期发展阶段的南亚经济体中,服务业一直异常重要(在国内生产总值中占异常高的份额)。此外,非同寻常的是,这些国家中大多数(孟加拉国是唯一的例外)的经济增长也是由服务业主导的。更为特殊的是,服务业的就业密度一直很低,现在也是如此,这与世界其他国家的情况形成了鲜明对比。

因此,南亚经济体的经济增长进程给就业带来的结构性变化微乎其微。从农业到非农业的工人流动太少,即使是这种小规模的流动,也往往是在非农业部门从事低生产率的非正式工作。

毫无疑问,南亚国家面临的就业挑战是巨大的。本文认为,即使"一切照旧"的增长可以持续(有理由认为以服务业为主导的增长将难以持续),也无法使这些国家有能力应对就业挑战。南亚国家过去的经验清楚地表明了这一点,必须调整增长战略的方向。应对就业挑战需要以制造业为主导的快速增长。

本文的框架如下:在接下来的第二部分详细分析南亚经济体在过去15年中的经济增长经验,以了解经济增长对就业条件的影响。第三部分概述这些国家面临的就业挑战。第四部分论述以制造业为主导的快速增长是应对就业挑战的必要条件这一论点。

本文所使用的统计数据来源于多个数据库：包括人类发展研究所（新德里）的 SARNET 数据库（通过收集国家来源的数据建立）、世界银行（WDI 数据库）、国际劳工组织（KILM 数据库）和亚洲开发银行（关键指标数据库）。有时使用简单的插值法来构建南亚五国数据库（孟加拉国、印度、尼泊尔、巴基斯坦和斯里兰卡）的数据库。中国、印度尼西亚、韩国、泰国和中国台湾地区等参照国和地区的部分数据也来源于同一数据库，如世界银行、国际劳工组织和亚洲开发银行。

二、南亚五国的经济增长与就业：2000—2015 年

（一）就业特点

在 2000 年至 2015 年的 15 年中，5 个南亚国家的经济增长情况都不算差，但只有 3 个国家——孟加拉国、印度和斯里兰卡的经济增长速度较快（表 7.1）。尼泊尔和巴基斯坦的国内生产总值增长缓慢，每年仅为 4%左右。另一有趣的发现是，这 5 个国家的国内生产总值增长和就业增长之间并不存在特别的关系：印度国内生产总值增长 7.2%时，就业增长 1.5%；巴基斯坦国内生产总值增长 4.1%时，就业增长 3.3%。另一方面，每个国家的就业增长都与劳动力增长密切相关，事实上两者几乎处于持平状态。

表 7.1　2000—2015 年增长率（年增长率%）

国家	国内生产总值	就业	劳动力
孟加拉国	5.8	1.2	1.3

续表

国家	国内生产总值	就业	劳动力
印度	7.2	1.5	1.4
尼泊尔	4.0	1.8	1.9
巴基斯坦	4.1	3.3	3.2
斯里兰卡	5.5	0.5	0.3

这些特征告诉我们，南亚经济体是劳动力过剩的双重经济体。在这些经济体中，国内生产总值的增长与就业增长无关；劳动力供应过剩，因此不存在对经济增长的"劳动力制约"。另一方面，大多数人无法获得任何制度化的社会保障，必须靠工作来维持生计。这意味着大多数劳动力都有工作。但许多人从事分享性工作（自营职业和临时雇用），还有许多人从事生产率非常低的工作。只有极少数人仍然失业，而这极少数人都受过教育（因此想在正式部门寻找好工作）。他们一般来自相对富裕的家庭（这样他们可以负担得起失业）。就业问题表现为贫困（由就业不足和低生产率就业造成），而不是失业（失业并不意味着贫困）。就业增长反映了劳动力的增长，但并不代表与经济增长相关的劳动力需求的增长。

就业和失业的一些特征是可以根据经验辨别的（表7.2）。除斯里兰卡外，其他国家正式部门雇用的劳动力比例非常小；大多数工人（80%—90%之间）在非正规部门工作，要么是自由职业者，要么是临时工。即使在斯里兰卡，正式部门雇用了37.2%的工人，大多数人仍在非正规部门工作。

在自营职业和临时就业中，工作分享的空间较大；一定数量的工作可由一定数量的工人灵活完成。在自营职业中，家庭的工作成员既分担工作又分享收入。在没有投资和技术变革的情况下，家庭中

表 7.2　2015 年就业结构

国家	自营职业（%）	有薪就业	
		正式产业（%）	非正式产业（%）
孟加拉国	61.9	12.6	25.6
印度	56.0	19.1	24.9
尼泊尔	83.2	7.7	9.0
巴基斯坦	64.0	14.4	21.5
斯里兰卡	44.9	37.2	17.9

工作成员数量的增加意味着更多人分担工作（即不充分就业的增加）。在临时性有薪就业的情况下，并非所有工人都能在每天都找到工作，也并非所有工人在任何时候都处于失业状态。简而言之，在非正规部门找工作的人数增加会导致就业增加（而不是失业增加），但这是一种不充分就业增加。鉴于大部分劳动力都在非正规部门工作，可将整个经济的情况视为：劳动力的增加意味着就业的增长，但就业增长往往与就业不充分联系在一起。

因此，从整体来看，就业不足而非失业才是主要问题所在（表7.3）。应该说，对不充分就业的估计并不可靠。例如，尼泊尔的不充分就业肯定被严重低估了。在83.2%的工人从事自营职业的情况下，不充分就业率肯定会远远高于6.5%。斯里兰卡的情况也是如此。此外，由于对不充分就业的定义不统一，即使这些估计数值可靠，也无法在各国之间进行比较。在此介绍这些数据只是为了说明，在南亚经济体中，不充分就业比失业更为严重。如上所述，失业基本上仅限于来自相对富裕家庭且受过教育的年轻人，他们正在排队等待好工作。

表 7.3　2015 不充分就业和失业

国家	不充分就业率（%）	失业率（%）
孟加拉国	20.4	4.1
印度	11.7	3.5
尼泊尔	6.5	3.0
巴基斯坦	15.1	5.9
斯里兰卡	2.6	4.7

因此，就业条件的变化无法从就业增长或失业率变化看出来。正式部门的就业增长和非正规部门就业不充分的变化可以让我们了解就业条件的变化，但这些指标的时间序列数据一般都无法获得。只有与经济增长相关的产出和就业结构（部门份额）变化的一般可用信息，才能分析出就业条件是否有所改善以及在多大程度上得到了改善。

在这些产业中，农业几乎完全是非正式的（也许除了斯里兰卡，因为它有着庞大的种植园产业），而非农业产业本身也具有双重性，包括正式和非正式两种。因此，从农业就业向非农业就业的转移并不等同于从非正式就业向正式就业的转移。然而，就生产力和报酬而言，即使是非农业领域的非正式就业，通常也比农业就业更具优势。因此，工人从农业就业转向非农业就业通常意味着就业条件的改善。这种流动如果规模大，就会导致农业就业人数减少，从而提高农业劳动生产率，这也意味着农业就业条件的改善（因为这意味着就业不充分和生产率极低的就业减少）。

（二）经济增长、结构变化与就业

从历史上看，经济增长在早期阶段（收入水平较低时）与农业的持续衰退和制造业的崛起有关,在后期阶段(收入水平较高时)与服务业的兴起有关。当今发达国家中,制造业在国内生产总值中所占的份额在增长了很长一段时间后开始下降,与此同时服务业所占比例开始快速增加。制造业和服务业在经济总量中的就业比例与在国内生产总值中所占的比例遵循相同的轨迹。然而,由于技术变革在制造业中很重要,但在服务业中不重要,所以劳动生产率的增长一般对制造业很重要,但对服务业却很不重要。因此,制造业在总就业人数中所占的份额总是低于其在产出中所占的份额,而服务业在总就业人数中所占的份额往往与其在产出中所占的份额相等。近期,快速增长的东亚经济体中也经常出现同样的结构变化模式(表7.4)。事实上,没有哪个国家不经历工业化就达到了中等收入水平。

表7.4 部分东亚经济体的国内或地区内生产总值和就业增长率(年增长率%)

国家(地区)	农业	制造业	其他行业	服务业	总计	非农业
国内或地区内生产总值						
中国(1990—2010)	4.0	13.7	12.1	11.1	10.6	11.8
日本(1955—1985)	0.4	9.1	6.6	6.7	6.6	7.2
韩国(1963—1990)	2.9	14.8	12.0	6.6	7.5	8.2
中国台湾地区(1963—1987)	3.0	13.8	7.6	9.2	9.3	10.3
就业						
中国(1990—2010)	-1.6	2.1	2.8	4.0	0.8	3.2

续表

国家（地区）	农业	制造业	其他行业	服务业	总计	非农业
日本 （1955—1985）	-3.1	2.3	2.4	2.9	1.3	2.7
韩国 （1963—1990）	-1.5	8.0	6.7	5.6	3.3	6.3
中国台湾地区 （1963—1987）	-1.7	7.4	4.8	4.7	3.3	5.6

南亚经济体仍处于发展的早期阶段，其增长经历与历史上观察到的模式不同。在过去15年中，这些经济体的增长是由服务业带动的（表7.5）。服务业的劳动生产率增长远高于制造业，也就是说，服务业的就业增长强度远低于制造业。孟加拉国是唯一的例外，它由制造业带动就业增长，服务业就业增长强度要高于制造业。

表7.5 2000—2015年南亚经济体国内生产总值和就业增长率（年增长率%）

国家	农业	制造业	其他行业	服务业	总计	非农业
国内生产总值						
孟加拉国	4.0	8.3	7.5	5.4	5.8	6.2
印度	3.0	7.5	6.6	8.9	7.2	8.2
尼泊尔	3.2	1.7	3.9	4.9	4.0	4.4
巴基斯坦	2.6	5.9	3.2	4.5	4.1	4.6
斯里兰卡	3.4	3.7	8.5	5.9	5.5	5.7
就业						
孟加拉国	0.4	3.4	10.0	5.8	1.2	2.0

续表

国家	农业	制造业	其他行业	服务业	总计	非农业
印度	0.1	2.3	7.3	2.4	1.5	3.2
尼泊尔	1.5	2.4	2.3	3.1	1.8	2.7
巴基斯坦	2.6	4.6	6.8	3.1	3.3	3.8
斯里兰卡	0.0	0.0	4.0	0.4	0.5	0.8

服务业在经济中占主导地位是南亚国家从其殖民历史中继承下来的一个特征。1946年的英属印度，服务业占国内生产总值的38%，而制造业占17%。因此，服务业在国内生产总值中的高份额是南亚经济体初始条件的一部分。他们经历的这种增长只会增强服务业的主导地位。2000年，服务业在国内生产总值中的份额从印度的44.4%到斯里兰卡的62.5%不等（表7.6）。在2000—2015年期间，除孟加拉国外，所有国家的服务业都在继续增长。孟加拉国以制造业为主导的增长确实导致了服务业在国内生产总值中所占的份额下降，但这一占比仍然很高，因为在2000年时就已经非常高了。

对比南亚经济体和东亚经济体的结构特征是很有启示意义的。2015年，服务业在国内生产总值中的份额从尼泊尔的54.6%到斯里兰卡的65.9%不等（表5b）。另一方面，制造业占国内或地区内生产总值中的比例从尼泊尔的5.8%到孟加拉国的19%不等。2012年前后，在东亚经济体（其中一些已被视为发达国家）服务业占国内生产总值的比例从中国内地的39.7%到中国台湾地区的66.0%不等（表7.6）。另一方面，制造业占国内或地区内生产总值的比例从印度尼西亚的25.4%到中国的36.5%不等。当时，东亚收入最低的国家是越南，其人均国内生产总值（以当前国际美元计算）与印度（南亚第二富裕的国家）相同，南亚收入最高的国家是斯里兰卡，其人均国内生产总值略高于印度尼西亚（东亚第二贫穷的国家）。

表7.6 2000年各行业在国内生产总值和就业中所占比重

国家	农业（%）	制造业（%）	其他行业（%）	服务业（%）
国内生产总值				
孟加拉国	19.4	13.4	7.5	59.7
印度	26.1	15.9	13.6	44.4
尼泊尔	35.4	8.0	8.2	48.4
巴基斯坦	27.2	10.1	7.1	55.6
斯里兰卡	10.5	20.1	6.9	62.5
就业				
孟加拉国	50.8	9.4	2.3	37.5
印度	60.0	11.4	4.9	23.7
尼泊尔	78.0	5.9	4.2	11.8
巴基斯坦	48.3	11.4	4.7	35.6
斯里兰卡	31.9	18.1	6.9	43.1

南亚和东亚之间的另一个对比涉及制造业和服务业的就业密集度。南亚经济体中，制造业在就业中的占比往往接近其在国内生产总值中的比例，而服务业在就业中的占比远低于其在国内生产总值中的比例。东亚经济体的情况正好相反：制造业在就业中的占比远低于其在国内生产总值中的比例，而服务业在就业中的占比接近其在国内生产总值中的比例。因此，南亚制造业的劳动生产率大体上远低于服务业的劳动生产率，而东亚的情况则正好相反，表7.7表7.8中的数据也证明了这一点。

表 7.7 2015 年各行业在国内生产总值和就业中所占比重

国家	农业（%）	制造业（%）	其他行业（%）	服务业（%）
国内生产总值				
孟加拉国	14.9	19.0	9.5	56.6
印度	14.3	16.6	12.6	56.5
尼泊尔	31.9	5.8	8.1	54.6
巴基斯坦	21.8	12.9	6.2	59.1
斯里兰卡	7.9	15.7	10.5	65.9
就业				
孟加拉国	45.1	12.9	8.0	34.0
印度	48.8	12.9	11.3	26.9
尼泊尔	74.5	6.5	4.6	14.4
巴基斯坦	43.8	14.0	7.7	34.5
斯里兰卡	30.5	15.9	9.8	43.8

表 7.8 部分东亚经济体的行业占国内或地区内生产总值和就业的比重（印度尼西亚 2012）

	农业（%）	制造业（%）	其他行业（%）	服务业（%）
国内生产总值				
中国大陆 2010	9.1	36.5	14.7	39.7
印度尼西亚 2012	11.6	25.4	19.2	43.8
韩国 2010	3.5	35.2	10.4	50.9
中国台湾地区 2012	1.7	28.3	4.0	66.0
泰国 2011	10.3	36.3	9.3	44.1

续表

	农业（%）	制造业（%）	其他行业（%）	服务业（%）
就业				
中国大陆 2010	36.7	19.2	9.5	34.6
印度尼西亚 2012	34.4	12.8	7.5	45.3
韩国 2010	6.9	18.2	8.3	66.6
中国台湾地区 2012	5.0	27.4	8.3	59.3
泰国 2011	38.7	13.9	6.7	40.7

就改善就业条件而言，东亚的增长模式远比南亚的增长模式更有效（表7.4和表7.5）。将印度在2000—2015年期间的经历与韩国在1963—1990年期间的经历进行比较（在此期间，韩国经济经历了从低收入经济向高收入经济的转变），可以清楚地看到这一点。这两个国家的国内生产总值增长率相差无几：印度为7.2%，韩国为7.5%。农业增长率也几乎相同：印度为3.0%，韩国为2.9%。两国非农业的增长率完全相同：都是8.2%。最大的区别在于非农业增长的构成。这是由韩国制造业的增长（每年14.8%）和印度服务业的增长（每年8.9%）推动的。印度制造业增长了7.5%，韩国服务业增长了6.6%。

两个国家就业增长的速度和模式差异很大。印度的就业增长（每年1.5%）比韩国（每年3.3%）慢得多。韩国非农业就业增长非常快（每年6.3%），导致了农业就业的快速下降（每年1.5%）。在印度，非农业就业的增长（每年3.2%）并不够快，不足以使农业就业出现负增长。韩国非农业就业的增长速度要快得多，原因有两个：一是制造业的增长速度要高于印度，二是服务业增长的就业密集度也比印度高得多。在韩国，制造业每年14.8%的产出增长率与每年8.0%的就业增长率相关；在印度，制造业每年7.5%的产出增长率也与每年2.3%的就业增长率相关。因此，即使在制造业方面，韩国就业弹性（即就业增长与产出增长的比率）实际上高于印度（0.54比0.31）。在服务业方面，韩国6.6%的产出增长与5.6%的就业增长相关（意味着就业弹性为0.85），而在印度，8.9%的产出增长仅与2.4%的就业增长相关（意味着就业弹性为0.27）。

我们可以得出两个结论。第一个结论是，就业增长取决于经济增长的速度和模式。在南亚国家，经济增长并没有显著改善就业状况，这既是因为经济增长速度不够快，也是因为经济增长模式不正确。只有印度有快速的经济增长，但这种增长的特殊模式削弱了其改善就业状况的效果。尼泊尔、巴基斯坦和斯里兰卡的增长速度较慢，增长模式与印度类似；这些国家就业状况的改善自然不如印度。孟加拉国确实有制造业主导的增长，对就业有更好的影响，但增长速度不够快。

第二个结论是，与服务业主导经济增长进程相比较，当制造业主导经济增长进程时，服务业增长的就业密集度要高很多。在制造业引领增长进程的东亚经济体中，服务业增长的就业密集度远远高于服务业引领增长进程的南亚经济体（孟加拉国除外）。虽然孟加拉国（南亚经济体）的制造业在2000—2015年间主导了增长进程，但是孟加拉国的服务业的就业密集度远高于其他经济体服务业的就业密集度。原因可能如下：引领增长进程的服务业技术含量高，因此就业密集度较低；作为制造业增长补充的服务业则技能水平要求较低，就业密集度相应较高。这些特征也意味着，服务业主导的增长比制造业主导的增长带来了更大的收入不平等。收入不平等的加剧反过来又会产生对技能密集型服务的需求。

三、南亚所面临的就业挑战

每个南亚经济体面临的就业挑战都非常严峻。这可以从表7.9反映的数据中看出。不过，在讨论这些数据之前，我们有必要说明一下得出变相失业估值的方法，这些估值只与女性有关。我们假设，南亚国家目前女性劳动力参与率低的原因是女性中有许多"心灰意冷的工人"；许多人仍然没有进入劳动力市场，因为她们认为找到工作的希望极其渺茫。随着就业状况的改善，南亚国家的女性劳动力参与率将会上升，最终达到50%左右（这大致是观测到的全球平均水平）。除尼泊尔外，其他国家目前的参与率远低于50%，50%的参与率所隐含的人数与目前的参与率所隐含的人数之间的差额，就是变相失业的人数（即随着就业条件的改善，预计将进入劳动力市场的人数）。

在尼泊尔，隐性变相失业率为负数，原因是目前的女性参与率高达80%，数据非常高，反映了普遍贫困和参与困境（撒哈拉以南非洲国家也观察到如此高的女性参与率）。随着就业状况的改善和贫困的减少，尼泊尔女性参与率预计会下降。我们应该还记得，在尼泊尔和斯里兰卡，不充分就业很可能被严重低估了。出于这些原因，我们在进行说明性工作时不考虑这两个国家。

孟加拉国、印度和巴基斯坦这三个国家面临的就业挑战同样严峻，我们可以将重点放在这三个国家上，即SA—3国家（意为

"南亚三国")。从现在到 2025 年,SA—3 国家预计每年将有 1040 万人进入劳动力市场。如果每年能够创造 1040 万个全职工作岗位,失业人数(2520 万)和不充分就业人数(8250 万)将保持不变,但变相失业人数将增加(每年约增加 200 万)。如果要在 2030 年前消除不充分就业和隐性失业(从而达到刘易斯拐点),每年需要创造 2360 万个全职工作岗位(注意,失业人数仍将保持不变)。如果我们注意到,2000 年至 2015 年间,就业人数每年增加了 880 万,而全职就业人数只占增量的一部分,我们就能体会到这项任务的艰巨性。

表 7.9 就业挑战

(以百万计)	年份	孟加拉国	印度	巴基斯坦	SA—3
人口(15 岁以上)	2015	113.6	933.9	125.3	1172.8
	2017	115.5	948.8	127.5	1191.8
	2025	133.1	1083.5	149.7	1366.3
劳动力(15 岁以上)	2015	70.7	501.5	67.5	639.7
	2017	72.9	517.5	70.1	660.5
	2025	82.2	581.8	80.7	744.7
每年新入职人数(15 岁以上)	2017—2025	1.1	8.0	1.3	10.4
失业(15 岁以上)	2015	2.9	17.5	3.9	24.3
	2017	3.0	18.1	4.1	25.2
不充分就业(15 岁以上)	2015	13.8	56.6	9.4	79.8
	2017	14.3	58.4	9.8	82.5
变相失业(15 岁以上)	2015	3.9	105.2	16.1	125.2
	2017	4.0	108.7	16.7	129.4

续表

（以百万计）	年份	孟加拉国	印度	巴基斯坦	SA—3
到2030年消除不充分就业和变相失业每年所需的全职工作岗位	2017—2030	0.9	10.6	1.7	13.2
每年需要增加的全职工作岗位	2017—2025	2.0	18.6	3.0	23.6
每年就业的实际增长人数	2000—2015	0.8	6.4	1.6	8.8

注：2025年的人口预测来自联合国人口司。劳动力的预测是基于劳动力参与率将保持不变的假设。在估计每年需要创造的全职工作的数量时，假定失业人数将保持不变，未充分就业人数的一半将需要转移到其他地方从事全职工作。

这一做法的目的在于强调这样一个事实：在可预见的未来，一如既往的增长并不能解决南亚突出的就业问题。经济增长的速度和模式都需要改变；增长需要大大加快，非农业的增长需要更加注重就业。为了满足这些要求，南亚国家需要像东亚国家一样实现以制造业为主导的快速增长。上一节的分析清楚地表明，以制造业为主导的增长将比以服务业为主导的增长就业密集度更高。我们有充分理由认为，以制造业为主导的增长也将比以服务业为主导的增长更快。

四、制造业主导型增长的必要性：一些结论性意见

历史经验表明，在发展的早期阶段，经济增长总是由制造业引领，而在后期阶段则由服务业引领，这一经验性发现启发了卡尔

多，由此他提出了著名的"增长定律"。该定律可以总结为如下观点：第一，规模收益递增在制造业中非常重要，因此产出增长本身会带来生产率增长。第二，制造业的增长对其他生产部门具有重要的溢出效应，并通过将劳动力和其他资源从农业和传统服务业再分配到充满活力的制造业部门，带动全面的生产率增长。第三，制造业的发展带动了现代服务业的发展，服务业是对制造业的补充和辅助。其结果是，制造业增长超过国内生产总值增长的幅度越大，国内生产总值增长就越快。以制造业为主导的增长也是可实现的最快增长。

在经济发展的早期阶段，一些需求方面的因素也为制造业主导型增长提供了强有力的支持。在人均收入水平较低的情况下，制造业需求的收入弹性往往高于服务业，因此制造业的国内需求增长速度比服务业更快。此外，制成品是典型的可贸易商品，外部需求可以在支持制造业快速增长方面发挥重要作用。

鉴于印度最近经历了快速的服务业引领增长，一些经济学家认为，某些服务业现已具有制造业的特征（如上所述），因此即使在低收入经济体中也能引领增长进程。信息技术及相关服务是说明这一现象的最好例子。因此，印度在21世纪实现以服务业为主导的快速增长也许并不那么令人惊讶。事实上，其他低收入国家也完全有可能在21世纪实现以服务业为主导的快速增长。

然而，印度仍然是唯一的例外，它是唯一一个在发展初期（至少在一段时期内）就实现了以服务业为主导的快速增长的国家。更重要的是，即使对印度2005—2012年增长最快时期的增长过程进行粗略的研究，也会发现这一时期的经济增长实际上并不是由"活跃的"服务业引领的，这些服务业可以说已经具备了制造业的特征（表7.10）。信息技术服务业虽然增长迅速，但它们在服务业和国内生产总值中所占的比例相当小。另一方面，在服务业和国内生产总值中占较大份额的金融服务业也获得了非常迅速的增长。我们还了解到，交通（如航空旅行）、贸易（如商场和超市）以及"酒店和餐馆"等高端产业也获得了快速增长。是什么原因导致了这些"非活跃的"服务业的快速增长？这些服务业并不出口。出口的信息技术服务业的快速增长，不可能引起"非活跃的"服务业的快速增长。可能的解释是：服务业的快速增长，也就是由服务业带动的快速增长，实际上是由大量外国资金的流入（在此期间，外国资本和汇款的流入平均占国内生产总值的6%—7%）而不是由"活跃的"服务业支撑的。印度以服务业为主导的快速增长实际上是外国金融主导的增长。当然，这只是一个假设，在此也必须保留这个假设。关键是，将印度以服务业为主导的增长解释为由现在已具备制造业特征的服务业驱动是错误的。

表7.10 印度服务业带动的经济增长

行业	占服务业的百分比		占国内生产总值的百分比		增长率（每年增长的百分比）
	2004—2005年度	2011—2012年度	2004—2005年度	2011—2012年度	2004/05—2011/12
信息技术服务	4.1	5.7	2.2	3.3	14.9
通讯	3.1	6.9	1.7	4.0	23.0
金融服务	10.9	15.2	5.8	8.7	15.1
研究和开发+法律和会计	1.9	2.6	1.0	1.6	17.8

续表

行业	占服务业的百分比		占国内生产总值的百分比		增长率（每年增长的百分比）
	2004—2005年度	2011—2012年度	2004—2005年度	2011—2012年度	2004/05—2011/12
房地产和住宅+运输和仓储	23.8	19.7	12.6	11.3	6.7
贸易+酒店和餐厅	31.1	28.9	16.5	16.6	8.5
社区、社会和个人	25.0	21.2	13.3	12.2	7.2
所有服务			53.0	57.4	9.7
国内生产总值					8.5

来源：中央统计局（印度政府），国民账户统计

我们也有理由认为，无论在印度还是其他南亚国家，服务业主导型增长也无法长期持续。这种增长会导致国内吸收（消费加投资）结构和国内生产结构的严重失衡。在当今的印度，商品约占国内吸收量的65%，但只占国内生产量的40%多，这意味着很高的贸易逆差。继续以服务业为主导的增长只会使失衡加剧，从而导致贸易逆差上升，而贸易逆差只有在大量外国资金持续流入的情况下才能持续。服务业主导型增长是脆弱的。

南亚国家需要快速的就业密集型增长来应对就业挑战。这意味着他们需要以制造业为主导的增长，这种增长将既快速又能够提供大量就业机会。

参考文献

ADB-Asian Development Bank (2013).Asia's economic transformation: where to, how far and how fast (special chapter). In: Key indicators for Asia and the Pacific 2013. Asian Development Bank, Manila.

Amirapu A, Subramanian A (2015).Manufacturing or services? An Indian illustration of a development dilemma. Working paper no. 409, Center for Global Development, Washington, D.C.

Dasgupta S, Singh A (2005). Will services be the new engine of Indian economic growth? Dev Change, 36(6): 1035—1057.

Ghose AK (2016).India employment report 2016. Oxford University Press, New Delhi.

Ghose AK (2015). Services-led growth and employment in India. In: Ramaswamy K (ed) Labour, employment and economic growth in India. Cambridge University Press, New Delhi.

Haraguchi N, Cheng CFC, Smeets E (2017).The importance of manufacturing in economic development: has this changed? World Dev, 93: 293—315.

Kaldor N (1967).Strategic factors in economic development. Cornell University Press, Ithaca.

Kuznets S (1957).Quantitative aspects of the economic growth of nations. Econ Dev Cult Change, 5(4): 1—111.

Kuznets S (1966).Modern economic growth: rate, structure and spread. Yale University Press, New Haven.

Lewis WA (1954).Economic development with unlimited supplies of labour. Manch Sch, 22(2): 139—191.

Maddison A (2006).The world economy. OECD Development Center, Paris.

Sivasubramonian S (2000). The national income of India in the twentieth century. Oxford University Press, New Delhi.

Szirmai S (2012).Industrialisation as an engine of growth in developing countries, 1950—2005. Struct Change Econ Dyn, 23(4): 406—420.

Verdoorn PJ (1949).Fattori che regolano lo sviluppo della produttività del lavoro. L'*industria*, 1: 45—53 [Translated into English as "On the factors determining the growth of labour productivity" and republished in Pasinetti L (ed) (1993), Italian Economic Papers 2. Oxford University Press, Oxford].

Young AA (1928).Increasing returns and economic progress. Econ J, 38(152): 527—542.

第八章 竞争力、技能培养和工业化：南亚经验

拉赫温德·辛格

一、引言

全球经济正在稳步向第四次工业革命迈进。这是一场正在改变全球的经济活动、组织、企业、机构和人民生活本质的革命（Schwab，2017）。工业发达国家以及最近东亚新兴工业化国家的历史经验表明，工业化仍然是经济增长和发展的引擎。工业化改变了人民生活的来源，也带来了持续的制度变革。工业化的扩散效应也对各国的结构和体制变化产生了影响。工业革命背后的核心动力是划时代的创新（Kuznets，1966），每一次工业革命都有其独特的创新。东亚新兴工业化国家也有追赶先进国家的独特创新方法（Lee，2013）。技术创新不仅改变了经济活动，而且对技术也提出了极高的要求。技术创新要取得成功，需要适当的制度变革和人力资本的形成。如果不具备这些条件，工业革命要么没有发生，要么扭曲了经济发展。然而，世界上某些地区的工业革命确实在多个方面影响了世界其他地区。即使发展水平较低，大多数发展中国家都出现了

向高科技工业发展的趋势，这也能从高科技制造业商品贸易份额的不断增加中反映出来（UNIDO，2015）。

南亚各国总体上也正在稳步进行经济结构改革，特别是工业部门的改革，这些改革受到全球化进程的影响。由于缺乏创新和工业部门发展停滞不前，这些国家拥有世界上最多的贫困人口（UNIDO，2015）。南亚国家的创新体系高度依赖进口技术。这些技术既不适合南亚国家特点，也不能产生跨行业的相互联系。因此，技术转让的效果仍然非常有限。各行业与经济行为体之间缺乏行业之间的联系，致使整个经济体系陷入低生产率的困境中。这种缺陷的后果是造成了严重的排斥现象。国内人力资本和技术能力基础相对薄弱。用于创新的资源远远低于创新体系的要求。南亚国家现行的科技政策模式是高度集中化的，在采取分散化方式的同时，还迫切需要加快改革。为了走出低生产率和贫穷的困境，南亚国家应在人力资本、制度建设等方面投入足够的资源，从而完善创新体系。

在南亚国家，劳动力要么变相就业，要么从事低生产率的经济活动，这不符合工业竞争的技能需求，势必造成大规模贫困。为克服工业发展停滞和加大劳动技能培养，南亚国家需要改革创新体系，利用正在进行的工业革命，走上可持续的经济发展道路。本章试图探讨工业发展和技能培养的可能性，以提高南亚国家在快速变化的全球经济时代的竞争力。文章分为六个部分，第二部分研究经济理论和实证文献，强调技能培养对于工业发展和竞争力的必要性。第三部分分析亚洲国家经济转型的性质。第四部分分析了南亚国家的劳动力技能和工业发展不匹配问题。第五部分提出了推进南亚国家劳动技能培养和工业发展的适当策略。最后一部分为结论。

二、关于技能与发展的理论和经验

内生增长理论认为,技能培养在提高经济活动的生产率方面发挥着重要作用。卢卡斯(1988)提出了人力资本积累与经济增长模型,认为长期经济增长是由受教育年限和实践中积累的人力资本决定的。技术水平对提高劳动力生产水平有着直接影响。然而,劳动力对学校教育的间接影响是产生规模收益递增的外溢效应或外部效应。技能对个体生产力的直接影响是提高劳动力的薪酬,而间接影响则会增加规模回报率,提高总体生产力水平,这对整个社会都是有益的。这两种效应结合在一起可以提高生产力水平,提高规模回报。人们普遍认为,通过学校教育提高技能水平对经济增长具有长期影响,因此增加学校教育支出的公共政策可以成为提高人力生产率和推动长期经济增长的主要手段。

罗默尔(1986)提出了内生增长理论的另一个变体,即创造创意的支出(研发支出)水平越高,长期增长也就越高。罗默尔概述了他的模型,即将一个经济体的劳动力分为两个部分。一部分劳动力从事常规的经济活动,另一部分则致力于提出新的观点和思想。新创意的积累有助于产生新技术/创新,提高生产工艺,防止资本收益递减,但容易受到产生新创意带来的资本收益递减的影响。在雇用科技人才的同时,投资对产生新创意的影响是通过产生外部效应体现出来的,从而形成规模收益递增的适宜环境。对于那些雇用了更多能够创造新想法的劳动力的国家来说,这一进程将为国家带来无限的经济增长。因此,这种经济增长模式带来的影响是,对技术劳动力和研发的投资水平越高,经济发展水平就越高。

联合国工业发展组织(2015)指出,工业化是经济长期增长和赶超的动力之一,因为工业化产生了结构性变革的经济动力,这种变化通过增加其增长周期和减少波动性来维持增长。技术进步是工业发展的动力,是对工业发达国家的模仿和适应。这一进程需要国内的技术能力支持,而技术能力又以国家创新体系发展的能力为基础。技术能力的发展从根本上说是基于劳动力教育、人力资源配置和研发投资。为了弥补科技知识的差距,并在追赶过程中前进,发展中国家必须培养吸纳能力。值得注意的是,吸纳能力的决定因素是对人力资本的持续投资,因为发展中国家的工业发展正处于转型期,而且技术密集程度越来越高。因此,发展中国家在投资培养熟练技术人员、科学家和工程师的同时,必须从制造业转型中获益。吸纳容量和能力从根本上取决于运作良好的国家创新体系。

贾甘纳坦、杰罗尼莫(2013)研究了亚太地区经济体之间技能培养与产业竞争力的关系。他们指出,发展中国家的转型阶段以及提高发展中国家工业竞争力的目标对劳动力的技能不断提出新的要求。人们认识到,由行业开发和认可的技能证书对于培养劳动力从学校转向工作岗位至关重要。技能培训机构应该考虑到各个行业对技能的需求。技术的提升为高附加值产业打开了一扇机会之窗,大量的知识型员工,使产业能够在可持续的基础上实现高生产率。作者认为,要提高亚洲国家的服务强度,也需要提高技能。这就需要在劳动力教育方面进行大量投资,以提高知识密集型服务业的竞争力,并支持产业对劳动力进行内部培训,以避免劳动力过剩。

新技术及全球化的步伐加快推动了第四次工业革命,极大改变了各个行业的现行商业模式。新兴的经济活动模式加快了破坏和创造工作岗位的速度。世界经济论坛（2016），预计一半的工作岗位会因为自动化而面临风险。此外，据估计，即使是低附加值岗位，自动化发展也将取代其中9%的工作岗位。从事非自动化工作的劳动力失业的风险也很高。相反，教育机构一直在向那些预计很快就会被裁减或没有新的就业需求的岗位提供培训。据估计，65%的学龄儿童正在接受目前并不存在的工作的教育，或者所接受的教育和技能由于技能不匹配而无法让他们就业。因此，世界经济论坛（2017）的报告建议，随着第四次工业革命的发展，迫切需要增加人力资本培养的投资，这样才能广泛获取新兴技术带来的好处。为了实现包容和可持续的工业发展，有必要弥补双重差距，即新兴经济活动与人力资本之间的不匹配以及人力资本内部的男女技能差距。除此之外，建议在机构层面和个人层面改变思维方式，转向终身学习，提供终身就业能力和职业保障。

通过对上述研究的简要回顾，我们可以得出结论：生产性经济活动中经济环境的不断变化产生了技能不匹配现象。发达国家和发展中国家都是如此，但与发达国家相比，发展中国家的技能不匹配问题相对更严重。此外，与发达国家相比，发展中国家解决技能不匹配问题的能力相当薄弱。南亚国家在这方面面临着更大的挑战，因此需要采取紧急行动，以便在可预见的未来解决技能不匹配的问题，以保持竞争力，使人民能够获得可持续的生计。

三、南亚国家的经济转型

经济结构的变化是反映国家经济发展方向的指向标。现代经济发展进程可以从经济结构转型中反映出来。经济结构的变化也会影响到制度安排和意识形态。这些变化是由独特的创新和经济活动转向更高的生产率和工资水平所推动的（Kuznets，1966）。亚洲国家和地区的产业增长情况见表8.1。根据2010年不变价格计算的南亚国家2000—2016年国内生产总值以及三个产业（即农业、工业和服务业）的年均增长率显示出南亚各国的差异。总体而言，南亚国家在2000—2016年期间仍然是全球经济增长最快的地区，年增长率为7%。农业的年增长率为3.3%，是三个产业中增长率最低的。服务业增长率为8.7%，是三个产业中增长率最高的，也是总增长率中最高的。在南亚国家中，阿富汗、不丹和印度的国内生产总值增长率分别为8.0%、7.7%和7.5%，高于南亚地区的总体增长水平。尼泊尔和巴基斯坦是该区域国内生产总值增长缓慢的国家。在本报告所述期间，孟加拉国、不丹、马尔代夫的工业增长率较高。可以推断，工业产业仍然是这些国家的发展动力，工业增长率仍然高于农业部门的增长率，只有尼泊尔除外。表8.1的数据分析清楚地表明，服务业的增长率通常保持在很高的水平。在阿富汗、印度地区，服务业占据主导地位，这两个地区的服务业增长率也最高。因此，可以肯定地说，服务业主导的增长仍然是南亚地区的主要特征。

表 8.1 亚洲国家的产业增长率（2000—2016 年，按 2010 年价格计算）

国家	国内生产总值	农业	工业	制造业	服务业
阿富汗	8.0	2.9	7.5	3.2	10.4
孟加拉国	6.0	4.3	8.2	8.5	5.8
不丹	7.7	2.0	9.2	8.9	8.5
印度	7.5	3.3	7.6	8.3	9.6
马尔代夫	6.3	0.5	6.7	1.7	6.3
尼泊尔	4.1	3.2	2.7	1.6	4.8
巴基斯坦	4.2	2.9	4.9	5.6	4.8
斯里兰卡	6.0	3.8	6.2	4.3	6.5
韩国	7.0	3.3	7.4	7.9	8.7

来源：世界银行（2016）

不同国家和不同产业的增长历程可能对各国的产业结构产生了不同的影响，具体见表 8.2。2000 年至 2016 年期间，国内生产总值在农业、工业和服务业三个产业的分布情况表明，随着时间的推移，南亚国家的产业结构发生了重大变化。农业在国内生产总值中的占比呈总体下降趋势，下降了 2%—10%，但巴基斯坦除外，该国的农业占比上升了 4%。值得注意的是，在 2000 年至 2016 年期间，阿富汗、印度、尼泊尔和巴基斯坦这四个国家的工业在国内生产总值的占比有所下降，而孟加拉国、不丹和马尔代夫的工业在国内生产总值中的占比有所上升，斯里兰卡的工业占比不变。除马尔代夫外，上述所有国家的服务业相对占比均有所增加或持平。总体而言，2000 年至 2016 年期间，南亚地区农业的相对占比略有下降，工业的相对占比略有上升（2%），而服务业则大幅上升。表 8.2 的数据清楚地表明，在南亚地区的转型过程中，服务业仍处于主导地位。

表8.2 亚洲国家国内生产总值产业占比

国家	农业		工业		服务业	
	2000年	2016年	2000年	2016年	2000年	2016年
阿富汗	32	22	27	23	41	55
孟加拉国	20	15	25	29	56	56
不丹	23	16	37	42	40	41
印度	20	17	34	29	47	54
马尔代夫	8	3	15	24	77	73
尼泊尔	36	33	18	15	46	52
巴基斯坦	21	25	27	19	51	56
斯里兰卡	12	8	30	30	58	62
韩国	20	18	32	34	47	58

来源：世界银行（2016）

正如库兹涅茨（1966）所概述的那样，生产结构也会伴随着劳动力结构的变化而变化，但会存在一定的时间滞后。对各国和各产业劳动力结构变化的分析表明，劳动力的生计仍然高度依赖农业（表8.3）。这与产业部门的相对占比正相反，原因是工业和服务业在吸纳劳动力方面的能力较低。2016年，在南亚国家中，阿富汗和尼泊尔分别有61.6%和72.7%的劳动力从事农业部门的工作。不丹、印度、巴基斯坦和孟加拉国等国也有40%以上的劳动力受雇于农业部门。

南亚地区的马尔代夫和斯里兰卡这两个国家从事农业的劳动力人数最少，占比下降速度也非常快（表8.3）。总体而言，与工业相比，南亚各国服务业雇用劳动力的比例更高。与东亚发达国家和新兴工业化国家的结构转型经验相比，这与正常预期相悖。发达国家和新兴工业化国家雇用劳动力更多的原因是工业的发展加快，而南亚国家则是服务业增长率更高。

表8.3 南亚和东亚各国劳动力结构

国家	农业		工业		服务业	
	2000年	2016年	2000年	2016年	2000年	2016年
阿富汗	69.4	61.6	11.0	10.0	19.6	28.5
孟加拉国	59.5	41.7	9.9	18.9	38.0	39.4
不丹	54.2	57.4	16.2	4.7	29.6	32.8
印度	59.9	45.1	16.0	24.3	24.1	30.6
马尔代夫	14.4	7.9	20.0	22.9	65.6	69.2
尼泊尔	73.0	72.7	11.2	10.9	15.8	16.4
巴基斯坦	48.1	42.8	18.0	19.7	33.9	36.9
斯里兰卡	43.2	27.8	20.4	26.1	36.4	46.1
韩国	58.0	44.2	15.9	23.2	26.1	32.7

来源：国际劳工组织（2016）

联合国工业发展组织（2015）发布的工业竞争力绩效指数的各项指标如表8.4所示。对南亚国家和东亚新兴工业化国家的比较分析表明，二者之间存在着巨大的差距。按2005年的美元价格计算，2013年韩国的人均制造业附加值为7180.7美元，而尼泊尔的人均制造业附加值仅为26.3美元。在南亚国家中，斯里兰卡的人均制造业附加值最高，为357.2美元，但相较于东亚新兴工业化国家也是非常低的。在制造业附加值方面，东亚国家正在迅速追赶发达国家，工业竞争力指数也有所提高。韩国、中国、马来西亚等国的排名都非常靠前。南亚排名最高的是印度。在联合国工业发展组织发布的131个国家的工业竞争力指数排名中，印度排在第43位，巴基斯坦、孟加拉国和斯里兰卡分别排在第75位、第77位和第81位，而尼泊尔仅排在第128位。这清楚地表明，南亚国家必须大力提高工业部门的各种能力。与东亚国家相比，南亚国家的制造业在国内生产总值中的占比也很低。

表8.4 亚洲各国工业竞争力指标

国家	（2005年不变价格条件下）2013年人均制造业附加值（美元）	2013年工业竞争力指数	2013年制造业附加值在国内生产总值的占比（%）	2013年中高技术出口占出口总额的百分比（%）
印度	161.7	43	14	28.7
尼泊尔	26.3	128	6	20.3
巴基斯坦	139.1	75	17	10.4
斯里兰卡	357.2	81	19	8.2
孟加拉国	118.28	77	19	2.0
中国	1142.6	5	33	58.3
韩国	7180.7	3	29	72.0
马来西亚	1717.0	24	25	58.4

来源：联合国工业发展组织（2015）

就以创新为主导的高科技和中等技术制成品出口而言，南亚国家的出口占比与东亚国家相比非常低。在南亚国家中，印度占比高达28.7%。然而南亚其他国家占比则很低。工业竞争力指数的各项指标表明，南亚国家表现相对较差，这些国家的工业发展持续性受到质疑。工业基础薄弱、技术落后、生产规模小是工业竞争力指数排名靠后的主要原因。此外，南亚各国制造业的发展停滞也证明了这些趋势的真实性（表8.5）。南亚国家国内生产总值中附加值的占比从1980—1984年的14.3%下降到2010—2013年的13.5%。表8.5的分析显示，从1980—1984年到2010—2013年期间，阶段平均数值整体呈下降趋势。与此相反，在1980—1984年和1985—1989年期间，制造业的就业比例略有上升。此后，就业占比波动上升，在2010—2013年期间，制造业就业在总就业中的占比增至12.2%。上述对南亚国家的分析清楚地表明，南亚国家的工业基础、创新能力和竞争力相对来说非常薄弱。人均收入低和贫困问题是南亚国家工业薄弱的主要根源。

表8.5 南亚国家制造业附加值和就业占比

年度	南亚制造业附加值占国内生产总值的百分比（%）	制造业就业人数占总就业人数的比例（%）
1980—1984	14.3	9.6
1985—1989	14.3	10.1
1990—1994	14.2	10.3
1995—1999	14.5	11.4
2000—2004	13.9	12.1
2005—2009	14.8	11.9
2010—2013	13.5	12.2

来源：联合国工业发展组织（2015）

四、南亚国家的技能不匹配问题

南亚国家受困于相对较低的人均收入和较小的工业规模，工业的平均生产率很低，未能保持足够的活力，无法在南亚国家的转型进程中发挥领导作用。这种具有欺骗性的结构转型过程造成服务业的收入在经济中所占比例较高,但更多的劳动力却继续留在农业部门,这两者是不匹配的。这种生产结构上的不匹配导致了劳动力和人口对农业的依赖程度较高,以及城市化水平和工业劳动力水平较低。这带来了两个方面的后果:一方面,从事农业生产的劳动力技能水平很低,社会指标排名也相对靠后(Dreze and Sen,2013);另一方面,现有技能与现有和预期的未来就业机会不匹配(UNDP,2017)。表 8.6 的分析表明,南亚各国的平均受教育年限非常低。斯里兰卡为 10.9 年,不丹为 3.1 年。2015 年,印度和马尔代夫的平均受教育年限分别为 6.3 年和 6.2 年。如果我们将其与预期的受教育年限相比较,南亚没有一个国家能够达到这个目标。从中学教育反映的成人识字率来看,不丹的成人识字率低至人口的 9.6%,而斯里兰卡的比例高达 80.5%。尽管完成中学教育的人口比例在一段时间内不断增加,但在印度,仅有 48.7%的适龄儿童能够接受教育。孟加拉国、巴基斯坦、马尔代夫和尼泊尔的这一比例分别为 43.1%、35.4%、32.6%和 32.0%。在南亚国家中,阿富汗和不丹的成人识字率非常低。总体而言,南亚国家的人类发展指数以及相应的排名也很低。如表 8.6 所示,人类发展指数的排名从斯里兰卡的第 72 位到阿富汗的第 169 位不等。除斯里兰卡外,所有其他南亚国家的人类发展指数排名都在 100 名之后。这说明南亚国家的社会发展水平和总体技能基础较低。南亚国家的农村与城市之间发展差距很大(UNDP,2016)。农村劳动力的教育基础十分薄弱(Brar,2016)。生活在南亚国家的农村人口既没有制造业所需的技能,也没有足够的技能转向精准农业和农业经营活动。因此,可以推断,南亚各国都缺乏转型所需的技能支持。

表8.6 南亚国家的社会指标

国家	人类发展指数	预期寿命（年）	预期平均受教育年限	平均受教育年限	至少受过中等教育的人口百分比（%）
阿富汗	0.471（169）	60.7	10.1	3.6	22.2
孟加拉国	0.579（140）	72.0	10.2	5.2	43.1
不丹	0.607（132）	69.9	12.5	3.1	9.6
印度	0.624（131）	68.3	11.7	6.3	48.7
马尔代夫	0.701（105）	77.0	12.7	6.2	32.6
尼泊尔	0.568（144）	70.0	12.2	4.1	32.0
巴基斯坦	0.550（148）	66.4	8.1	5.1	35.4
斯里兰卡	0.766（72）	75.0	14.0	10.9	80.5

来源：联合国开发计划署（2016）

南亚国家存在的劳动力技能与制造业需求不匹配问题和技术与职业教育培训有关，多项研究（Ribound and Tan, 2009; EIU, 2013; Jagannathan and Geronimo, 2013）都已关注到这一问题。实证研究表明，现有的技术教育无论在数量上还是在质量上都存在不足。教育机构培训的劳动力也缺乏制造业现有工作所需的技能。因为缺乏人力规划，教育机构培养的人才并不适合制造业提供的就业机会。还需要指出的是，在大多数南亚国家，与正规部门相比，非正规部门占据主导地位，非正规部门提供的工作既没有良好的报酬，也没有良好的工作条件，因此无法吸引优质劳动力从事这类工作。需要指出的一个重要事实是，南亚各国制造企业提供的在职培训是世界上最少的（Ribound and Tan, 2009）。南亚国家的私营商业技术教育机构如雨后春笋般涌现，在一定程度上增加了技术人力的供应，但制造企业只为那些随时可用的人提供机会。因此，制造企业宣布大多数技术人员不满足岗位需求。这种技术劳动力的供应与工作岗位需求之间的不匹配，恰恰说明了南亚国家缺乏人力规划。

随着生产体系朝着知识密集型产品和服务方向发展，国家创新体系要么面临停滞，要么处于最极端的衰退趋势（Nakandala and Malik，2015）。南亚国家的科技研发支出一直很低，无法与国内生产总值的增长相匹配。南亚各国研发支出在国内生产总值中的相对占比差异很大，但没有一个达到了研发的门槛水平，即研发支出占国内生产总值的1%。值得注意的是，南亚各国每一百万人口所拥有的科技人力资源也存在差异。国家创新体系和知识经济的另一个支柱是教育支出占国内生产总值的比例。2012年，南亚各国教育支出在国内生产总值中的占比介于斯里兰卡的1.72%和马尔代夫的5.89%之间。同年，巴基斯坦的高等教育支出低至0.21%，而印度则为1.21%。在知识经济和研究体系方面不太多的投入表明，南亚国家在满足现阶段国内和全球经济的基本需求方面已经落后。缺乏创新、现代技术的传播以及生产经济主体之间的互动不足在多个层面和强度上造成了停滞。这导致南亚国家各部门之间和部门内部在收入分配和就业方面存在巨大差距（Nayyar，2017）。因此，发展过程不仅天然存在排他性，而且低生产率和低薪酬的经济活动限制了经济可持续发展的范围，无法跨越中等收入陷阱。因此，在有望赶超他国的机会面前，南亚国家科技技能基础的不足造成了其目标与现实的不匹配。

五、南亚国家的创新体系、工业化和竞争力

南亚国家经济转型所需的技能不匹配现象已经出现。目前，南亚国家的经济发展模式是由市场驱动的，国家确保了私营企业部门的主导地位（Bhadhuri，2009）。教育组织结构以满足基于个人选择的市场经济需求为导向。然而，我们在上一节已经指出，即使是现有的体制安排，也无法满足私营企业对技能基础不断变化的要求。市场主导的教育模式与生产经济活动之间的不匹配是由于国家和私营企业没能在理想的方向上投入足够的资金。这是市场失灵的典型案例，既不利于南亚国家的工业化，也不利于创造数量充足、质量良好的技能基地。因此，亟须转换思路，确保通过适当的工业化和打造与经济发展阶段相适应的技能基地，来应对南亚国家人口的挑战和愿景。

南亚国家预计将改变当前的经济转型模式。为了克服生产结构的不均衡，必须对南亚国家第一产业的生产、加工和营销进行整合。推进工业化首先要从农业生产与制造业的整合着手。由于农业主要是小规模生产，拥有大量剩余劳动力，因此雇用这些劳动力从事有收益的制造业活动是有益的。值得注意的是，在营利性经济活动中创造的就业机会能够产生更高水平的对制造业商品的国内基本需求。需求的另一个来源是过去 20 年南亚各国中产阶级的迅速扩大（Krishnan and Hatekar，2017；Jagannathan and Geronimo，2013）。这种变化需要全新的技术基础和组织结构。在私营企业占主导地位的时代，小规模生产面临的竞争相对来说更加激烈。因此，最好将

个体生产组织转变为合作生产组织。中国台湾地区在工业化过程中积累的经验非常具有启示意义，即通过农民协会/合作社整合生产、制造及市场活动。当地劳动力主要从事制造业活动，农业活动成为兼职。产生的盈余则用于发展当地基础设施和扩大经济活动。剩余产品也参与了全球价值链，并在国际市场上销售一空，从而打造了自己的价值链体系，并完成了从制造初级产品到大型家用电器的升级。之所以能做到这一点，是因为政府在建立创新体系方面提供了支持，这有助于小生产者在短周期技术的基础上开发利基市场。创新体系创造了一个充满新机会的环境，同时也培养了劳动力的能力，使他们能够抓住这些机会。南亚各国政府还应充分投资发展国家创新体系，以便创造类似的环境，通过技术跃进打开机会之窗，建立利基市场。

这种替代性发展机会的基础需要系统的公共政策框架，向劳动力传授相关的技能。在此需要指出的是，南亚国家从事第一产业的劳动力缺乏技能培养。森（2006）研究了日本公共政策制定的历史，他认为，日本教育面貌的改善使其从一个落后国家转变为工业化国家。这不仅在日本取得了成功，而且一直是中国台湾地区和韩国等取得工业化成功经验的支柱。作者还引用了19世纪末木户孝允关于公共政策的观点："我们的人民与今天的美国人、欧洲人没有什么不同，一切事关教育，事关教育的缺失。"为了提高劳动力教育水平，日本政府在1906年至1911年期间将43%的预算投入到教育当中。南亚各国政府应借鉴日本等东亚国家的公共政策经验，以确保其经济转型的成功。

由于全球化处于不同阶段，南亚国家的经济转型任务相对更为复杂和困难，但仍然存在跨越式发展的可能，因此南亚国家需要制定与生产结构同步的人力规划。培养人力资本的全民教育是国家创新体系的基本核心之一。南亚国家应着手培养劳动力的技术能力和学习能力，还需要采取系统的办法来解决创新体系的缺陷，以解决劳动力技能培养和工业竞争力不足的问题。在重新确定技能培养投资的优先事项时，南亚国家应强调从个人成功到集体成功。教育系统应在进行基础教育的同时，传授创业相关的技能，以创办集体企业。此外，还应当营造制度安排的环境，使集体努力取得成功，所产生的盈余既可用于改善基础设施和生活条件，也可用于扩大企业规模。这应该得到创新体系的支持，创新体系不仅要满足创造新产品、品牌、营销和组织技能方面的必要的创新需求，还要在制度安排和经济行为主体之间形成合力，推动集体努力取得成功。这些技能被称为转型性技能，适应南亚国家的文化价值观。即使在第四次工业革命时期，这些技能也能使南亚国家获得优势。因此，如果南亚国家政府承诺在提升劳动力技能方面发挥支持作用，并为利用新开发的劳动力技能提供相匹配的机会，就有可能走出一条新的发展道路。南亚国家要实现从中低收入国家到发达经济体的经济转型，除了工业化别无他途。

六、结论

本章研究了创新体系框架下的技能培养、竞争力和工业发展问题。采用演化法来理解南亚国家的技能培养、竞争力和工业发展的不足问题。在当今全球化时代，南亚国家正在经历结构转型。在经济发展的早期阶段，经济结构向服务业倾斜。然而，南亚国家结构转型遇到的最大的不平衡现象是劳动力在第一产业的过度滞留。这是因为缺乏与之相配套的工业化，工业化本可以雇用这些仍靠低收入、低生产率经济活动谋生的剩余劳动力。目前，南亚各国大部分人口仍然生活在极度贫困之中，缺乏有报酬的就业机会造成了收入分配的不均。经济增长和发展理论认为，适当的投资技能培养和让劳动力参与创新，有可能实现持续的经济增长。本文分析了南亚国家劳动力技能不匹配的三个层次。第一，这些经济体中从事第一产业的劳动力缺乏基础教育素养，或者不具备将传统农业转变为精准农业并将其与农业经营活动结合起来所需的技能。第二，教育机构提供的现有技术和通识教育不能培养南亚国家现代工业所需的劳动力。第三，具有科技素养的劳动力不仅不足，而且不具备从低生产率、低工资的经济活动到高生产率、高工资的经济活动跨越的创新能力。建议转换思路，采用工业化和技能培养的策略来弥补这些技能差距或不匹配。新技能的培养需要重视南亚国家的文化价值观，即社会和企业要共同协作才能取得成功。南亚国家的公共政策需要对人的能力培养提供政策和资金支持，并做出安排，使集体企业能够持续发展。此外，还建议改革国家创新体系，整合经济行为主体，缩小从传统经济向工业发达经济转型所需的创新差距。

参考文献

Bhaduri A (2009).The face you were afraid to see: essays on the Indian economy. Penguin, New Delhi.

Brar JS (2016).Critical evaluation of educational development in Punjab. In:

Singh L, Singh N (eds). Economic transformation of a developing economy: the experience of Punjab, India. Springer, New Delhi, pp 291—312.

Drèze J, Sen A (2013). An uncertain glory: India and its contradictions. Allen Lane, London.

EIU (2013). Skills development in South Asia: trends in Afghanistan, Bangladesh, India, Nepal, Pakistan and Sri Lanka. The Economist Intelligence Unit, London.

ILO (2016). Workforce structure of the global economy. International Labour Organisation, Geneva.

Jagannathan S, Geronimo D (2013). Skills for competitiveness, jobs and employability in developing Asia-Pacific. In: ADB Briefs No. 18. Asian Development Bank, Manila.

Krishnan S, Hatekar N (2017). Rise of new middle class in India and its changing structure. Econ Polit Wkly, 52(22): 40—48.

Kuznets S (1966). Modern economic growth: rate, structure and spread. Yale University Press reprinted by Oxford and IBH Public Co., New Delhi, New Haven.

Lee K (2013). Schumpeterian analysis of economic catch-up: knowledge, path creation and middle income trap. Cambridge University Press, Cambridge.

Lucas RE Jr (1988). On the mechanics of economic development. J Monet Econ, 22(1): 3—42.

Nakandala D, Malik A (2015). "South Asia". In: UNESCO Science Report Towards 2030, UNESCO, Paris.

Nayyar D (2017). Employment, growth and development: essays on a changing world economy. Routledge, New Delhi.

Ribound M, Tan H (2009). Improving skills for competitiveness. In: Ghani E, Ahmed S (eds). Accelerating growth and job creation in South Asia. Oxford

University Press, New Delhi, pp 204—245.

Romer PM (1986).Increasing returns and long-run growth. J Polit Econ, 94(5): 1002—1037.

Schwab K (2017).The fourth industrial revolution. Portfolio Penguin, London.

Sen A (2006).Identity and violence: the illusion of destiny. Allen Lane, London.

UNDP (2016).Human development report 2016: human development for everyone. United Nations Development Programme, New York.

UNDP (2017). India skills report 2017, United Nations Development Programme, New Delhi, http://www.in.undp.org/content/india/en/home/library/poverty/india-skills-report-2017.html, accessed on October 10, 2018.

UNESCO (2015).UNESCO Science Report Towards 2030. United Nations Educational Scientific and Cultural Organization, Paris.

UNIDO (2015).The role of technology and innovation in inclusive and sustainable industrial development. In: Industrial Development Report 2016. United Nations Industrial Development Organization, Vienna.

WEF (2016).The future of jobs report: employment, skills and workforce strategy for the fourth industrial revolution. World Economic Forum, Geneva.

WEF (2017).Realizing human potential in the fourth industrial revolution: an agenda for leaders to shape the future of education, gender and work. World Economic Forum, Geneva.

World Bank (2016). World Development Indicators. The World Bank, Washington DC.

结语　南亚的制造业与就业

萨钦·查图尔维迪、萨比亚萨奇·萨哈

一、引言

本书收集了大量有关南亚地区工业发展、结构转型和创造就业的数据。在结语部分，我们将回顾各章中的数据和得出的观点。由于各种实际原因，南亚地区有着共同的发展背景和人口结构。南亚经济体早在二十多年前就开始了经济自由化，这导致了制造业的资本强度增加，就业强度下降，尽管在这一阶段劳动生产率有所提高。然而，由于创新严重不足，制造业资本强度的提高并不一定促进了以附加值衡量的技术深化。尽管印度在南亚地区拥有压倒性的影响力，但它在该地区所从事的传统产业中也面临着几乎类似的挑战和机遇。印度无疑拥有更广泛的工业基础，在技术密集型制造业方面处于更有利的地位。

对南亚工业发展的重视既反映了挫折，也表达了愿景。然而，对南亚工业发展的失望尽管普遍存在，但有时可能也是错误的。该地区较高的经济增长并不一定依赖于相应的工业增长——然而，需要对工业部门的表现有细致的了解。联合国工业发展组织强调，工业化为经济注入活力，是长期增长和赶超的引擎，工业化还能通过减少波动，有效延长经济增长期。

从南亚的经验来看，工业发展并不完全符合结构转型的标准预期，但在不久的将来，它有潜力对技术能力的基础以及物质和人力资本的积累做出积极的反应。对于人口众多、人均收入低的大国而言，如果经济体忽视满足国内需求的生产，那么经济快速增长就是不可持续的。一些与全球市场融合度很高的经济体对南亚国家制成品的进口依赖急剧增加。这些经济体的进口需求进一步促进了本国的工业活动。然而，在初始阶段，人均收入低对市场规模造成了限制。在这种情况下，出口驱动模式将极大地促进工业化。出口驱动型增长模式与国内需求推动相匹配，是大型新兴工业化发展中国家的成功工业化战略。鉴于南亚对农业的依赖，从农业转型并将农业纳入工业战略对这些国家来说非常重要。

要实现适当的结构转型，深化工业化，就必须制定明智的战略。由于种种原因，南亚的工业发展一直受到阻碍，仅仅靠扩大工业基础可能无济于事。结构性制约因素不仅干扰了工业增长的进程，而且实际上导致了效率低下、竞争力下降的持续存在，并阻碍了规模经济的发展。总体而言，工业复苏与"3S"——大小（Size，与资本投资相关的公司大小）、规模（Scale，与市场规模相关的生产规模）和技能（Skill，劳动力的技能水平）密切相关。最终的政策目标是促进并大力推动这三个先决条件。在这方面，产业政策（包括贸易政策）、宏观经济政策（产生可投资盈余）和公共政策（就业质量和技能）都发挥着独特的作用。

南亚工业表现的主要特点是持续存在的二元性。不同规模企业之间的生产力和生产效率差异是制造业内部二元性的根源。二元性一直是印度制造业的一个显著特点，该行业由大量中小企业主导。衡量生产力的传统方法（例如全要素生产率）只适用于有组织的制造业，因为这些行业有足够的时间序列数据。我们注意到，在较长的时间跨度内，全要素生产率所反映的生产前沿的明显移动，对印度工业的技术赶超进程贡献不大，这表明大型企业和小型企业在生产率方面没有明显的差别。但是，除了生产力之外，企业的效率和技术竞争力还受到多种因素的影响，包括融资渠道、物质和数字基础设施、连通性、人力资源、知识等。通过高效的贸易便利化更容易进入世界市场，以及通过通常被称为"营商便利"的监管改革（便利的进出规则、清关、税收优惠等），间接地进入世界市场，这些因素也会对企业的发展产生深远影响。如前所述，规模较大的公司对多种资源的控制力更强，从而导致了二元性。这是一个重要的政策教训，南亚迫切需要减少二元性，以大幅提高附加值和竞争力，扩大高质量就业的范围。

二、国家案例研究

(一) 孟加拉国

在孟加拉国，自 1980 年实施经济自由化政策以来（贸易自由化始于 20 世纪 80 年代末），制造业的结构和组成发生了变化。自 20 世纪 70 年代末以来，随着在发达国家获得优惠市场准入，成衣业实现了出口导向型增长，并在随后的几十年中为创造就业作出了重大贡献。过去几十年来，非传统制造业也取得了长足的进步。这些非传统制造业包括化工产品、电气设备、皮革制品、纸制品、基本金属、橡胶和塑料制品。不过，我们也注意到，一些行业的企业数量有所减少，如纺织业和制药业。

各行各业的大多数企业都以国内市场为导向。面向国内市场的行业包括焦炭和成品油、机械设备、机动车辆和教练机、机械安装和回收等。出口导向型行业包括成衣（占国内总产量的95%）、运输设备（82%）、皮革和皮革制品（74%）以及纺织品（57%）。其他一些行业的出口份额也非常有限，例如纸及纸制品、计算机、电子和光学产品以及电气设备等。缺乏竞争力、生产能力有限、买方网络不完善、产品质量低下以及缺乏有能力的人力资源等因素都制约了国内市场导向型企业的出口。

大部分出口导向型产业的份额和就业人数都有所增加，如成衣、皮革、制药和橡胶等。同样，面向国内市场的产业，包括纸制品、化工制品、基本金属和家具等也有所增长。然而，一些产业在创造就业方面的贡献逐渐减少。一些面向国内市场的产业如烟草、木材和软木、影音、金属制品、电气设备，以及少数以出口为导向的产业，如食品和饮料，在制造业就业中的份额有所下降。如果不提高竞争力水平，这些产业将无法快速增长，从而无法对创造就业作出很大贡献。总的来说，在孟加拉国的制造业中，就业高度集中在少数几个产业。此外，与其他南亚国家相比，孟加拉国的制造业在创造就业机会方面的表现并不理想。实际上，制造业的就业份额落后于南亚主要经济体（印度和斯里兰卡）。需要强调的是，孟加拉国缺乏多样化的制造业基础，这限制了就业机会的增加。

(二) 尼泊尔

尼泊尔的工业化长期面临着低投资水平的影响。虽然外国直接投资承诺相对较高，但实际资金流入量却始终极低。尽管尼泊尔在过去二十年中进行了经济改革，但情况依然如此。在总流入资金中，印度投资的份额超过40%，其次是中国和其他国家。

尼泊尔正面临制造业在产出、出口和就业中所占份额下降的问题。尽管尼泊尔与南亚区域合作联盟国家在经济上实现了一体化，但作为内陆国家的尼泊尔，并未能从这一约定中获得预期的益处。此外，全球价值链和供应链的机遇在决策制定过程中未被充分内化，以至于制造业无法吸引国内外投资。尼泊尔制造业的蓬勃发展将有助于维持现阶段的经济增长，当务之急是采取新的产业政策，更有效地解决市场、政府和协调失灵的问题，这除了促进增长外，还有助于创造就业机会。

有必要审查包括投资和贸易在内的区域合作战略，以确保尼泊尔从区域一体化中获益。建议将促进区域内价值链纳入区域合作协定，为像尼泊尔这样的国家创造足够的利益。随着尼泊尔新宪法的颁布和政治过渡，各政党之间正在逐渐形成共识，认为有必要迅速实现经济转型和创造就业。

就尼泊尔而言，有必要在比较优势的基础上扩大和重组产业。与此同时，这种战略转变需要对社会和物质基础设施进行投资，包括对新技术、专业技术和创新的投资。预计这将在经济部门内部和部门之间产生生产协同作用，并通过多样化、提高质量以及改变生产和贸易结构等方式促进出口。

(三) 巴基斯坦

制造业在巴基斯坦具有重要的前向和后向关联，因此被视为经济增长和创造就业不可或缺的主要来源。在 2016—2017 年度，巴基斯坦的制造业对国内生产总值的贡献率为 13.5%，对就业的贡献率为 13.8%。然而，巴基斯坦的工业化前景受到了物质基础设施不足的影响。基础设施瓶颈在发电能力方面尤为严重。巴基斯坦经济从农业转向服务业的同时，并没有巩固工业产业，这是造成大量劳动力失业的可能原因之一。制造业预计能够为各种技能务工人员提供就业机会，相比服务业可以吸纳更多的劳动力，尤其是非技术性和半技术性的工作。巴基斯坦绕过制造业的做法削弱了就业创造的空间，并削弱了经济增长的基础。

鉴于纺织业在巴基斯坦的工业版图中占有举足轻重的地位，我们将其作为国家案例研究的一部分进行详细介绍。巴基斯坦的纺织业占出口总额的 60% 以上，占制造业总产值的 46%。本文对该行业的生产、贸易和就业情况进行了分析，并得出了重要的政策启示。制造业（和纺织业）的未来取决于巴基斯坦如何有效地朝着以出口促进为导向的增长和发展方向迈进。一个组织良好的产品多样化计划可以极大地促进工业部门的未来发展。这就要求技术提升、全球价值链和技能、提高劳动生产率等方面的决策模式发生重大转变。然而，这些都是长期的解决方案，因此短期的解决方案可能看起来更有吸引力。纺织业确实存在比较优势，但由于能源供应不足、产品质量低下和缺乏价格竞争力，这种优势往往被浪费掉了。从根本上讲，巴基斯坦的工业驱动型增长与出口有关，而出口又与注重先进性和融入全球价值链的新政策有关。随着与传统贸易伙伴关系的不可预测性不断上升，巴基斯坦应该为其工业产品开拓新的市场。

与巴基斯坦纺织业有关的就业统计数据很少，主要是因为纺织业的产能随着时间的推移逐渐下降，这严重破坏了就业前景，并限制了新劳动力的进入。无法获得纺织业就业数据的另一个原因是缺乏全面的调查。2006—2007年度以来，纺织业总就业人数呈下降趋势。

（四）斯里兰卡

斯里兰卡的社会发展记录在南亚最令人印象深刻，发展指标得分也很高。斯里兰卡现在希望逐步坚定地发展以出口为导向的制造业，重点是发展成熟的高价值出口产品组合。这样做有望通过扩大出口潜力和提高供应能力来激发可行的增长势头。同时，这样的政策重心应更大程度地转向资本密集型的生产过程，以提高劳动生产率。斯里兰卡在人口方面处于劣势（南亚地区中的唯一例外），人口老龄化可能对工业化战略产生严重影响。该岛在地理位置上毗邻大型新兴经济体（包括印度），并拥有连接重要经济走廊的战略性海上航线，这使其成为希望瞄准多个高价值市场的生产商的理想枢纽。然而，对过去历史的简要回顾表明，斯里兰卡在国际贸易改革方面遇到了成功与困境并存的情况。在一轮又一轮的自由化浪潮中取得的进步，被民族主义改革所引发的经济不确定性所抵消。

外国投资涌入劳动密集型产业，为斯里兰卡制造业增添了额外的动力。纺织服装业成为最重要的制造业产业，2016年约占总制造业产值的60%和出口收入的45%以上。与其他一些南亚国家一样，斯里兰卡自实施自由化以来，已被证明是服装主导型投资的理想目的地，因为该行业在非技术和半技术劳动力方面具有比较优势。在过去四十年中，制造业的比重仅增长了2.2%（纺织和服装是最大的出口导向型行业，在过去十年里出现停滞）。相比之下，服务业在同期增长了14.1%。从好的方面来看，橡胶加工制品，尤其是充气轮胎和工业手套，在过去十年的后半段出口收入出现了激增。后来出口下降的原因是天然橡胶价格的急剧下跌，导致农产品出口额萎缩。

三、制造业和就业：印度背景

印度的情况在两个专门章节中进行了详细阐述。这两章相辅相成，第一章从产品出口的角度（产品层面分析）探讨了贸易对印度制造业和相关就业产生的影响，第二章则从行业出口强度的角度（细分行业层面分析）进行了研究，两章都非常关注对就业的影响。

（一）制造业出口与就业

目前，关于贸易和就业的讨论中存在许多未解决的问题，这些问题需要结合印度的情况进行研究。尽管全球经济持续衰退，但与印度相比，一些国家在制造业出口方面表现强劲。随着全球进口需求的萎缩，出口表现出色的国家正在采取内向型战略，促进其国内吸收产能，并继续通过出口促进国内经济发展，创造就业的机会。然而，就业增长的程度取决于进口国对商品需求的结构。因此，在选择建立贸易伙伴关系的国家或区域贸易协定时，应使国家优化创造就业的目标，优化技术密集型贸易，以获得更高的出口收入。

本章结论指出，印度出口的就业密集度在世界某些地区是具有重要意义的。印度与亚洲强有力的出口联系非常重要，因为这符合印度的出口和就业利益。印度通过出口创造的就业将主要集中在亚洲、北非和西非、加拿大及大洋洲等特定区域。印度未来以双边自由贸易协定、自由贸易协定、更紧密经贸关系协定和全面经济合作协定的形式与这些国家进行贸易，可以为印度在国内创造大量就业机会。

从全球贸易来看，大量贸易是通过区域途径进行的，因为贸易流动大多是在优惠贸易政策的指导下进行的。为了促进贸易，作为一个新兴经济体，印度需要参与区域主义进程，争取到2025年达到50亿美元的经济规模。由于全球经济衰退的持续，贸易目的地的出口活动受到抑制，但随着世界经济复苏，这些国家的出口贸易可能会加速。如果印度要在2025年之前跻身全球前五大经济体之列，出口必须成为推动增长的主导力量。在此背景下，印度可能会签署多个区域贸易协定，以加强其对外贸易的参与。研究结果显示，在所研究的84个区域贸易协定中，有28个能够为印度创造大量就业机会，其中约37个能确保中等水平的就业，19个可在国内经济中实现低水平就业。

在帮助印度创造就业方面，全球各地的区域贸易协定可以根据其创造就业能力方面加以区分。从这个角度来看，非洲的区域贸易协定可以为印度创造高水平的就业，亚洲的可创造中等水平就业，欧洲在中高水平之间，拉丁美洲和加勒比地区水平较低，大洋洲也是中等水平。关于出口就业密度水平，不同地区达成了不同的协议，如《双边自由贸易协定》《更紧密经贸关系协定》《全面经济合作协定》《自由贸易协定》《谈判确定特定区域的具体区域贸易协定》。

在过去二十年中，随着工资水平的提高和就业规模的缩小，高科技贸易在贸易总额中所占的比重也在上升。这些现象在一定程度上表明，印度越来越多的蓝领工作正在逐渐被数量较少的白领工作所替代。然而，中小企业和家庭手工业的就业—产出比高于大企业部门。为了在经济中创造更多的就业机会，需要促进中小企业的发展，并为其融入全球价值链提供支持。

(二) 产业表现和就业

第二项研究强调，印度制造业的产出虽然在增长，但在总产出中的附加值却在减少，这一趋势自20世纪90年代中期以来变得更加明显。生产价值在总附加值中所占的比重从1996年的23%下降到2004年的18%，2008年略有上升，达到20%，此后又有所下降。制造业附加值的下降表明，印度制造业的资源密集度增加了。然而，值得注意的是，出口增长速度高于附加值和就业的增长速度，这表明贸易绩效在不断提高。制造业在商品出口总额中所占的份额从1990年的79%增加到2002年的87%，此后略有下降。

非技术工人在总就业人口中所占的比例多年来基本保持不变，只有轻微的变化。与此同时，女性在总就业人数中的比例从1995年的9.97%增加到2002年的15.15%。这一比例在2012年逐渐下降至12.48%，之后略有回升。然而，合同工的比例增加了近三倍，从1995年的13.34%增加至2004年的26.42%，2014年进一步增至35.39%。

很明显，在1990年，超过25%的行业是出口就业龙头产业，36%的行业是出口龙头产业，但就业落后。1991年，这两类就业密集度较高的行业占印度制造业行业总数的近61%。到2000年，这一比例进一步上升至69%,之后略有下降,2014年为67%。尽管这个份额最近有所下降,但高就业密集度似乎是印度绝大多数制造业的标志。此外,出口龙头-就业落后产业的比例持续增长,这一趋势在1990年的3.6%增长到2014年的超过16%增长的行业中得到了明显体现。这表明,印度制造业的资本密集度在不断增加。

就出口表现而言,在1990年,出口就业龙头产业占制造业出口总额的55%以上,随后波动下降,目前为20%。在就业方面,它们的份额每年都有波动,但2014年占比超过了19%。因此,在出口就业龙头的制造业中,有22%的行业目前占就业人数的19%,占出口额的21%。对于出口落后-就业龙头产业而言,尽管出口份额有所增长,2007年高达21%,但此后有所下降,目前为18%。就其就业贡献率而言,则继续保持在59%的高水平。因此,很明显,这两类产业加起来占就业总人数的近78%,而它们仅占出口总额的38%。从创造就业的角度来看,任何旨在提高其国际竞争力的努力都必将带来丰厚的就业红利。

一个重要的发现是,与技术工人相比,出口就业龙头产业为非技术工人提供了更多的就业机会,并且雇用了更高比例的女性劳动力和低端合同工人。另外,与资本密集型产业相比,出口落后-就业龙头产业似乎提供了更高质量的就业,这一点从它们的技能密集度、合同工密集度和女性就业密集度中可见一斑。因此,促进这些创造就业产业的出口导向将进一步提高就业的数量和质量。

从长期发展的角度来看,像印度这样的大型经济体必须采取同时获得静态和动态比较优势的战略。值得注意的是,2014—2015年度占制造业出口总额50%以上的出口龙头-就业落后产业,要么是中等技术产业,要么是高新技术产业。在另外两个类别(出口就业龙头和出口落后-就业龙头产业)中,也可以观察到一些中高技术产业的存在。然而,现有数据表明,大多数产业因其高科技基础而获得动态比较优势,但在创造的就业质量方面却不尽如人意。尽管这些产业有潜力在其深厚的科学、技术和知识基础上建立动态比较优势,但目前的战略似乎是在低劳动力成本优势的基础上建立竞争力。因此,我们建议采取适当的干预措施,在产品、工艺和其他创新的基础上实现动态比较优势。此外,似乎还需要采取适当的制度干预,以确保创新所带来的附加值和制造业的深入有助于创造高质量的就业,从而为提升国际竞争力和推动发展带来助力。

四、工业、就业和竞争力:结论性意见

除工业化和制造业外,本书(第八章)还结合南亚和全球的结构转型模式,详细探讨了就业问题。本章阐述了为什么要将制造需求作为政策目标加以坚持不懈地追求,以及如何在这一过程中提高就业质量。本章还着重指出了以服务业为主导的经济增长可能给大型发展中国家带来的不平衡。

南亚经济体是劳动力过剩的双重经济体,在这样的经济体中,国内生产总值增长与就业增长无关。劳动力供应过剩,因此不存在对增长的"劳动力制约"。另一方面,大多数人没有任何制度化的社会保障,必须工作才能生存。这就意味着大多数劳动力都在就业。但许多人从事的是分享性工作(自营职业和临时性有薪工作),还有许多人从事的是生产率非常低的工作。只有极少数人失业,这

些人受过教育（因此正在寻找正规部门的工作），而且一般都属于相对富裕的家庭（因此他们可以负担得起失业）。就业问题表现为贫困（就业不足和低生产率就业导致的），而不是失业（失业并不意味着贫困）。就业增长反映的是劳动力的增长，但并不反映与经济增长相关的劳动力需求的增长。在南亚地区，除斯里兰卡外，正式部门雇用的劳动力比例非常小；绝大多数工人（80%至90%）在非正规部门工作，要么是自由职业者，要么是临时工。即使在斯里兰卡，正式部门也只雇用了37%的工人，大多数人仍然在非正规部门工作。

因此，主要问题是就业不足，而不是失业。然而，对就业不足的估计并不可靠。例如，在尼泊尔，几乎可以肯定的是，就业不足被严重低估了。在斯里兰卡，就业不足的情况似乎也被低估。因此，就业情况的变化无法从就业增长或失业率的变化中辨别出来。正式部门的就业增长和非正规部门就业不足的变化可以让我们了解就业情况的变化，但这些指标的时间序列数据一般都无法获得。

东亚的增长模式在改善就业状况方面远比南亚的增长模式更为有效，将印度2000—2015年的经验与韩国1963—1990年的经验（在此期间韩国经济经历了从低收入经济体到高收入经济体的转变）进行比较，可以最清楚地看到这一点。两国的国内生产总值增长率并无本质区别：印度为7.2%，韩国为7.5%。农业的增长率几乎相同：印度为3%，韩国为2.9%。两国的非农业部门的增长率完全相同，都是8.2%。最大的不同在于非农业增长的构成上。韩国制造业的增长（年均14.8%）和印度服务业的增长（年均8.9%）推动了非农业部门的增长，印度的制造业增长率为7.5%，韩国的服务业增长率为 6.6%。

我们可以得出两个结论。首先，经济增长的就业影响取决于增长的速度和模式。在南亚国家，经济增长并没有明显改善就业情况，原因是经济增长仍然不足，同时也没有实现理想的结构转型。只有印度经济增长迅速，但其特定的增长模式减弱了改善就业状况的效果。尼泊尔、巴基斯坦和斯里兰卡的经济增长较慢，增长模式与印度类似。这些国家就业状况的改善自然不如印度那么显著。孟加拉国虽然实现了以制造业为主导的增长，对就业产生了较好的影响，但增长不够迅速。

在南亚国家，劳动力要么是变相就业，要么是从事低生产率的经济活动，这些活动不符合其工业部门竞争力所需的技能要求，因此导致了大规模的贫困。为了克服工业停滞和技能培养方面的差距，南亚国家需要改革其国家创新体系，利用正在进行的工业革命，走上自给自足的经济发展道路。南亚各国的平均受教育年限非常低，农村劳动力的受教育程度更加低。南亚国家的农村人口既没有加入制造业所需的技能，也没有足够的技能转向精准农业和农业经营活动。因此，可以推断，南亚各国都缺乏转型所需的技能。南亚国家的经济转型任务相对更为复杂和艰巨，但在与生产结构同步的人力规划的帮助下，存在着实现跨越式发展的机会。强烈建议南亚国家改革国家创新体系，整合经济行为主体，缩小从传统经济向工业发达经济转型所需的创新需求差距。

缩略语

Access, Equity and Inclusion (AEI)	获取、公平和包容
Annual Survey of India (ASI)	印度年度调查
Annual Survey of Industries (ASI)	年度工业调查
Asian Development Bank (ADB)	亚洲开发银行
Bangladesh Investment Development Authority (BIDA)	孟加拉国投资发展局
Bangladesh Small and Cottage Industries Corporation (BSCIC)	孟加拉国小型家庭工业公司
Bay of Bengal Initiative for Multi-Sectoral Technical and Economic Cooperation (BIMSTEC)	环孟加拉湾多领域经济技术合作倡议
Bilateral Free Trade Agreement (BFTA)	双边自由贸易协定
BRICS	金砖国家
Central Asia Regional Economic Corridor (CAREC)	中亚区域经济走廊
Central Bureau of Statistics (CBS)	中央统计局
Central Statistical Office (CSO)	中央统计局
Centre for Policy Dialogue (CPD)	政策对话中心
China-Pakistan Economic Corridor (CPEC)	中巴经济走廊

Closer Economic Partnership Agreement (CEPA)	更紧密经贸关系协定
Commission on Growth and Development (CGD)	经济增长与发展委员会
Competitive Industrial Performance Index (CIP)	工业竞争力绩效指数
Compound Annual Growth Rate (CAGR)	复合年均增长率
Comprehensive Economic Cooperation Agreement (CECA)	全面经济合作协定
Comprehensive Economic Cooperation and Partnership Agreement (CECPA)	全面经济合作与伙伴关系协定
Consumer Price Index for Industrial Workers (CPI-IW)	工业工人消费价格指数
Department of Inspection for Factories and Establishments (DIFE)	工厂和企业监察局
Department of Labor (DoL)	劳工部
Economic and Political Weekly Research Foundation (EPWRF)	经济和政治周刊研究基金会
Economic Community of West African States (ECOWAS)	西非国家经济共同体
Economic Vulnerability Index (EVI)	经济脆弱性指数
Eurozone Crisis (EC)	欧元区危机
EXIM Bank	进出口银行
Export Development Board Sri Lanka (EDBSL)	斯里兰卡出口发展局
Exports Refinancing Facility (ERF)	出口再融资机制

Factor Elasticity (FE)	要素弹性
Foreign Direct Investment (FDI)	外国直接投资
Free Trade Agreement (FTA)	自由贸易协定
Generalized System of Preferences (GSP)	普惠制
Gross National Income (GNI)	人均国民总收入
Gross Value Added (GVA)	总增值
HS Classification	国际商品和服务的统一编码系统分类
Human Capital Index (HCI)	人力资产指数
Index of Industrial Production (IIP)	工业生产指数
India-Sri Lanka Free Trade Agreement (ISLFTA)	印度-斯里兰卡自由贸易协定
Information and Communication Technologies (ICTs)	信息和通信技术
Institute for Human Development (IHD)	印度人类发展研究所
Institute for Policy and Research and Development (IPRAD)	政策与发展研究所
Institute for Policy Studies (IPS)	政策研究所
International Fund for Agricultural Development (IFAD)	国际农业发展基金
International Labour Organization (ILO)	国际劳工组织
International Monetary Fund (IMF)	国际货币基金组织
International Standard Industrial Classification (ISIC)	国际标准工业分类
Key Indicators of the Labour Market (KILM)	劳动市场关键指标

Labour Force Participation Rate (LFPR)	劳动力参与率
Long-Term Financing Facility (LTFF)	长期融资机制
Million British Thermal Unit (MBTU)	百万英热单位
Ministry of Commerce and Supplies (MoCS)	工业、商业和供应部
Ministry of Commerce (MoC)	商务部
Ministry of Labour and Employment (MoLE)	劳动和就业部
Ministry of Statistics and Programme Implementation (MoSPI)	印度统计和计划执行部
Multinational Enterprises (MNEs)	跨国企业
National Human Resources Development Council (NHRDC)	国家人力资源发展委员会
National Industrial Classification (NIC)	国家行业分类
National Manufacturing Policy (NMP)	国家制造业政策
National Security Strategy (NSS)	国家安全战略
Nepal Rastra Bank (NRB)	尼泊尔国家银行
Organisation for Economic Cooperation and Development (OECD)	经济合作与发展组织
Purchasing Power Parity (PPP)	购买力平价
Real Effective Exchange Rate (REER)	实际有效汇率
Regional Trade Agreement (RTA)	区域贸易协定
Research and Information System (RIS)	研究与信息系统
Reserve Bank of India (RBI)	印度储备银行

Small and Medium Enterprises Foundation (SME Foundation)	中小企业基金会
South Asia Center for Policy Studies (SACPS)	南亚政策研究中心
South Asia Watch on Trade, Economics and Environment (SAWTEE)	南亚贸易、经济和环境观察
South Asian Association for Regional Cooperation (SAARC)	南亚区域合作联盟
South Asian Free Trade Area (SAFTA)	南亚自由贸易区
Standard International Trade Classification (SITC)	标准国际贸易分类
State Bank of Pakistan (SBP)	巴基斯坦国家银行
Technical and Vocational Education and Training (TVET)	技术与职业教育培训
The Economist Intelligence Unit (EIU)	经济学人智库
The Micro, Small and Medium Enterprises (MSME)	中小微企业
The National Commission for Enterprises in the Unorganised Sector (NCEUS)	全国无组织部门企业委员会
Total Factor Productivity Growth (TFPG)	全要素生产率增长
United Nations Commodity Trade Statistics Database (UN-Comtrade)	联合国商品贸易统计数据库
United Nations Conference on Trade and Development (UNCTAD)	联合国贸易和发展会议
United Nations Department of Economic	联合国经济和社会事务部

and Social Affairs (UNDESA)

United Nations Development Programme (UNDP)   联合国开发计划署

United Nations Economic Commission for Europe (UNECE)   联合国欧洲经济委员会

United Nations Industrial Development Organization (UNIDO)   联合国工业发展组织

Wholesale Price Index (WPI)   整体销售价格指数

Workers' Participation Committee (WPC)   工人参与委员会

Workforce Participation Rate (WFPR)   工作人口参与率

World Bank Development Indicators (WBDI)   世界银行发展指标

World Integrated Trade Solution (WITS)   世界综合贸易解决方案

World Trade Organization (WTO)   世界贸易组织

World Wide Fund for Nature (WWF)   世界自然基金会

译名对照表

Abid Qaiyum Suleri	阿比德·盖尤姆·苏勒里
Agarwal	阿加瓦尔
Ahluwalia	阿鲁瓦利亚
Ahsan	艾哈珊
Ajit K. Ghose	阿吉特·K. 戈斯
Amirapu	阿米拉普
Athukorala	阿图科罗拉
Balakrishnan	巴拉克里希南
Banerjee	班纳吉
Basu	巴苏
Bhaduri	巴杜里
Chandrasiri	钱德拉西里
Chaudhuri	乔杜里
Cooper	库珀
Deepak Nayyar	迪帕克·纳亚尔
Dhar	达尔
Douglas North	道格拉斯·诺斯
Dunham	邓纳姆
Faijan Bin Halim	费扬·本·哈利姆
Freeman	弗里曼

Gathan Aadesh	加森·艾德希
Geronimo	杰罗尼莫
Goldar	戈达尔
Gunnar Myrdal	冈纳尔·缪尔达尔
Habib	哈比卜
Hamid	哈米德
Hashim	哈希姆
Hewapathirana	赫瓦帕蒂拉纳
Jagannathan	贾甘纳坦
K. J. Joseph	K. J. 约瑟夫
Kaldor	卡尔多
Kannan	卡纳安
Kaplinsky	卡普林斯基
Kathuria	卡图里亚
Kelegama	卡乐伽玛
Khondaker Golam Moazzem	孔达克尔·戈拉姆·穆阿扎姆
Kiran Kumar Kakarlapudi	基兰·库玛·卡卡拉普迪
Koralage	科拉莱奇
Krishna	克里希纳
Kuznets	库兹涅茨
Lakhwinder Singh	拉赫温德·辛格
Lin	林
Louçã	卢萨
Lucas	卢卡斯
Maduruwala	马杜鲁瓦拉
Maertens	梅尔滕斯

Mazumdar	玛祖达尔
McMillan	麦克米兰
Milner	米尔纳
Mishra	米什拉
Murshid	穆尔希德
Nagaraj	纳加拉杰
Nagesh Kumar	纳格什·库玛
Nagraj	纳格拉基
Ohara	奥哈拉
Pradhan	普拉德汗
Pursell	珀塞尔
Pushpangadan	普什潘加丹
Raihan	伊汉
Rajakumar	拉惹古玛
Rajapatirana	拉贾帕提拉纳
Rani	拉尼
Rao	拉奥
Raveendran	拉文德兰
Ray	雷
Raz	拉兹
Rodrik	罗德里克
Romer	罗默尔
S. K. Mohanty	S. K. 莫汗提
Sabyasachi Saha	萨比亚萨奇·萨哈
Sachin Chaturvedi	萨钦·查图尔维迪
Sajid Amin Javed	赛义德·阿明·贾维德

Sanjay Lall	桑杰·拉尔
Sarkar	萨卡
Sen	森
Stiglitz	施蒂格利茨
Subramanium	苏布拉马尼亚
Unni	乌尼
Veeramani	韦拉马尼
Verduzco	韦尔杜斯科
Virmani	维尔马尼
Visvanathan Subramaniam	维斯瓦纳坦·苏布拉马尼亚姆
Vodopivec	沃多皮维奇
Withanachchi	威萨纳奇
Wright	赖特

《国外"一带一路"研究译丛》第二辑

《从丝绸之路到"一带一路":重塑过去,共创未来》

《南亚制造业与就业:经济可持续发展战略》

《"一带一路":中国与亚洲》

《"一带一路"倡议和全球经济(Ⅰ)—国际贸易和经济发展》

《中国"一带一路"倡议与国际私法》

《中国:交通运输基础设施,创新与"一带一路"倡议》

《钢铁长河:东南亚铁路与中国力量》

First published in English under the title
Manufacturing and Jobs in South Asia
Edited by Sachin Chaturvedi, Sabyasachi Saha, edition:1
Copyright© Springer Nature Singapore Pte Ltd. 2019
This edition has been translated and published under licence from
Springer Nature Singapore Pte Ltd.
Springer Nature Singapore Pte Ltd. takes no responsibility and shall not
be made liable for the accuracy of the translation.

本作品中文简体版权由湖南人民出版社所有。
未经许可，不得翻印。

图书在版编目（CIP）数据

南亚制造业与就业：经济可持续发展战略 ／（印）萨钦·查图尔维迪，（印）萨比亚萨奇·萨哈主编；邓颖玲，尹畅译. --长沙：湖南人民出版社，2024.10
（国外"一带一路"研究译丛 ／ 蒋洪新，尹飞舟主编）
ISBN 978-7-5561-3350-5

Ⅰ.①南… Ⅱ.①萨… ②萨… ③邓… ④尹… Ⅲ.①制造工业-工业发展-影响-就业-研究-南亚 Ⅳ.①F435.064 ②D735.082

中国国家版本馆CIP数据核字（2023）第187208号

NANYA ZHIZAOYE YU JIUYE：JINGJI KECHIXU FAZHAN ZHANLÜE

南亚制造业与就业：经济可持续发展战略

主　　编	[印]萨钦·查图尔维迪 [印]萨比亚萨奇·萨哈	经　　销	湖南省新华书店
		印　　刷	长沙艺铖印刷包装有限公司
译　　者	邓颖玲　尹畅	版　　次	2024年10月第1版
责任编辑	吴韫丽	印　　次	2024年10月第1次印刷
装帧设计	格局视觉	开　　本	710 mm × 1000 mm　1/16
责任印制	肖晖	印　　张	22.5
责任校对	唐水兰	字　　数	253千字
		书　　号	ISBN 978-7-5561-3350-5
出版发行	湖南人民出版社 [http://www.hnppp.com]	定　　价	180.00元
地　　址	长沙市营盘东路3号	营销电话：0731-82221529（如发现印装质量问题请与出版社调换）	
邮　　编	410005		